航空运输管理系列教材

民航运营管理决策实验教程

韩明亮　马春芳　主编

汪　展　余沁潇　江　红　副主编

科学出版社

北　京

内 容 简 介

本书分为运筹规划篇、经营决策模拟篇和订座系统上机实践篇三部分。运筹规划篇讲述实际生活工作中典型问题的数学建模方法和优化软件求解方法，以及这些方法在解决民航工作实际问题中的应用。经营决策模拟篇讲述企业经营决策模拟的思维方式和逻辑框架，以及结合实战模拟的理论方法、工具的应用和实战分析。订座系统上机实践篇讲述订座系统的功能与操作环境、订座以及相应客票处理的操作指令及操作流程、PNR 数据元素的构成、PNR 数据的价值分析。

本书可以作为交通运输类院校运营管理决策相关课程的教学辅助教材，可供工商管理类专业的本科生学习使用，也适合于从事交通运输行业（尤其是民航运输行业）的工作人员使用。

图书在版编目 (CIP) 数据

民航运营管理决策实验教程 / 韩明亮，马春芳主编. —北京：科学出版社，2025.2

航空运输管理系列教材

ISBN 978-7-03-077676-1

Ⅰ. ①民… Ⅱ. ①韩… ②马… Ⅲ. ①民用航空－航空运输企业－运营管理－高等学校－教材 Ⅳ. ①F560.6

中国国家版本馆 CIP 数据核字（2024）第 020052 号

责任编辑：方小丽 / 责任校对：王晓茜
责任印制：张　伟 / 封面设计：有道设计

科学出版社 出版
北京东黄城根北街 16 号
邮政编码：100717
http://www.sciencep.com

北京中石油彩色印刷有限责任公司印刷
科学出版社发行　各地新华书店经销
*
2025 年 2 月第 一 版　开本：787×1092　1/16
2025 年 2 月第一次印刷　印张：20 3/4
字数：492 000

定价：68.00 元
（如有印装质量问题，我社负责调换）

前　　言

党的二十大报告指出:"我们要坚持教育优先发展、科技自立自强、人才引领驱动,加快建设教育强国、科技强国、人才强国,坚持为党育人、为国育才,全面提高人才自主培养质量,着力造就拔尖创新人才,聚天下英才而用之。"①教材是教学内容的主要载体,是教学的重要依据、培养人才的重要保障。在优秀教材的编写道路上,我们一直在努力。

本书是围绕民航运输中的运营管理决策相关课程的实验教程合集,其指导思想是结合运营管理决策实践问题,帮助读者构建企业经营决策逻辑思维框架,掌握民航运输中的实际问题的建模和求解方法,以及对订座业务的认知与思考。

本书分为三个部分:运筹规划篇、经营决策模拟篇和订座系统上机实践篇。

运筹规划篇的指导思想是讲授实际问题的数学建模方法和优化软件求解方法,使读者具备将运筹学理论方法应用于解决实际问题的能力。内容范围包括运筹学中各类优化问题的数学建模方法和优化软件求解方法,以及航空运输管理工作中各类问题的数学建模方法和软件求解方法。

经营决策模拟篇的指导思想是帮助读者构建从整体到局部再到整体的企业经营决策逻辑思维框架以及相关理论知识、方法、工具与实践模拟的有机结合。内容范围包括企业经营决策模拟的思维方式和逻辑框架,以及结合实战模拟的理论方法、工具的应用和实战分析。

订座系统上机实践篇的指导思想是着重订座业务的场景设计,以解决实际问题为切入点,进行知识点的导入与学习。内容范围包括订座系统的功能与操作环境、订座以及相应客票处理的操作指令及操作流程、旅客订座记录数据元素的构成、旅客订座记录数据的价值分析。

本书内容浅显易懂,语言通俗顺畅,可作为交通运输类院校运营管理决策相关课程的教学辅助教材使用,也适合于从事交通运输行业的工作人员使用。但由于作者水平有限,本书难免有不足之处,欢迎读者不吝指正。

本书作者

2024 年 12 月

---

① 《习近平:高举中国特色社会主义伟大旗帜　为全面建设社会主义现代化国家而团结奋斗——在中国共产党第二十次全国代表大会上的报告》,https://www.gov.cn/xinwen/2022-10/25/content_5721685.htm,2022 年 10 月 25 日。

目 录

第一篇 运 筹 规 划

第二篇　经营决策模拟

第三篇　订座系统上机实践

第一篇　运　筹　规　划

　　运筹学属于应用数学，理论和应用的相互促进，使得运筹学各分支理论内容不断丰富完善，运筹学在实际问题中的应用也日益广泛深入。在计算机科学技术等相关学科的推动下，运筹学理论能够解决的实际问题规模也越来越大，促使运筹学在更广更深的领域不断得到应用。在航空运输管理工作中，由于运输需求的迅猛增长，运输规模的快速扩张，运输环境的日益复杂，安全、高效的运行要求更加严苛，使得航空运输管理工作的环节和流程更加庞大和复杂，因此需要不断优化改进的方面也越来越多。

　　在以往的运筹学教学中，更多强调的是运筹学各种优化算法的手工计算，这对于学生更加全面、准确地理解掌握运筹学理论方法起到了很大的作用，但是由于实际问题的日益庞大和复杂，建立的数学模型早已难以手工求解，因此也极大地限制了运筹学理论应用于实际问题的机会，影响了学生利用运筹学理论解决实际问题能力的提高。尤其对于行业院校的运筹学教学来说，学习运筹学理论的目的主要是应用，因此提高学生运用运筹学思维方法分析优化解决实际问题的能力就显得十分的重要和迫切。

　　运筹学在解决实际问题时最重要的工作是使用数学语言描述实际问题，即建立数学规划模型，以及利用优化软件求解所建立的数学规划模型。因此，本书的目的就是既要提高学生对实际问题的数学规划模型建模能力，又要提高其利用优化软件求解数学规划模型的能力。

　　本篇的内容大致分为两部分，一部分是运筹学各分支典型优化问题的数学规划模型建立和优化软件求解，另一部分是运筹学应用于航空运输管理工作中的部分问题的数学规划模型建立和优化软件求解。

　　前一部分内容以培养学生运用运筹学知识解决实际问题的能力为目标，主要包括数学规划模型建立和优化软件求解，其中的优化软件内容介绍了 Excel 和 CPLEX 求解数学规划问题的方法。Excel 使用方便，一般电脑的应用系统都有配置，不需要额外安装。CPLEX 是 IBM 公司开发的一款用于线性规划、混合整数规划和二次规划的高性能数学规划求解器，它凭借强大稳健的功能和灵活的编程语言接口，在业界和学术界积累了众多用户，它代表了一般优化软件的特点，有利于学生提高优化软件的编程能力，为处理现实大规模数学规划问题提供有力帮助。

后一部分内容促使学生了解运筹学理论在航空运输管理工作中的应用方法，也利于民航现场工作人员对日常工作的优化意识的培养和优化能力的提升，为我国的航空运输行业培养出大量具有优化意识、掌握优化方法的人才，以不断提高我国航空运输管理工作质量。此外，这些应用方法还可以在其他行业的相似问题中得到推广和应用。

第1章

线性规划部分

■ 1.1 线性规划典型应用问题的模型和软件求解

线性规划的应用十分广泛,本书只是论述了其中部分典型的应用问题的数学规划模型建立方法和优化软件求解方法。

1.1.1 生产计划问题

例 1.1 某企业利用 A、B、C、D 四种设备生产 I、II 两种产品,加工单位产品占用各种设备的时间及有关数据如表 1.1 所示。该企业应如何安排生产,可使总利润最大?

表 1.1 例 1.1 的原始数据表

产品设备	I	II	计划可用台时/小时
A	2	2	14
B	1	2	8
C	4	0	16
D	0	4	12
单位利润/元	200	300	

解:

1)模型建立

例 1.1 的数学规划模型如式(1.1)所示。

设产品 i 生产 x_i 个单位，$i = 1, 2$

总利润为 z

目标函数：总利润最大

$$\max z = 200x_1 + 300x_2$$

约束1：各种设备的实际消耗时间不超过可用时间

$$\begin{cases} 2x_1 + 2x_2 \leqslant 14 \\ x_1 + 2x_2 \leqslant 8 \\ 4x_1 \leqslant 16 \\ 4x_2 \leqslant 12 \end{cases} \tag{1.1}$$

约束2：产品生产量不能为负值

$$x_1, x_2 \geqslant 0$$

2）Excel 求解

例 1.1 的 Excel 设置情况如图 1.1 所示，其中无背景的单元格为原始数据，灰色背景的单元格为设置公式计算出的数据。在"实际消耗台时（小时）"单元格和"总利润（元）"单元格的计算中，使用了 Excel 的函数 SUMPRODUCT()，其功能是两个矩阵对应元素的乘积之和。在该函数的矩阵单元格引用中，分别使用了单元格的绝对引用和相对引用，需要注意绝对引用和相对引用的区别。由于 E3～E6 单元格的计算公式类似，在 E3 单元格公式设置完毕后，可以用鼠标向下拖动，一次将 E3～E6 单元格的计算公式设置完毕。在此过程中，由于 SUMPRODUCT() 中的第一组参数所在的单元格区域不同，而第二组参数所在的单元格区域相同，因此第一组参数所在的单元格区域使用相对引用，而第二组参数所在的单元格区域使用绝对引用。

	A	B	C	D	E
1	设备	产品		计划可用台时（小时）	实际消耗台时（小时）
2		I	II		
3	A	2	2	14	=SUMPRODUCT(B3:C3,$B$11:$C$11)
4	B	1	2	8	=SUMPRODUCT(B4:C4,$B$11:$C$11)
5	C	4	0	16	=SUMPRODUCT(B5:C5,$B$11:$C$11)
6	D	0	4	12	=SUMPRODUCT(B6:C6,$B$11:$C$11)
7	单位利润（元）	200	300		
8					
9		产品			总利润（元）
10		I	II		=SUMPRODUCT(B7:C7,B11:C11)
11	生产数量	1	1		

图 1.1　例 1.1 的 Excel 设置情况

在 Excel 设置时，需要选择单元格利用 Excel 强大的计算功能将约束条件中包含决策变量的部分（一般为约束条件中的左端项）和目标函数部分的数值计算出来，然后再在"规划求解"窗口进行设置。

例 1.1 的规划求解参数设置情况如图 1.2 所示。

图 1.2　例 1.1 的规划求解参数设置情况

大多数的实际问题都要求决策变量取非负值，因此一般都需要勾选"使无约束变量为非负数（K）"栏，可以对全部决策变量非负的约束条件一次设置完成。另外，由于本模型为线性规划模型，因此在"选择求解方法（E）"中选择"单纯线性规划"选项。本指导用书后面的所有示例，除非存在决策变量的取值无非负限制或者数学规划模型为非线性规划模型，全部需要做上述两项勾选，因此后文中不再赘述。

在图 1.2 中，点击"求解（S）"，即可求得例 1.1 的求解结果，如图 1.3 所示。

	A	B	C	D	E
1	设备	产品		计划可用台时（小时）	实际消耗台时（小时）
2		I	II		
3	A	2	2	14	12
4	B	1	2	8	8
5	C	4	0	16	16
6	D	0	4	12	8
7	单位利润（元）	200	300		
8					
9		产品			总利润（元）
10		I	II		1400
11	生产数量	4	2		

图 1.3　例 1.1 的 Excel 求解结果

强调一点，不同版本的 Excel 或 WPS 的"规划求解参数"窗口（即图 1.2 所示窗口）的各栏目布局不尽相同，因此读者可根据自己的版本情况做相应的设置。

例 1.1 的最优方案为：产品 I 生产 4 个单位，产品 II 生产 2 个单位；总利润为 1400 元。

3）CPLEX 求解

IBM CPLEX Optimizer（以下简称 CPLEX）是 IBM 公司开发的一款用于线性规划、混合整数规划和二次规划的高性能数学规划求解器，除了高性能求解器之外，CPLEX 还提供了一个完全集成的软件包，包括强大的数学模型描述语言、一个全功能的建立和编辑模型的环境以及可以被其他编程语言调用的接口。本书附录为读者概括性地介绍了通过 CPLEX 提供的 C++编程语言接口来构建数学规划模型并求解的操作步骤。为了便于突出重点，本书正文部分将结合具体例题给出相应的源代码和运行结果，不再赘述操作步骤。对于其他编程语言，只要熟悉 CPLEX 的建模语法特点，再结合 CPLEX 提供的相应语言接口，对代码稍加修改，即可方便地进行移植。

根据例 1.1 的数学规划模型［式（1.1）］，C++程序示例代码如下：

```cpp
//ilolpex1_1.cpp 生产计划问题
#include<ilCPLEX/iloCPLEX.h>//将 CPLEX 提供的接口库添加到该源程序
#include<iostream>
using namespace std;

int main(){
    //创建工作环境对象 env,模型的决策变量、约束、目标函数以及求解方法都定
义在该环境对象中;
    IloEnv   env;
    try{
    /*********第一步:建立生产计划问题的线性规划模型*********/
    //初始化模型 model
     IloModel model(env);
    //定义决策变量向量,其中包含 2 个非负连续性决策变量
     IloNumVarArray x(env,2,0.0,IloInfinity);
    //向模型 model 中添加目标函数
     model.add(IloMaximize(env,200*x[0] + 300*x[1]));
    //向模型 model 中添加约束
     model.add(2*x[0] + 2*x[1]<=14);
     model.add(x[0] + 2*x[1]<=8);
     model.add(4*x[0]<=16);
     model.add(4*x[1]<=12);

    /*********第二步:求解已构建的模型*********/
    //初始化求解器对象 CPLEX,并加载模型 model 到该求解器对象 CPLEX 中
     IloCPLEX CPLEX(model);
    //开始求解
```

```
    CPLEX.solve();

    /********第三步:输出模型 model 的求解结果********/
    //定义一个数组 vals
     IloNumArray vals(env);
    //将决策变量向量 x 的取值存入数组 vals 中
     CPLEX.getValues(vals,x);
    //输出求解状态
     cout<<"Solution status:"<<CPLEX.getStatus()<<endl;
    //输出模型 model 的目标函数值
    cout<<"Objective value:"<<CPLEX.getObjValue()<<endl;
    //输出模型 model 的决策变量值
     cout<<"Solution is:"<<vals<<endl;
    //将模型 model 导出至文本文件 lpex1_1.lp
     CPLEX.exportModel("lpex1_1.lp");
  }
  catch(IloException& e){//捕捉 CPLEX 建模和求解过程中出现的异常
     cerr<<"Concert exception caught:"<<e<<endl;
  }
  catch(...){//捕捉其他异常
     cerr<<"Unknown exception caught"<<endl;
  }
  //模型求解完毕,关闭求解环境,从而释放 env 中的所有对象占用的内存
env.end();
//程序顺利运行,返回 0
  return 0;
}
```

编译执行以上程序,输出结果如下:

```
Tried aggregator 1 time.
LP Presolve eliminated 3 rows and 0 columns.
Reduced LP has 1 rows,2 columns,and 2 nonzeros.
Presolve time = 0.00 sec.(0.00 ticks)

Iteration log . .
Iteration: 1 Dual objective = 1400.0000
Solution status:Optimal
```

```
Objective value:1400
Solution is:[4,2]
Default variable names x1,x2 ... being created.
Default row names c1,c2 ... being created.
Program ended with exit code:0
```

　　首先 CPLEX 求解器对输入模型进行预求解，预求解是一个 CPLEX 内置的对用户输入的模型进行逻辑缩减的过程，目的在于降低模型的规模，加速求解过程。在例 1.1 中，用户输入模型共有 2 个决策变量和 4 条约束（不含非负约束），预处理消除了原模型中 3 条约束，缩减后的模型仅包含了 1 条约束和 2 个决策变量，预求解用时约为 0 秒。然而并非所有模型都可通过预求解达到简化的效果，当模型规模较大或者存在整数变量时，预求解比较费时。若用户认为原模型无预求解必要或预求解费时，可在求解命令前，通过求解器的参数设置关闭预求解功能，对应参数为 IloCPLEX∷ Param∷ Preprocessing∷ Presolve，默认值为 1 即为开启状态，设置为 0 时即为关闭状态。求解器的参数设置语句为

```
CPLEX.setParam(IloCPLEX::Param::Preprocessing::Presolve,0);
```

　　预求解完成后，便开始对缩减模型进行正式求解，输出结果中显示了正式求解的迭代过程，解例 1.1 仅进行一次迭代便完成，"Dual objective"是对偶模型的目标函数值，表示求解方法使用的是对偶单纯形法。上述这些输出结果是 CPLEX 求解器自行输出的求解记录，非源代码中编辑的输出。求解记录为用户反馈实时求解进度，若用户不关注求解过程，可在求解开始前，通过求解器的参数设置关闭输出求解记录的功能，语句如下：

```
CPLEX.setOut(env.getNullStream());
```

　　随后便显示了源代码中编辑的输出结果：模型求解状态达到最优，最优目标函数值为 1400，最优解向量为 [4,2]。与题意对应，最优生产方案为：产品 I 生产 4 个单位，产品 II 生产 2 个单位；总利润为 1400 元。接下来的两行输出是由源代码中 CPLEX.exportModel（"lpex1_1.lp"）语句引起的，该语句将输入的模型导出到文本文件"lpex1_1.lp"中，CPLEX 将此模型中的变量按照"x1, x2…"的格式命名，约束按照"c1, c2…"的格式命名，变量或约束的命名顺序根据它们在源代码中的初始化顺序决定。CPLEX 输出的模型默认所有决策变量为非负。文件"lpex1_1.lp"中的数学模型如下：

```
\ENCODING = ISO-8859-1
\Problem name:IloCPLEX

Maximize
obj: 200x1 + 300x2
```

```
Subject To
c1: 2x1 + 2x2<=14
c2: x1 + 2x2<=8
c3: 4x1<=16
c4: 4x2<=12
End
```

最后，输出结果最后一行显示程序返回值为 0，表示程序成功运行。

1.1.2　下料问题

例 1.2　用 500cm 长的条材截出长度分别为 98cm 和 78cm 的两种毛坯 10 000 根和 20 000 根。如何截，所用条材根数最少？

解：

很多原材料在组装到产品中之前，都需要进行必要的裁剪，因此需要选择恰当的裁剪方案或者方案组合。在建立数学规划模型之前，往往需要首先列举出所有有效的裁剪方案，并且保证既无有效的裁剪方案被遗漏也未包含明显不经济的裁剪方案。当问题规模较大时，人工列举出所有有效的裁剪方案是无法完成的任务，因此可编制计算机程序，由计算机列举出全部的有效方案。本例中，按照毛坯规格先长后短的顺序裁剪，列出全部有效方案如表 1.2 所示。

表 1.2　例 1.2 的全部有效裁剪方案

规格＼截法	B_1	B_2	B_3	B_4	B_5	B_6	需要毛坯根数（根）
98cm	5	4	3	2	1	0	10 000
78cm	0	1	2	3	5	6	20 000
余料（cm）	10	30	50	70	12	32	

在满足生产需要的前提下，原材料裁剪时的优化目标主要分成两个方面，一是消耗的原材料根数最少，二是余料总长度最小。

1）模型建立

例 1.2 的数学规划模型如式（1.2）所示。

设 B_i 截法使用 x_i 根条材，$i = 1, 2, \cdots, 6$

目标函数(1)：消耗的原材料根数最少

$$\min \quad x_1 + x_2 + x_3 + x_4 + x_5 + x_6$$

或者

目标函数(2)：余料总长度最小

$$\min \quad 10x_1 + 30x_2 + 50x_3 + 70x_4 + 12x_5 + 32x_6$$

约束1：截出的毛坯数量满足需要

$$\begin{cases} 5x_1 + 4x_2 + 3x_3 + 2x_4 + x_5 \geqslant 10\,000 \\ x_2 + 2x_3 + 3x_4 + 5x_5 + 6x_6 \geqslant 20\,000 \end{cases}$$ （1.2）

约束2：使用条材根数不能为负值

$$x_1, \cdots, x_6 \geqslant 0$$

2）Excel 求解

例 1.2 的 Excel 设置情况如图 1.4 所示。

	A	B	C	D	E	F	G	H	I	J
1	截法\规格	B_1	B_2	B_3	B_4	B_5	B_6	截出毛坯根数（根）		需要毛坯根数（根）
2	98cm	5	4	3	2	1	0	=SUMPRODUCT(B2:G2,$B$5:$G$5)	>=	10 000
3	78cm	0	1	2	3	5	6	=SUMPRODUCT(B3:G3,$B$5:$G$5)	>=	20 000
4	余料（cm）	10	30	50	70	12	32			
5	使用条材根数（根）	1	1	1	1	1	1			
6	耗费条材根数（根）=							=SUM(B5:G5)		
7	余料总长度（cm）=							=SUMPRODUCT(B4:G4,B5:G5)		

图 1.4　例 1.2 的 Excel 设置情况

例 1.2 的规划求解参数设置情况如图 1.5 所示。

图 1.5　例 1.2 的规划求解参数设置情况

例 1.2 的求解结果如图 1.6 所示。

截法\n规格	B_1	B_2	B_3	B_4	B_5	B_6	截出毛坯根数（根）		需要毛坯根数（根）
98cm	5	4	3	2	1	0	10000	>=	10000
78cm	0	1	2	3	5	6	20000	>=	20000
余料（cm）	10	30	50	70	12	32			
使用条材根数（根）	1200	0	0	0	4000	0			
耗费条材根数（根）=							5200		
余料总长度（cm）=							60000		

图 1.6　例 1.2 的 Excel 求解结果

例 1.2 的最优裁剪方案为：B_1 截法使用 1200 根条材，B_5 截法使用 4000 根条材；总共消耗条材最少为 5200 根。

3）进一步讨论

如果优化目标是"余料总长度最小"时，例 1.2 的规划求解参数设置情况如图 1.7 所示。

图 1.7　例 1.2 的目标为"余料总长度最小"时的规划求解参数设置情况

只有"目标单元格"改成了"$H$7",其他设置与图 1.5 完全相同。

此时例 1.2 的求解结果如图 1.8 所示。

	A	B	C	D	E	F	G	H	I	J
1	截法 规格	B_1	B_2	B_3	B_4	B_5	B_6	截出毛坯根数 （根）		需要毛坯根数 （根）
2	98cm	5	4	3	2	1	0	10000	>=	10000
3	78cm	0	1	2	3	5	6	20000	>=	20000
4	余料（cm）	10	30	50	70	12	32			
5	使用条材根数（根）	1200	0	0	0	4000	0			
6	耗费条材根数（根）=							5200		
7	余料总长度（cm）=							60000		

图 1.8　例 1.2 的目标为"余料总长度最小"时的 Excel 求解结果

例 1.2 的目标为"余料总长度最小"时的最优裁剪方案为：B_1 截法使用 1200 根条材，B_5 截法使用 4000 根条材；余料总长度最小为 60 000cm。

4）CPLEX 求解

根据例 1.2 的数学规划模型（1.2），C++ 程序示例代码如下：

```cpp
//ilolpex1_2.cpp 下料问题
#include<ilCPLEX/iloCPLEX.h>
#include<iostream>
using namespace std;

int main(int argc,const char * argv[]){
    //创建模型求解的环境对象,模型中的决策变量、约束、目标函数以及求解方法
都定义在该环境对象中
    IloEnv    env;
    try {
      //初始化模型 model
       IloModel model(env);
      //定义决策变量向量,其中包含 6 个非负决策变量
       IloNumVarArray x(env,6,0.0,IloInfinity);
      //向模型 model 中添加目标函数,以消耗的原材料根数最小为目标
    IloObjective obj1(env,x[0]+x[1]+x[2]+x[3]+x[4]+x[5],
    IloObjective:: Minimize);
        model.add(obj1);
//向模型 model 中添加约束;
```

```
        model.add(5*x[0]+4*x[1]+3*x[2]+2*x[3]+x[4]>=10000);
        model.add(x[1]+2*x[2]+3*x[3]+5*x[4]+6*x[5]>=20000);
```

//定义求解器对象 CPLEX
```
        IloCPLEX CPLEX(model);
```
　//关闭输出求解记录
```
CPLEX.setOut(env.getNullStream());
```
　　//调用 CPLEX 求解器对模型 model 进行求解
```
        CPLEX.solve();
```


　　//定义一个数组 vals
```
        IloNumArray vals(env);
```
　　//将决策变量向量 x 的取值存入数组 vals 中
```
        CPLEX.getValues(vals,x);
         cout<<"***The Objective is to minimize the number of
rolls***"<<endl;
```
　　//输出解的情况
```
        cout<<"Solution status is "<<CPLEX.getStatus()<<endl;
```
　　//输出模型 model 的目标函数值
```
    cout<<"Objective value is "<<CPLEX.getObjValue()<<endl;
```
　　//输出模型 model 的决策变量值
```
        cout<<"Solution is:"<<vals<<endl;
        cout<<endl;
```


　　/****更改模型 model 中的目标函数,再次求解线性规划模型建立完毕
****/
　　//先从模型 model 中删除原目标函数 obj1
```
        model.remove(obj1);
```
　　//定义新目标函数 obj2,以余料总长度最小为目标
```
IloObjective obj2(env,10*x[0]+30*x[1]+50*x[2]
+70*x[3]+12*x[4]+32*x[5],IloObjective:: Minimize);
```
//再将新目标函数 obj2 加入到模型 model
```
        model.add(obj2);
```
　　//加载更新后的模型
```
        CPLEX.extract(model);
```
　　//再次调用 CPLEX 求解器对更改后的模型 model 再一次求解
```
        CPLEX.solve();
```

```
    /********输出更改后的模型 model 求解结果********/
    //将决策变量向量 x 的取值存入数组 vals
     CPLEX.getValues(vals,x);
      cout<<"*** The Objective is to minimize the remaining
materials*** "<<endl;
     cout<<"Solution status is "<<CPLEX.getStatus()<<endl;
     cout<<"Objective value is "<<CPLEX.getObjValue()<<endl;
     cout<<"Solution is:"<<vals<<endl;

    }
    catch(IloException& e){
        cerr<<"Concert exception caught:"<<e<<endl;
    }
    catch(...){
        cerr<<"Unknown exception caught"<<endl;
    }

    env.end();
    return 0;
}
```

在该程序中，通过删除模型中的原目标函数 model.remove（obj1），再加入新目标函数 model.add（obj2），达到更新模型的效果，更新完的模型必须通过 CPLEX.extract（model）语句重新加载到求解器。该程序的输出结果如下所示。

输出结果如下：
```
***The Objective is to minimize the number of rolls***
Solution status is Optimal
Objective value is 5200
Solution is:[1200,0,0,0,4000,0]

*** The Objective is to minimize the remaining materials***
Solution status is Optimal
Objective value is 60000
Solution is:[1200,0,0,0,4000,0]
Program ended with exit code:0
```

由于源代码中使用 CPLEX.setOut（env.getNullStream()）语句关闭了 CPLEX 显示求解记录的功能，因此输出结果只显示了源代码中编辑的输出信息。

1.1.3　排班问题

例 1.3　某机场候机楼每天不同时段需要的地面服务人员数量如表 1.3 所示。地面服务人员在每个时段开始点开始上班，连续工作 8 小时。问该候机楼至少应该配备多少地面服务人员？

表 1.3　例 1.3 的原始数据表

时段	需要地面服务人员数量（人）
06：00-10：00	60
10：00-14：00	70
14：00-18：00	60
18：00-22：00	50
22：00-02：00	20
02：00-06：00	30

解：
建模前，可以分析列出地面服务人员的在岗分布情况如表 1.4 所示。

表 1.4　例 1.3 的地面服务人员的在岗分布情况

时段	在岗人数分布						在岗人员数量（人）
	06：00	10：00	14：00	18：00	22：00	02：00	
06：00-10：00	x_1					x_6	$x_1 + x_6$
10：00-14：00	x_1	x_2					$x_1 + x_2$
14：00-18：00		x_2	x_3				$x_2 + x_3$
18：：00-22：00			x_3	x_4			$x_3 + x_4$
22：00-02：00				x_4	x_5		$x_4 + x_5$
02：00-06：00					x_5	x_6	$x_5 + x_6$

在表 1.4 中，设在 06：00 时间点安排 x_1 人开始上班并连续工作 8 小时，因此这 x_1 人在 06：00-10：00 时段和 10：00-14：00 时段都处于在岗状态。其他的人员在岗分布情况同理。

1）模型建立

例 1.3 的数学规划模型如式（1.3）所示。

设在时段 i 的开始点安排 x_i 人开始上班，$i = 1, 2, \cdots, 6$

目标函数：配备的地服人员人数最少

$$\min \quad x_1 + x_2 + x_3 + x_4 + x_5 + x_6$$

约束1：每个时段的在岗人数满足需要

$$\begin{cases} x_1 + x_6 & \geqslant 60 \\ x_1 + x_2 & \geqslant 70 \\ \quad x_2 + x_3 & \geqslant 60 \\ \quad\quad x_3 + x_4 & \geqslant 50 \\ \quad\quad\quad x_4 + x_5 & \geqslant 20 \\ \quad\quad\quad\quad x_5 + x_6 & \geqslant 30 \end{cases} \quad\quad (1.3)$$

约束2：开始上班人数不能为负值

$$x_1, \cdots, x_6 \geqslant 0$$

2）Excel 求解

例 1.3 的 Excel 设置情况如图 1.9 所示。

	A	B	C	D	E	F	G	H	I
1	时段	在岗人数分布						在岗人员数量（人）	需要人员数量（人）
2		06:00	10:00	14:00	18:00	22:00	02:00		
3	06:00-10:00	1					=G8	=SUM(B3,G3)	60
4	10:00-14:00	=B3	1					=SUM(B4:C4)	70
5	14:00-18:00		=C4	1				=SUM(C5:D5)	60
6	18:00-22:00			=D5	1			=SUM(D6:E6)	50
7	22:00-02:00				=E6	1		=SUM(E7:F7)	20
8	02:00-06:00					=F7	1	=SUM(F8:G8)	30
9	配备人数=							=SUM(B3,C4,D5,E6,F7,G8)	

图 1.9　例 1.3 的 Excel 设置情况

例 1.3 的规划求解参数设置情况如图 1.10 所示。由于可变单元格有多个且不在连续区域，因此单元格之间用逗号或空格隔开。这里需要注意使用英文逗号或空格而非中文，否则容易出错。

例 1.3 的求解结果如图 1.11 所示。

例 1.3 的最优排班方案为：06：00 安排 60 人开始上班，10：00 安排 10 人开始上班，14：00 安排 50 人开始上班，18：00 安排 0 人开始上班，22：00 安排 20 人开始上班，02：00 安排 10 人开始上班；至少需要配备地面服务人员 150 人。

3）进一步讨论

排班问题的最优方案经常有多种，但是最优目标函数值应该是一样的。

图 1.10　例 1.3 的规划求解参数设置情况

时段	在岗人数分布						在岗人员数量	需要人员数量
	06:00	10:00	14:00	18:00	22:00	02:00	（人）	（人）
06:00-10:00	60					10	70	60
10:00-14:00	60	10					70	70
14:00-18:00		10	50				60	60
18:00-22:00			50	0			50	50
22:00-02:00				0	20		20	20
02:00-06:00					20	10	30	30
配备人数=							150	

图 1.11　例 1.3 的 Excel 求解结果

此外，由于变量代表人数，一般来说需要取整数，本例由于分析的是线性规划的应用，因此未考虑取整约束。

对于规模较大的数学规划问题，增加取整约束后，可能会导致求解计算时间过长，此时可以先不考虑取整约束而直接按照线性规划计算，若求得的结果不满足整数条件，再逐步加入取整约束，可能会提高求解速度。

4）CPLEX 求解

求解例 1.3 的 C++程序示例代码如下：

```cpp
//ilolpex1_3.cpp 排班问题
#include<ilCPLEX/iloCPLEX.h>
#include<iostream>
using namespace std;

int main()
{
    IloEnv    env;
    try {
        IloModel model(env);
        IloNumVarArray x(env,6,0.0,70);
        //向模型 model 中添加目标函数,以配备的地服人员人数最少为目标
        model.add(IloMinimize(env,x[0] + x[1] + x[2] + x[3]
 + x[4] + x[5]));
        //向模型 model 中添加约束
        model.add(x[0] + x[5]>=60.0);
        model.add(x[0] + x[1]>=70.0);
        model.add(x[1] + x[2]>=60.0);
        model.add(x[2] + x[3]>=50.0);
        model.add(x[3] + x[4]>=20.0);
        model.add(x[4] + x[5]>=30.0);
        //定义求解器 CPLEX;
        IloCPLEX CPLEX(model);
CPLEX.setOut(env.getNullStream());
        CPLEX.solve();

        IloNumArray vals(env);
        CPLEX.getValues(vals,x);
      cout<<"Solution status is "<<CPLEX.getStatus()<<endl;
    cout<<"Objective value is "<<CPLEX.getObjValue()<<endl;
     cout<<"Solution is:"<<vals<<endl;


    /**将模型 model 中的决策变量改为整数决策变量,建立整数规划模型
model2**/
```

```
            //重新初始化一个模型对象
IloModel model2(env);
            //将线性规划模型 model 复制到整数规划模型 model2
model2.add(model);
//通过 IloConversion 函数将决策变量转换为整数决策变量
model2.add(IloConversion(env,x,ILOINT));
//加载 model2 至 CPLEX 求解器
CPLEX.extract(model2);
            //通过求解器参数"AbsGap"控制解决方案池中解的质量
CPLEX.setParam(IloCPLEX::Param::MIP::Pool::AbsGap,10e-4);
//参数 Intensity 控制解决方案池中解的数量
//其取值范围为{0,1,2,3,4},值越大,得到的解越多
CPLEX.setParam(IloCPLEX::Param::MIP::Pool::Intensity,4);
//填充解决方案池
CPLEX.populate();
//获得解决方案池中解的数量
        IloInt numsol = CPLEX.getSolnPoolNsolns();
        cout<<endl;
        cout<<"Solution pool of model2:"<<numsol<<endl;
        //输出解决方案池中每一个解及它对应的目标函数值;
        for(int i = 0;i<numsol;i ++ ){
            IloNumArray vals_i(env);
            CPLEX.getValues(vals_i,x,i);
cout<<"Solution "<<i+1<<" with objective value "
<<CPLEX.getObjValue(i)<<":"<<vals_i<<endl;
            vals_i.end();
        }
    }
    catch(IloException& e){
        cerr<<"Concert exception caught:"<<e<<endl;
    }
    catch(...){
        cerr<<"Unknown exception caught"<<endl;
    }
    env.end();
    return 0;
}
```

　　在该程序中，首先根据该例题的数学规划模型（1.3）构建一个线性规划模型 model 进行求解。之后将该模型添加到一个新初始化的模型对象 model2 中，这样便将原线性规划模型 model 中的所有元素，即决策变量、约束和目标函数，复制到新模型 model2。然后通过 IloConversion（env, x, ILOINT）语句将连续性决策变量向量 x 转化为整数性决策变量向量，添加到模型 model2 中，这样便将模型 model2 转化为一个整数规划模型。随后通过 extract()函数将模型 model2 加载到求解器，通过 solve()函数可以直接求解，该程序中为了演示 CPLEX 可以提供一个整数规划模型的多个可行解，源代码中使用 CPLEX.populate()函数来生成一个解决方案池，该解决方案池中所包含的解的质量与数量通过求解器的参数设置来控制，其中 CPLEX.setParam（IloCPLEX：：Param：：MIP：：Pool：：AbsGap，10e-4）表示将与最优解的绝对容差不超过 0.0001 的可行解放入解决方案池中，此外，CPLEX.setParam（IloCPLEX：：Param：：MIP：：Pool：：Intensity，4）表示将尽可能多的可行解放入解决方案池中。程序运行结果如下：

```
Solution status is Optimal
Objective value is 150
Solution is:[60,10,50,0,30,0]

Solution pool of model2:48
Solution 1 with objective value 150:[60,10,50,-0,30,-0]
Solution 2 with objective value 150:[60,10,50,-0,29,1]
Solution 3 with objective value 150:[60,10,50,-0,28,2]
Solution 4 with objective value 150:[60,10,50,-0,27,3]
Solution 5 with objective value 150:[60,10,50,-0,26,4]
Solution 6 with objective value 150:[60,10,50,-0,25,5]
Solution 7 with objective value 150:[60,10,50,-0,24,6]
Solution 8 with objective value 150:[60,10,50,-0,23,7]
Solution 9 with objective value 150:[60,10,50,-0,22,8]
Solution 10 with objective value 150:[60,10,50,-0,21,9]
Solution 11 with objective value 150:[60,10,50,-0,20,10]
Solution 12 with objective value 150:[59,11,49,1,29,1]
Solution 13 with objective value 150:[59,11,49,1,28,2]
Solution 14 with objective value 150:[59,11,50,-0,28,2]
Solution 15 with objective value 150:[59,11,50,-0,27,3]
Solution 16 with objective value 150:[59,11,49,1,27,3]
Solution 17 with objective value 150:[59,11,49,1,26,4]
Solution 18 with objective value 150:[59,11,49,1,25,5]
Solution 19 with objective value 150:[59,11,49,1,24,6]
Solution 20 with objective value 150:[59,11,49,1,23,7]
```

```
Solution 21 with objective value 150:[59,11,49,1,22,8]
Solution 22 with objective value 150:[59,11,49,1,21,9]
Solution 23 with objective value 150:[59,11,49,1,20,10]
Solution 24 with objective value 150:[59,11,49,1,19,11]
Solution 25 with objective value 150:[59,11,50,-0,26,4]
Solution 26 with objective value 150:[59,11,50,-0,25,5]
Solution 27 with objective value 150:[59,11,50,-0,24,6]
Solution 28 with objective value 150:[59,11,50,-0,23,7]
Solution 29 with objective value 150:[59,11,50,-0,22,8]
Solution 30 with objective value 150:[58,12,50,-0,28,2]
Solution 31 with objective value 150:[57,13,50,-0,27,3]
Solution 32 with objective value 150:[56,14,50,-0,26,4]
Solution 33 with objective value 150:[56,14,49,1,26,4]
Solution 34 with objective value 150:[56,14,48,2,26,4]
Solution 35 with objective value 150:[56,14,48,2,25,5]
Solution 36 with objective value 150:[56,14,48,2,24,6]
Solution 37 with objective value 150:[56,14,48,2,23,7]
Solution 38 with objective value 150:[56,14,48,2,22,8]
Solution 39 with objective value 150:[56,14,48,2,21,9]
Solution 40 with objective value 150:[56,14,48,2,20,10]
Solution 41 with objective value 150:[56,14,48,2,19,11]
Solution 42 with objective value 150:[56,14,48,2,18,12]
Solution 43 with objective value 150:[57,13,49,1,27,3]
Solution 44 with objective value 150:[57,13,48,2,27,3]
Solution 45 with objective value 150:[57,13,47,3,27,3]
Solution 46 with objective value 150:[57,13,48,2,26,4]
Solution 47 with objective value 150:[57,13,48,2,25,5]
Solution 48 with objective value 150:[59,11,50,-0,29,1]
```

  结果首先输出了线性规划模型 model 的求解状态、目标函数值和最优解。根据最优解观察到 CPLEX 提供的最优排班方案与 Excel 所得到的略有区别。前者最优排班方案中 22：00 安排 30 人开始上班，02：00 未安排人员开始上班；后者则 22：00 安排 20 人开始上班，02：00 安排 10 人开始上班。二者的最优目标函数值相同，都至少需要配备地面服务人员 150 人。随后输出整数规划模型 model2 的求解结果，其中解决方案池装入了 48 个可行解，这 48 个可行解的目标函数值和解的取值一一列出，它们的目标函数值都等于最优解的目标函数值 150，但每个解的取值略有不同，因此最优排班方案可有多种。

1.1.4 配料问题

例 1.4 使用三种原料 1、2、3 混合调配出三种不同产品甲、乙、丙，具体情况如表 1.5 所示。如何安排生产能够获得最大利润？

表 1.5 例 1.4 的原始数据表

产品	要求	售价（元/千克）	原料	可用量（千克）	单价（元/千克）
甲	原料 1 不少于 50% 原料 2 不超过 25%	50	1	100	65
乙	原料 1 不少于 25% 原料 2 不超过 50%	35	2	100	25
丙	不限	25	3	60	35

解：

1）模型建立

例 1.4 的数学规划模型如式（1.4）所示。

设产品 i 使用原料 j 为 $x_{i,j}$ 千克，$i=1(甲),2(乙),3(丙)$，$j=1,2,3$

产品销售收入 $=50(x_{1,1}+x_{1,2}+x_{1,3})+35(x_{2,1}+x_{2,2}+x_{2,3})+25(x_{3,1}+x_{3,2}+x_{3,3})$

原料成本 $=65(x_{1,1}+x_{2,1}+x_{3,1})+25(x_{1,2}+x_{2,2}+x_{3,2})+35(x_{1,3}+x_{2,3}+x_{3,3})$

总利润 $z=$ 产品销售收入 $-$ 原料成本

目标函数：总利润最大

$\max z$

约束1：每种原料消耗量不超过其可用量

$$\begin{cases} x_{1,1}+x_{2,1}+x_{3,1} \leqslant 100 \\ x_{1,2}+x_{2,2}+x_{3,2} \leqslant 100 \\ x_{1,3}+x_{2,3}+x_{3,3} \leqslant 60 \end{cases} \tag{1.4}$$

约束2：产品中每种原料的比例限制

$$\begin{cases} x_{1,1}/(x_{1,1}+x_{1,2}+x_{1,3}) \geqslant 50\% \\ x_{1,2}/(x_{1,1}+x_{1,2}+x_{1,3}) \leqslant 25\% \\ x_{2,1}/(x_{2,1}+x_{2,2}+x_{2,3}) \geqslant 25\% \\ x_{2,2}/(x_{2,1}+x_{2,2}+x_{2,3}) \leqslant 50\% \end{cases}$$

约束3：产品中每种原料使用量不能为负值

$x_{i,j} \geqslant 0, i=1,2,3, j=1,2,3$

在式（1.4）中，约束 2 为非线性表达式，使得式（1.4）变成了非线性规划模型。当非线性规划模型的规模较大时求解计算时间较长，所以一般应尽量建立线性规划模型。因此，为了按照线性规划求解，并保持约束条件表达式中变量位于不等号左侧、常数项位于右侧的书写习惯，可以写成式（1.5）的形式。

……

约束2：产品中每种原料的比例限制

$$\begin{cases} 50\%x_{1,1} - 50\%x_{1,2} - 50\%x_{1,3} \geq 0 \\ 25\%x_{1,1} - 75\%x_{1,2} + 25\%x_{1,3} \geq 0 \\ 75\%x_{2,1} - 25\%x_{2,2} - 25\%x_{2,3} \geq 0 \\ 50\%x_{2,1} - 50\%x_{2,2} + 50\%x_{2,3} \geq 0 \end{cases} \tag{1.5}$$

……

2）Excel 求解

按照式（1.5），例 1.4 的 Excel 设置情况如图 1.12 所示。

	A	B	C	D	E	F
1		产品消耗原料量（千克）			生产产品量（千克）	售价（元/千克）
2	原料 产品	1	2	3		
3	甲	1	1	1	=SUM(B3:D3)	50
4	乙	1	1	1	=SUM(B4:D4)	35
5	丙	1	1	1	=SUM(B5:D5)	25
6	消耗原料量（千克）	=SUM(B3:B5)	=SUM(C3:C5)	=SUM(D3:D5)		
7	可用量（千克）	100	100	60		
8	单价（元/千克）	65	25	35		
9	产品中原料占比					
10	1	2	3			比例要求
11	0.5	-0.5	-0.5	=SUMPRODUCT(B3:D3,A11:C11)	>=	0
12	0.25	-0.75	0.25	=SUMPRODUCT(B3:D3,A12:C12)	>=	0
13	0.75	-0.25	-0.25	=SUMPRODUCT(B4:D4,A13:C13)	>=	0
14	0.5	-0.5	0.5	=SUMPRODUCT(B4:D4,A14:C14)	>=	0
15	产品销售收入（元）=				=SUMPRODUCT(E3:E5,F3:F5)	
16	原料成本（元）=				=SUMPRODUCT(B6:D6,B8:D8)	
17	利润（元）=				=E15-E16	

图 1.12 例 1.4 的 Excel 设置情况

例 1.4 的规划求解参数设置情况如图 1.13 所示。

图 1.13 例 1.4 的规划求解参数设置情况

例 1.4 的求解结果如图 1.14 所示。

	A	B	C	D	E	F
1	产品消耗原料量（千克）				生产产品量（千克）	售价（元/千克）
2	原料 产品	1	2	3		
3	甲	100	50	50	200	50
4	乙	0	0	0	0	35
5	丙	0	0	0	0	25
6	消耗原料量（千克）	100	50	50		
7	可用量（千克）	100	100	60		
8	单价（元/千克）	65	25	35		
9	产品中原料占比					
10	1	2	3		比例要求	
11	50%	-50%	-50%	0	>=	0
12	25%	-75%	25%	0	>=	0
13	75%	-25%	-25%	0	>=	0
14	50%	-50%	50%	0	>=	0
15	产品销售收入（元）=				10000	
16	原料成本（元）=				9500	
17	利润（元）=				500	

图 1.14　例 1.4 的 Excel 求解结果

例 1.4 的最优配料方案为：甲产品生产 200 千克，其中使用原料 1、2、3 分别为 100 千克、50 千克、50 千克；乙、丙产品不生产。最大利润为 500 元。

3）进一步讨论

在 Excel 设置中，如果使用了 If()、Max()、Min()等函数时，都被视为非线性规划模型，可能导致求解时间过长，因此应尽量避免使用这些函数。

4）CPLEX 求解

求解例 1.4 的 C++程序示例代码如下：

```cpp
//ilolpex1_4.cpp 配料问题
#include<ilCPLEX/iloCPLEX.h>
#include<iostream>
using namespace std;
//定义一种新的数据类型即二维数组
typedef IloArray<IloNumVarArray>NumVarMatrix;
int main()
{
    IloEnv env;
    try {
        //初始化模型 model
```

```
    IloModel model(env);
//产品数量,对应产品甲、乙、丙
    IloInt nbProducts = 3;
//原料数量,对应原料1、2、3
    IloInt nbIngredients = 3;
//三种产品各自单位售价
    IloNumArray pricePdts(env,nbProducts,50,35,25);
//三种原料各自可用量
    IloNumArray capIgdts(env,nbIngredients,100,100,60);
    //三种原料单价
    IloNumArray priceIgdts(env,nbIngredients,65,25,35);


    //定义辅助决策变量向量,表示生产三种产品的各自重量
    IloNumVarArray weightPdts(env,nbProducts,0,IloInfinity);
    //定义辅助决策变量向量,表示使用三种原料的各自重量
    IloNumVarArray weightIgdts(env,nbIngredients,
0,IloInfinity);
    //定义二维决策变量,即产品 i 使用原料 j 的重量
    NumVarMatrix assignVars(env,nbProducts);
    for(int i = 0;i<nbProducts;++i)
    {
        //定义二维决策变量中的行向量,即产品 i 分别使用三种原料的重量
        assignVars[i] = IloNumVarArray(env,nbIngredients,0,
                                    IloInfinity);
        //产品 i 的重量即为其使用的三种原料的重量之和
        model.add(IloSum(assignVars[i])==weightPdts[i]);
    }


    for(int j = 0;j<nbIngredients;++j)
    {
        IloExpr weightIgdts_j(env);
        for(int i = 0;i<nbProducts;++i)
        {
            //原料 j 的使用总重量等于三种产品分别使用原料 j 之和
            weightIgdts_j+=assignVars[i][j];
        }
        model.add(weightIgdts[j]==weightIgdts_j);
        weightIgdts_j.end();
```

```
    }

    //向模型model中添加约束
    //约束条件1：每种原料消耗量不超过其可用量
    for(int j=0;j<nbIngredients;++j)
    {
        model.add(weightIgdts[j]<=capIgdts[j]);
    }
    //约束条件2：产品中每种原料的比例限制
    model.add(0.50*assignVars[0][0]-0.50*assignVars[0][1]
            -0.50*assignVars[0][2]>=0);
    model.add(0.25*assignVars[0][0]-0.75*assignVars[0][1]
            + 0.25*assignVars[0][2]>=0);
    model.add(0.75*assignVars[1][0]-0.25*assignVars[1][1]
            -0.25*assignVars[1][2]>=0);
    model.add(0.50*assignVars[1][0]-0.50*assignVars[1][1]
            + 0.50*assignVars[1][2]>=0);

    //向模型model中添加目标函数，以总利润最大为目标
    model.add(IloMaximize(env,
                    IloScalProd(pricePdts,weightPdts)

-IloScalProd(priceIgdts,weightIgdts)));

    //定义求解器CPLEX求解
    IloCPLEX CPLEX(model);
    CPLEX.setOut(env.getNullStream());
        CPLEX.solve();

  cout<<"Solution status is "<<CPLEX.getStatus()<<endl;
  cout<<"Objective value is "<<CPLEX.getObjValue()<<endl;
    cout<<"Solution is: "<<endl;
    for(int i = 0;i<nbProducts;++i)
    {
        if(CPLEX.getValue(weightPdts[i])>1e-5)
        {
            cout<<"Product "<<i+1<<" is produced "
              <<CPLEX.getValue(weightPdts[i])<<" kg."<<endl;
```

```
            for(int j = 0;j<nbIngredients;++j)
            {
                if(CPLEX.getValue(assignVars[i][j])>1e-5)
                {
                  cout<<"Product"<<i+1<<"consumes Ingredient"<<
j+1<<""<<CPLEX.getValue(assignVars[i][j])<<"kg;"<<endl;
                }
            }
        }
        else
        {
        cout<<"Product "<<i+1<<" is not produced."<<endl;
        }
    }
}
catch(IloException& e){
    cerr<<"Concert exception caught: "<<e<<endl;
}
catch(...){
    cerr<<"Unknown exception caught"<<endl;
}
env.end();
return 0;
}
```

该程序的运行结果如下：

```
Solution status is Optimal
Objective value is 500
Solution is:
Product 1 is produced 200 kg.
Product 1 consumes Ingredient 1 100 kg;
Product 1 consumes Ingredient 2 50 kg;
Product 1 consumes Ingredient 3 50 kg;
Product 2 is not produced.
Product 3 is produced 50 kg.
Product 3 consumes Ingredient 2 50 kg;
Program ended with exit code: 0
```

1.1.5 投资问题

例 1.5 现有资金 200 万元，今后 5 年内可投资项目如表 1.6 所示。如何确定各项目每年的投资额，使得第 5 年末的资金总额最大？

表 1.6 例 1.5 的原始数据表

项目	特点
A	第 1～5 年初都可投资，当年末收回本利 110%
B	第 1～4 年初都可投资，次年末收回本利 125%，但每年投资额不能超过 30 万元
C	第 3 年初需要投资，第 5 年末收回本利 140%，但投资额不能超过 80 万元
D	第 2 年初需要投资，第 5 年末收回本利 155%，但投资额不能超过 100 万元

解：

1）模型建立

根据各个项目的特点，分析列出每年的投资和收回本利情况如表 1.7 所示。

表 1.7 例 1.5 每年的投资和收回本利情况

年度	第 1 年		第 2 年		第 3 年		第 4 年		第 5 年	
	初	末	初	末	初	末	初	末	初	末
项目 A	$-x_{A,1}$	$1.10x_{A,1}$	$-x_{A,2}$	$1.10x_{A,2}$	$-x_{A,3}$	$1.10x_{A,3}$	$-x_{A,4}$	$1.10x_{A,4}$	$-x_{A,5}$	$1.10x_{A,5}$
项目 B	$-x_{B,1}$		$-x_{B,2}$	$1.25x_{B,1}$	$-x_{B,3}$	$1.25x_{B,2}$	$-x_{B,4}$	$1.25x_{B,3}$		$1.25x_{B,4}$
项目 C					$-x_{C,3}$					$1.40x_{C,3}$
项目 D			$-x_{D,2}$							$1.55x_{D,2}$

由此建立例 1.5 的数学规划模型如式（1.6）所示。

设项目 i 第 j 年初投资 $x_{i,j}$ 万元，$i = A, B, C, D, j = 1, 2, 3, 4, 5$

第 j 年初投资后的剩余资金为 S_j

目标函数：第 5 年末的资金总额 z 最大

$$\max z = S_5 + 1.10x_{A,5} + 1.25x_{B,4} + 1.40x_{C,3} + 1.55x_{D,2}$$

约束1：每年初的总投资额不超过拥有资金额

$$\begin{cases} x_{A,1} + x_{B,1} + S_1 = 200 \\ x_{A,2} + x_{B,2} + x_{D,2} + S_2 = S_1 + 1.10x_{A,1} \\ x_{A,3} + x_{B,3} + x_{C,3} + S_3 = S_2 + 1.10x_{A,2} + 1.25x_{B,1} \\ x_{A,4} + x_{B,4} + S_4 = S_3 + 1.10x_{A,3} + 1.25x_{B,2} \\ x_{A,5} + S_5 = S_4 + 1.10x_{A,4} + 1.25x_{B,3} \end{cases} \quad (1.6)$$

约束2：各项目每年初的投资额不超过限额

$$\{x_{\mathrm{B},1}, x_{\mathrm{B},2}, x_{\mathrm{B},3}, x_{\mathrm{B},4} \leqslant 30,\ x_{\mathrm{C},3} \leqslant 80,\ x_{\mathrm{D},2} \leqslant 100$$

约束3：各项目每年初的投资额和剩余资金不能为负值

$$\{x_{i,j}, S_j \geqslant 0, i = \mathrm{A}, \mathrm{B}, \mathrm{C}, \mathrm{D}, j = 1,2,3,4,5$$

需要强调一点，本例中的项目 A 当年末即能收回年初投资的本利且无投资额的限制，因此可知每年初应将全部拥有的资金投资出去，不必留有剩余资金。但是如果不存在项目 A 这样的情况，则可能会有剩余资金。因此，一般来说，每年各个项目投资后可能存在剩余资金，而不是全部投资出去。

在式（1.6）中，约束 1 的书写方式是考虑了易读性，也可以将变量移至等号左侧，常数项移至等号右侧。

2）Excel 求解

按照式（1.6），例 1.5 的 Excel 设置情况如图 1.15 所示。

	A	B	C	D	E	F	G	H	I	J	K	L	M
1	年度	本利	投资限额	第1年		第2年		第3年		第4年		第5年	
2				投资	收回	投资	收回	投资	收回	投资	收回	投资	收回
3	项目A	1.1		1	=D3*$B$3	1	=F3*$B$3	1	=H3*$B$3	1	=J3*$B$3	1	=L3*$B$3
4	项目B	1.25	30	1		1	=D4*$B$4	1	=F4*$B$4	1	=H4*$B$4		=J4*$B$4
5	项目C	1.4	80					1					=H5*$B$5
6	项目D	1.55	100			1							=F6*$B$6
7	合计			=SUM(D3:D6)	=SUM(E3:E6)	=SUM(F3:F6)	=SUM(G3:G6)	=SUM(H3:H6)	=SUM(I3:I6)	=SUM(J3:J6)	=SUM(K3:K6)	=SUM(L3:L6)	=SUM(M3:M6)
8	拥有资金额			200	=D9+E7	=E8	=F9+G7	=G8	=H9+I7	=I8	=J9+K7	=K8	=L9+M7
9	剩余资金额			=D8-D7		=F8-F7		=H8-H7		=J8-J7		=L8-L7	

图 1.15　例 1.5 的 Excel 设置情况

例 1.5 的规划求解参数设置情况如图 1.16 所示。

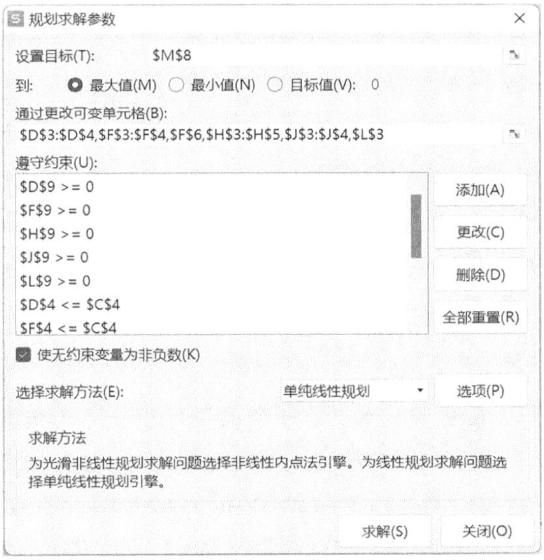

图 1.16　例 1.5 的规划求解参数设置情况

例 1.5 的求解结果如图 1.17 所示。其中单元格 F9 的"1E-12"可视为 0，单元格 H9、J9、L9 同理。

	A	B	C	D	E	F	G	H	I	J	K	L	M
1	年度	本利	投资限额	第1年		第2年		第3年		第4年		第5年	
2				投资	收回	投资	收回	投资	收回	投资	收回	投资	收回
3	项目A	110%		170	187	63	69.3	0	0	0	0	33.5	36.85
4	项目B	125%	30	30		24	37.5	26.8	30	30	33.5		37.5
5	项目C	140%	80					80					112
6	项目D	155%	100			100							155
7	合计			200	187	187	106.8	106.8	30	30	33.5	33.5	341.3
8	拥有资金额			200	187	187	106.8	106.8	30	30	33.5	33.5	341.3
9	剩余资金额			0		1E-12		1E-12		1E-12		1E-12	

图 1.17　例 1.5 的 Excel 求解结果

例 1.5 的最优投资方案为：项目 A 第 1～5 年分别投资 170 万元、63 万元、0、0、33.5 万元；项目 B 第 1～4 年分别投资 30 万元、24 万元、26.8 万元、30 万元；项目 C 第 3 年投资 80 万元；项目 D 第 2 年投资 100 万元。此时第 5 年末拥有的资金额最大为 341.3 万元。

3）CPLEX 求解

求解例 1.5 的 C++程序示例代码如下：

```cpp
//ilolpex1_5.cpp 投资问题
#include<ilCPLEX/iloCPLEX.h>
#include<iostream>
using namespace std;
typedef IloArray<IloNumVarArray>NumVarMatrix;
int main()
{
    IloEnv   env;
    try {
        IloModel model(env);
        //投资年限
        IloInt nbYears = 5;
        //期初资金总额
        IloNum maximumMoney = 200;

        //定义投资决策变量向量,即每个项目可投资年份的投资金额
        IloNumVarArray ProjectA(env,nbYears,0,IloInfinity);
        IloNumVarArray ProjectB(env,nbYears-1,0,30);
        IloNumVarArray ProjectC(env,1,0,80);
        IloNumVarArray ProjectD(env,1,0,100);
```

```
    //定义辅助决策变量向量,各年初投资后的剩余资金
IloNumVarArray RemainingMoney(env,nbYears,0,IloInfinity);
    //定义目标函数表达式
    IloExpr objexpr(env);
        objexpr+ = RemainingMoney[nbYears-1] + 1.10*ProjectA
[nbYears-1] + 1.25*ProjectB[nbYears-2] + 1.40*ProjectC[0] + 1.55
*ProjectD[0];
    //向模型 model 中添加目标函数,以最大化期末资金总额为目标
    model.add(IloMaximize(env,objexpr));
    //约束条件 1:每年初的总投资额不超过拥有资金额
    model.add(ProjectA[0] + ProjectB[0]+ RemainingMoney[0]
== maximumMoney);
    model.add(ProjectA[1] + ProjectB[1] + ProjectD[0] +
RemainingMoney[1]-RemainingMoney[0]-1.10*ProjectA[0]==0);
    model.add(ProjectA[2]+ProjectB[2]+ProjectC[0]+RemainingMoney
[2]-RemainingMoney[1]-1.10*ProjectA[1]-1.25*ProjectB[0]==0);
    model.add(ProjectA[3] + ProjectB[3] + RemainingMoney[3]
            -RemainingMoney[2]-1.10*ProjectA[2]-1.25*ProjectB
[1]==0);
    model.add(ProjectA[4]+RemainingMoney[4]-RemainingMoney
[3]-1.10*ProjectA[3]-1.25*ProjectB[2]==0);


    IloCPLEX CPLEX(model);
CPLEX.setOut(env.getNullStream());
    CPLEX.solve();
    cout<<"Solution status is "<<CPLEX.getStatus()<<endl;
    cout<<"Objective value is "<<CPLEX.getObjValue()<<endl;
    cout<<"Solution is:"<<endl;
    cout<<"ProjectA:"<<endl;
    for(int i=0;i<nbYears;++i)
    {
        if(CPLEX.getValue(ProjectA[i])>1e-5)
        {
            cout<<" Year "<<i+1<<":"
            <<CPLEX.getValue(ProjectA[i])<<";"<<endl;
        }
        else
```

```
            {
                cout<<" Year "<<i + 1<<":0;"<<endl;
            }

        }

        cout<<"ProjectB:"<<endl;
        for(int i = 0;i<nbYears-1; + + i)
        {
            if(CPLEX.getValue(ProjectB[i])>1e-5)
            {
                cout<<" Year "<<i + 1<<":"
                <<CPLEX.getValue(ProjectB[i])<<";"<<endl;
            }
            else
            {
                cout<<" Year "<<i + 1<<":0;"<<endl;
            }

        }

        cout<<"ProjectC:"<<endl;
    cout<<"Year3:"<<CPLEX.getValue(ProjectC[0])<<";"<<endl;
        cout<<"ProjectD:"<<endl;
cout<<" Year 2:"<<CPLEX.getValue(ProjectD[0])<<";"<<endl;

    }
    catch(IloException& e){
        cerr<<"Concert exception caught:"<<e<<endl;
    }
    catch(...){
        cerr<<"Unknown exception caught"<<endl;
    }
    env.end();
    return 0;
}
```

该程序的运行结果如下：

```
Solution status is Optimal
Objective value is 341.3
Solution is:
ProjectA:
Year 1:170;
Year 2:57;
Year 3:0;
Year 4:7.5;
Year 5:33.5;
ProjectB:
Year 1:30;
Year 2:30;
Year 3:20.2;
Year 4:30;
ProjectC:
Year 3:80;
ProjectD:
Year 2:100;
Program ended with exit code:0
```

　　该结果与 Excel 所得最优投资方案不同，但最优目标函数值相同。最优投资方案为：项目 A 第 1～5 年分别投资 170 万元、57 万元、0、7.5 万元、33.5 万元；项目 B 第 1～4 年分别投资 30 万元、30 万元、20.2 万元、30 万元；项目 C 第 3 年投资 80 万元；项目 D 第 2 年投资 100 万元。第 5 年末拥有的资金额最大为 341.3 万元。

■ 1.2　线性规划问题解的类型和软件输出结果

　　线性规划的解有多种类型，包括唯一最优解、无穷多最优解、无界解、无可行解等。了解出现不同类型解时的软件输出结果，便于软件使用者了解自己在求解中在哪些方面可能存在问题。

1.2.1　唯一最优解的软件输出结果

　　唯一最优解是实际问题中最常见的解类型。例 1.1 的解即为唯一最优解，输出结果如图 1.18 所示。

图 1.18　唯一最优解的 Excel 输出结果

1.2.2　无穷多最优解的软件输出结果

无穷多最优解也是实际问题中很常见的解类型。无穷多解的输出结果一般与唯一最优解的输出结果相同。实际问题的解为无穷多最优解时，使用优化软件求解时一般也只给出一个基本可行解，要想得出其他最优解，需要可变单元格使用不同的初始数值并反复重新求解。

1.2.3　无界解的软件输出结果

无界解是实际问题中不应出现的解类型，软件输出结果为无界解时，一般说明约束条件考虑得不够全面，漏掉了一些关键的约束。

1）Excel 求解

无界解的 Excel 求解输出结果如图 1.19 所示。

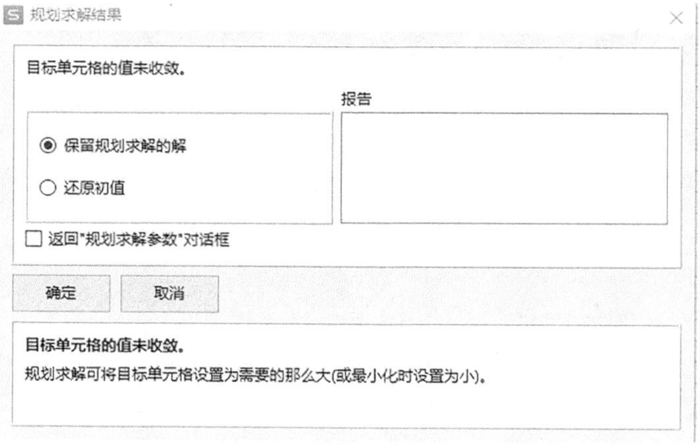

图 1.19　无界解的 Excel 求解输出结果

"目标单元格的值未收敛"表示通过迭代计算总能得到比当前解更优的解，目标函数值可达任意大，因此表明为无界解。

2）CPLEX 求解

以下为一个结果为无界解的模型求解示例代码：

```cpp
// ilolpex1_6.cpp 无界解
#include <ilcplex/ilocplex.h>
#include <iostream>
using namespace std;
int main()
{
    IloEnv   env;
    try {

        IloModel model(env);
        IloNumVarArray x(env, 2, 0, IloInfinity);
     IloObjectiveobj(env,4*x[0]+3*x[1],IloObjective::Maximize);
        model.add(obj);
        model.add(-3*x[0] + 2*x[1] <= 6);
        model.add(-1*x[0] + 3*x[1] <= 18);

        IloCplex cplex(model);
        cplex.solve();

        cout << "Solution status is " << cplex.getStatus() << endl;
            //若判断模型求解状态为不可行或无界
    if(cplex.getStatus()==IloAlgorithm::InfeasibleOrUnbounded){
            cout << "Turning off the presolve precedure." << endl;
            //将参数 IloCplex::Param::Preprocessing::Presolve 设为 0
            //即关闭预求解功能

cplex.setParam(IloCplex::Param::Preprocessing::Presolve, 0);
            cplex.solve();
        cout << "Solution status is " << cplex.getStatus() << endl;
            //获取无界解 x 的极方向，存入数组 rays 中
            IloNumArray rays(env);
            cplex.getRay(rays, x);
            cout << "The extreme ray is " << rays << endl ;
```

```
        }

    }
    catch (IloException& e) {
        cerr << "Concert exception caught: " << e << endl;
    }
    catch (...) {
        cerr << "Unknown exception caught" << endl;
    }
    env.end();
    return 0;
}
```

运行上述程序，求解结果如下：

```
Primal unbounded due to dual bounds, variable 'x1'.
Presolve time = 0.00 sec. (0.00 ticks)
Solution status is Infeasible or Unbounded
Turning off the presolve precedure.
CPXPARAM_Preprocessing_Presolve 0

Iteration log . . .
Iteration: 1 Dual infeasibility = 5.000000
Solution status is Unbounded
The extreme ray is [1, 0.333333]
Program ended with exit code: 0
```

源程序中默认开启了CPLEX显示输出记录的功能，输出记录的第1～2行表示CPLEX通过预求解对模型进行简化后，从其对偶模型的边界推断原模型无界，并且推断可能是由决策变量"x1"引起的。当对偶模型无可行解时，原模型可能无界，也可能无可行解，因此输出结果的第3行显示用户输入的原模型的求解状态为不可行或无界。为了进一步判断原模型的类型，关闭预求解功能，直接对原模型进行求解，得出原模型为无界解，通过语句CPLEX.getRays（rays, x）获得决策变量 x 的极方向为 [1, 0.3333]。

1.2.4　无可行解的软件输出结果

无可行解是实际问题中经常出现的解类型，软件输出结果为无可行解时，说明某些约束条件之间产生冲突，不能同时得到满足。对于实际问题，当出现无可行解时，需要发生冲突的约束条件彼此适当放宽限制，以得到可使相互冲突的约束条件都能接受的可行方案。

1）Excel 求解

无可行解的 Excel 求解输出结果如图 1.20 所示。

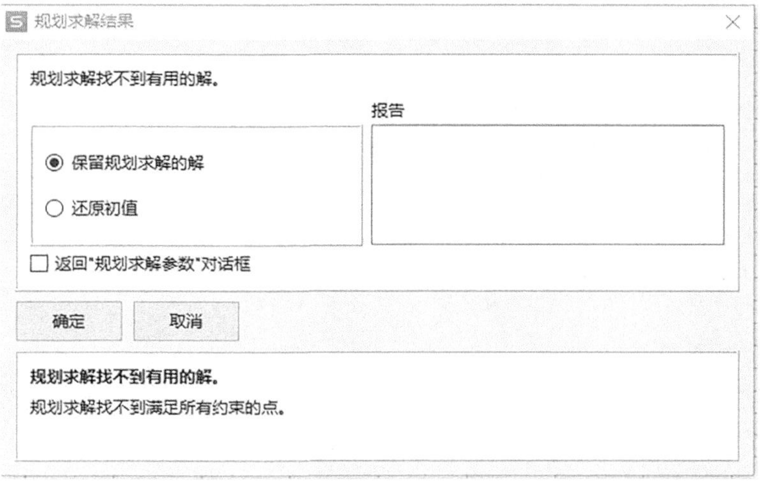

图 1.20 无可行解的 Excel 求解输出结果

"规划求解找不到满足所有约束的点"表示通过迭代计算总是得不到能够满足全部约束的解，因此表明为无可行解。

2）CPLEX 求解

以下为一个结果为无可行解的模型求解示例代码：

```cpp
// ilolpex1_7.cpp 无可行解
#include <ilcplex/ilocplex.h>
#include <iostream>
using namespace std;
int main()
{
    IloEnv  env;
    try {
        IloModel model(env);
        IloNumVarArray x(env, 2, 0, IloInfinity);
        IloObjectiveobj(env,3*x[0]+2*x[1],IloObjective::Maximize);
        model.add(obj);
        model.add(x[0] + x[1]<= 2);
        model.add(2*x[0] + x[1]>= 6);
```

```
        IloCplex cplex(model);
        cplex.solve();

        cout << "Solution status is " << cplex.getStatus() << endl;

    }
    catch (IloException& e) {
        cerr << "Concert exception caught: " << e << endl;
    }
    catch (...) {
        cerr << "Unknown exception caught" << endl;
    }
    env.end();
    return 0;
}
```

运行结果如下：

```
Bound infeasibility column 'x2'.
Presolve time = 0.00 sec. (0.00 ticks)
Solution status is Infeasible
Program ended with exit code: 0
```

输出记录的第 1～2 行表示 CPLEX 通过预求解推断出约束条件之间存在冲突，并且显示违反约束程度最严重的是决策变量"x2"，此时模型的求解状态可以直接判断为无解。

1.3 线性规划问题的灵敏度分析

线性规划问题的灵敏度分析包括价值系数变化、右端常数变化、约束矩阵中向量变化、增加新的变量、增加新的约束条件等情况。

1.3.1 价值系数变化的灵敏度分析

例 1.6 在例 1.1 中，产品 II 的单位利润（即价值系数 c_2）在什么范围内变化时，原最优解仍为最优解？

解：

1）Excel 求解

使用包括 Excel 在内的各种优化软件求解线性规划问题时，通过相应的设置会输出关于价值系数（即目标函数中的变量系数）、资源可用量（即约束条件的右端常数）的灵敏度分析结果。以例 1.1 为例，使用 Excel 求解时输出灵敏度分析结果的操作方法是在图 1.21 所示的窗口中，在"报告"栏中点击"敏感性报告"选项，即可在原工作表窗口左侧显示敏感性报告的工作表，如图 1.22 所示。

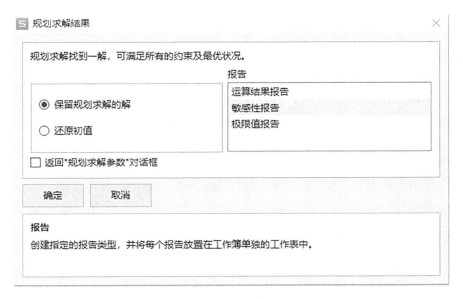

图 1.21 例 1.1 的"敏感性报告"输出方法

可变单元格

单元格	名称	终值	递减成本	目标式系数	允许的增量	允许的减量
$B$11	生产数量 I	4	0	200	1E+30	50
$C$11	生产数量 II	2	0	300	100	300

约束

单元格	名称	终值	阴影价格	约束限制值	允许的增量	允许的减量
$E$3	A 实际消耗台时（小时）	12	0	14	1E+30	2
$E$4	B 实际消耗台时（小时）	8	150	8	2	4
$E$5	C 实际消耗台时（小时）	16	12.5	16	8	8
$E$6	D 实际消耗台时（小时）	8	0	12	1E+30	4

图 1.22 例 1.1 的"敏感性报告"输出结果

在图 1.22 中的"可变单元格"区域，"终值"为决策变量的最优结果值；"递减成本"

表示最优结果中取 0 值的变量，其价值系数（单位利润/单位成本）增加/减少多少时，该变量在最优结果中能够取非 0 值；"目标式系数"为决策变量当前的价值系数值；"允许的增量"为该变量的价值系数可以增加的数量，使得当前的最优解仍为最优解；"允许的减量"为该变量的价值系数可以减少的数量，使得当前的最优解仍为最优解。

例如，代表产品 I 生产数量的决策变量 x_1 的"终值"为其最优结果值 4；决策变量 x_1 已为非 0 值，因此其"递减成本"为 0；决策变量 x_1 的"目标式系数"为其单位利润 200；决策变量 x_1 的价值系数的"允许的增量"为"1E + 30"，"允许的减量"为"50"，表示产品 I 的单位利润在 $[200-50, 200+\infty]$ 即 $[150, +\infty]$ 范围内变化时，原来的最优解仍为最优解。

同理，代表产品 II 生产数量的决策变量 x_2 的"终值"为其最优结果值 2；决策变量 x_2 已为非 0 值，因此其"递减成本"为 0；决策变量 x_2 的"目标式系数"为其单位利润 300；决策变量 x_2 的价值系数的"允许的增量"为 100，"允许的减量"为 300，表示产品 II 的单位利润在 $[300-300, 300+100]$ 即 $[0, 400]$ 范围内变化时，原来的最优解仍为最优解。

当产品 II 的单位利润超出 $[0, 400]$ 范围时，可以将新的单位利润值填入图 1.1 的单元格"\$C\$7"中，重新求解即可求得新的最优生产计划方案。

2）CPLEX 求解

对例 1.1 的数学规划模型进行灵敏度分析的 C++程序示例代码如下：

```cpp
//ilolpex1_8.cpp 灵敏度分析
#include<ilCPLEX/iloCPLEX.h>
#include<iostream>
using namespace std;

int main(){
    IloEnv   env;
  try {
    IloModel model(env);
    IloObjective obj;
    IloNumVarArray x(env);
    IloRangeArray cons(env);
    IloCPLEX CPLEX(env);
    //例 1.1 数学模型导出文件"lpex1_1.lp"的存储路径
    const char* filename =    "…lpex1_1.lp";
    //从文件读取模型至 model,目标函数、决策变量和约束分别存入相应的对象
    CPLEX.importModel(model,filename,obj,x,cons);
    //加载模型至求解器
    CPLEX.extract(model);
    CPLEX.setOut(env.getNullStream());
```

```
CPLEX.solve();

IloNumArray vals(env);
CPLEX.getValues(vals,x);

cout<<"Solution status:"<<CPLEX.getStatus()<<endl;
cout << "Objective value:" << CPLEX.getObjValue() <<
endl;
cout<<"Solution is:"<<vals<<endl;

//定义一个数组存价值系数的下限
IloNumArray c_lb(env);
//定义一个数组存价值系数的上限
IloNumArray c_ub(env);
//获得价值系数的取值范围
CPLEX.getObjSA(c_lb,c_ub,x);
//定义一个数组存右端常数项的下限
IloNumArray b_lb(env);
//定义一个数组存右端常数项的上限
IloNumArray b_ub(env);
//获得右端常数项的取值范围
CPLEX.getRHSSA(b_lb,b_ub,cons);
//定义一个数组存决策变量的检验数
IloNumArray reduced_costs(env);
//获得当前决策变量的检验数
CPLEX.getReducedCosts(reduced_costs,x);
//定义一个数组存约束的影子价格
IloNumArray shadow_prices(env);
//获得约束的影子价格
CPLEX.getDuals(shadow_prices,cons);

cout<<"lb of c is "<<c_lb<<endl;
cout<<"ub of c is "<<c_ub<<endl;
cout<<"lb of b is "<<b_lb<<endl;
cout<<"ub of b is "<<b_ub<<endl;
cout << "shadow prices of constraints are " <<
shadow_prices<<endl;
cout<<"reduced_costs of x are "<<reduced_costs<<endl;
```

```
    }
    catch(IloException& e){
        cerr<<"Concert exception caught:"<<e<<endl;
    }
    catch(...){
        cerr<<"Unknown exception caught"<<endl;
    }
    env.end();
    return 0;
}
```

该程序首先初始化一个空模型和其中的目标函数、决策变量和约束对象，再初始化一个求解器对象 CPLEX，之后通过 CPLEX.importModel()函数读入之前导出的例 1.1 数学规划模型文件"lpex1_1.lp"，通过此文件将模型加载至新建的空模型、目标函数、决策变量和约束对象中，这样省略了对例 1.1 重新建模的过程。模型加载到求解器后便可进行求解。求解完成之后，通过函数 CPLEX.getObjSA()和 CPLEX.getRHSSA()分别获得模型中目标函数的价值系数和约束的右端常数项二者取值的变化范围，当这二者的取值在此范围内，原模型的最优解不变。另外，通过函数 CPLEX.getReducedCosts()和 CPLEX.getDuals()可以获得模型的决策变量和约束分别对应的检验数和影子价格。上述程序的运行结果如下：

```
Solution status:Optimal
Objective value:1400
Solution is:[4,2]
lb of c is [150,0]
ub of c is [1e + 20, 400]
lb of b is [12,4,8,8]
ub of b is [1e + 20,10,24,1e + 20]
shadow prices of constraints are [-0, 1.5,0.125,-0]
reduced_costs of x are [-0,-0]
Program ended with exit code:0
```

从输出可知模型已求得最优目标函数值为 14，最优解为 [4, 2]。灵敏度分析显示，为保证最优解不变，目标函数中的两个价值系数的取值范围分别为 [1.5, +∞] 和 [0, 4]，四条约束的右端常数项取值范围分别为 [12, +∞]、[4, 10]、[8, 24] 和 [8, +∞]，所得结果与 Excel 的灵敏度分析报告结果一致。

另外，输出还显示了四条约束对应的影子价格分别为 0、1.5、0.125 和 0，两个决策变量的检验数都为 0。

1.3.2　右端常数变化的灵敏度分析

例 1.7　在例 1.1 中，C 设备的可用台时（即右端常数 b_3）在什么范围内变化，使其影子价格保持不变？

解：

在图 1.22 中的"约束"区域，"终值"为各种资源的实际消耗值；"阴影价格"即为影子价格，表示各种资源增加 1 个单位时，能使总利润（即目标函数值）增加的值；"约束限制值"为各种资源的允许限额；"允许的增量"为各种资源可以增加的数量，使得该种资源的影子价格保持不变；"允许的减量"为各种资源可以减少的数量，使得该种资源的影子价格保持不变。

例如 A 设备的"终值"即实际消耗时间为 12 小时；A 设备的"阴影价格"为 0，说明其可用时间还有富余；A 设备的"约束限制值"为 14 小时；A 设备的"允许的增量"为 1E + 30，表示其可用台时可以无限增加，影子价格都保持为 0；"允许的减量"为 2，表示其可用台时最多可以减少 2 个小时，影子价格都保持为 0。

对于例 1.1 来说，C 设备的"终值"即实际消耗时间为 16 小时，说明其可用时间全部耗尽了；C 设备的"阴影价格"为 12.5；C 设备的"约束限制值"为 16 小时；C 设备的"允许的增量"为 8，表示其可用台时可以增加 8 小时，影子价格都保持为 12.5；"允许的减量"为 8，表示其可用台时最多可以减少 8 小时，影子价格都保持为 12.5。最终，C 设备的可用台时在 [16–8, 16 + 8]，即 [8, 24] 范围内变化时，其影子价格将保持不变。

当 C 设备的可用台时超出 [8, 24] 的范围时，可以将新的可用台时值填入图 1.1 的单元格"$D$5"中，重新求解即可求得新的最优生产计划方案。

第 1 章图片

第 2 章

整数规划部分

本章将整数规划问题分为一般整数规划问题和 0-1 整数规划问题分别说明。

■ 2.1 一般整数规划问题的模型和软件求解

一般整数规划问题是指要求变量取整数的数学规划问题，要求取整数的变量，在规划求解的设置窗口的约束设置中，将相应变量所在单元格设置为"int"即可，其他方面和线性规划问题的求解方法完全相同。

例 2.1 托运甲、乙两种货物分别采用两种不同规格的集装箱，每箱体积及重量等数据如表 2.1 所示。问两种货物各托运多少箱，可使所获利润最大？

表 2.1 例 2.1 的原始数据表

货物	体积（m³）	重量（t）	利润（万元）
甲	5	2	20
乙	4	5	10
托运限制	24	13	

解：

1）模型建立

建立例 2.1 的数学规划模型如式（2.1）所示。

设货物甲和乙各托运 x_1 箱和 x_2 箱，总利润为 z

目标函数：总利润最大

$$\max z = 20x_1 + 10x_2$$

约束1：货仓容量限制

$$5x_1 + 4x_2 \leqslant 24$$

约束2：可用业载限制

（2.1）

$$2x_1 + 5x_2 \leqslant 13$$

约束3：变量非负和取整限制

$$x_1, x_2 \geqslant 0 且为整数$$

2）Excel 求解

例 2.1 的 Excel 设置情况如图 2.1 所示。

	A	B	C	D	E
1	货物	体积（m³）	重量（t）	利润（万元）	托运箱数（箱）
2	甲	5	2	20	1
3	乙	4	5	10	1
4	托运限制	24	13	总利润（万元）	
5	实际占用	=SUMPRODUCT(B2:B3,$E$2:$E$3)	=SUMPRODUCT(C2:C3,$E$2:$E$3)		=SUMPRODUCT(D2:D3,E2:E3)

图 2.1　例 2.1 的 Excel 设置情况

例 2.1 的规划求解参数设置情况如图 2.2 所示。

图 2.2　例 2.1 的规划求解参数设置窗口

在图 2.2 中，将可变单元格 "$E$2:$E$3" 设置为 "int"，表示要求其取整数。

例 2.1 的求解结果如图 2.3 所示。

	A	B	C	D	E
1	货物	体积（m³）	重量（t）	利润（万元）	托运箱数（箱）
2	甲	5	2	20	4
3	乙	4	5	10	1
4	托运限制	24	13	总利润（万元）	90
5	实际占用	24	13		

图 2.3　例 2.1 的 Excel 求解结果

例 2.1 的最优托运方案为：货物甲托运 4 箱，货物乙托运 1 箱；最大利润为 90 万元。

3）进一步讨论

需要强调一点，不论是 Excel 还是其他优化软件，对于整数规划（包括一般整数规划和 0-1 规划）问题的求解都不自动生成"敏感性报告"，因此如果需要进行灵敏度分析时，需要分析者自行完成。

4）CPLEX 求解

求解例 2.1 的 C++程序示例代码如下：

```cpp
//ilolpex2_1.cpp
#include<ilCPLEX/iloCPLEX.h>
#include<iostream>
using namespace std;

int main(){
    IloEnv   env;
    try {
        IloNumArray volume(env,2,5,4);
        IloNumArray weight(env,2,2,5);
        IloNumArray profit(env,2,20,10);
        IloInt cap_volume = 24;
        IloInt cap_weight = 13;

        //建立模型
        IloModel model(env);
//初始化整数决策变量向量x,整数类型通过"ILOINT"设置
        IloNumVarArray x(env,2,0,IloInfinity,ILOINT);

        model.add(IloScalProd(volume,x)<=cap_volume);
        model.add(IloScalProd(weight,x)<=cap_weight);
```

```
    model.add(IloMaximize(env,IloScalProd(profit,x)));

    //求解模型
    IloCPLEX CPLEX(model);
    CPLEX.setOut(env.getNullStream());
    CPLEX.solve();

env.out()<<"Solution status:"<<CPLEX.getStatus()<<endl;
    env.out()<<"-Solution:"<<endl;
    IloNumArray vals(env);
    CPLEX.getValues(vals,x);
    env.out()<<"    "<<vals<<endl;
    env.out()<<"    Profit = "<<CPLEX.getObjValue()<<
endl;
    }
    catch(IloException& e){
        cerr<<"Concert exception caught:"<<e<<endl;
    }
    catch(...){
        cerr<<"Unknown exception caught"<<endl;
    }
    env.end();
    return 0;
}
```

在 CPLEX 中建立整数规划模型的过程与线性规划相同，不同之处在于初始化决策变量时，通过语句 IloNumVarArray x（env, 2, 0, IloInfinity, ILOINT）中的"ILOINT"声明该决策变量向量为整数类型。在定义约束条件时，使用函数 IloScalProd（volume, x）来表示参数向量 volume 与决策变量向量 x 之间的点积。该程序运行结果如下：

```
Solution status:Optimal
-Solution:
[4,1]
Profit = 90
Program ended with exit code:0
```

所得最优托运方案为：货物甲托运 4 箱，货物乙托运 1 箱；最大利润为 90 万元。

2.2　0-1 规划问题的模型和软件求解

实际应用中，使用最多的是 0-1 整数规划，因此重点讲解 0-1 规划的建模方法和软件求解方法。

0-1 规划问题是指要求变量取 0 或 1 的数学规划问题，要求取 0-1 整数的变量，在规划求解的设置窗口的约束设置中，将相应变量所在单元格设置为"bin"即可，其他方面和线性规划问题的求解方法完全相同。

2.2.1　选址问题

例 2.2　某公司拟在东、西、南三区建立门市部。共有七个地点 A_1, …, A_7 可供选择。规定：在东区 A_1, A_2, A_3 中至多建两个门市部；在西区 A_4, A_5 中至少建一个门市部；在南区 A_6, A_7 中至少建一个门市部。选 A_i 点建立门市部时，需要的投资和年获利情况如表 2.2 所示。现有资金总额 90 万元。问应选择哪些点建立门市部，可使年获利润最大？

表 2.2　例 2.2 的原始数据表

地区	东区			西区		南区	
地点	A_1	A_2	A_3	A_4	A_5	A_6	A_7
需要投资（万元）	30	25	35	22	33	31	27
年获利（万元）	15	13	18	12	16	15	14
现有资金（万元）	90						

解：

1）模型建立

例 2.2 的数学规划模型如式（2.2）所示。

$$令 x_j = \begin{cases} 1, & 选择 A_j 点建门市部时 \\ 0, & 否则 \end{cases}, \quad j = 1, 2, \cdots, 7$$

年总获利为 z

$$\max z = 15x_1 + 13x_2 + 18x_3 + 12x_4 + 16x_5 + 15x_6 + 14x_7$$

约束1：在东区至多建两个门市部

$$x_1 + x_2 + x_3 \leqslant 2$$

约束2：在西区至少建一个门市部

$$x_4 + x_5 \geqslant 1 \tag{2.2}$$

约束3：在南区至少建一个门市部

$$x_6 + x_7 \geqslant 1$$

约束4：总投资额不超过现有资金额

$$30x_1 + 25x_2 + 35x_3 + 22x_4 + 33x_5 + 31x_6 + 27x_7 \leqslant 90$$

2）Excel 求解

例 2.2 的 Excel 设置情况如图 2.4 所示。

	A	B	C	D	E	F	G	H
1	地区		东区			西区		南区	
2	地点	A_1	A_2	A_3	A_4	A_5	A_6	A_7
3	需要投资（万元）	30	25	35	22	33	31	27
4	年获利（万元）	15	13	18	12	16	15	14
5	现有资金（万元）				90			
6								
7	地区		东区			西区		南区	
8	地点	A_1	A_2	A_3	A_4	A_5	A_6	A_7
9	是否选择？	1	1	1	1	1	1	1
10	门市部数量（个）	=SUM(B9:D9)			=SUM(E9:F9)		=SUM(G9:H9)	
11	总投资额（万元）	=SUMPRODUCT(B3:H3,B9:H9)			年获利（万元）	=SUMPRODUCT(B4:H4,B9:H9)			

图 2.4　例 2.2 的 Excel 设置情况

例 2.2 的规划求解参数设置情况如图 2.5 所示。

图 2.5　例 2.2 的规划求解参数设置窗口

在图 2.5 中，将可变单元格"\$B\$9:\$H\$9"设置为"bin"，表示要求其取 0-1 整数。例 2.2 的求解的结果如图 2.6 所示。

▲	A	B	C	D	E	F	G	H
1	地区	东区			西区		南区	
2	地点	A_1	A_2	A_3	A_4	A_5	A_6	A_7
3	需要投资（万元）	30	25	35	22	33	31	27
4	年获利（万元）	15	13	18	12	16	15	14
5	现有资金（万元）				90			
6								
7	地区	东区			西区		南区	
8	地点	A_1	A_2	A_3	A_4	A_5	A_6	A_7
9	是否选择？	1	0	0	0	1	0	1
10	门市部数量（个）	1			1		1	
11	总投资额（万元）	90			年获利（万元）		45	

图 2.6　例 2.2 的 Excel 求解结果

例 2.2 的最优方案为：东区选择 A_1 处建门市部；西区选择 A_5 处建门市部；南区选择 A_7 处建门市部。年获利 45 万元，需要投资 90 万元。

3）CPLEX 求解

求解例 2.2 的 C++程序示例代码如下：

```cpp
//ilolpex2_2.cpp 选址问题
#include<ilCPLEX/iloCPLEX.h>
#include<iostream>
using namespace std;

int main(){
    IloEnv    env;
    try {
        IloInt nbLocation = 7;
      IloNumArray invest(env,nbLocation,30,25,35,22,33,31,27);
      IloNumArray revenue(env,nbLocation,15,13,18,12,16,15,14);
        IloInt cap_invest = 90;

      //建立模型
      IloModel model(env);
      IloNumVarArray x(env,7,0,1,ILOBOOL);

      model.add(x[0] + x[1] + x[2]<=2);
```

```
model.add(x[3] + x[4]>=1);
model.add(x[5] + x[6]>=1);
model.add(IloScalProd(invest,x)<=cap_invest);
model.add(IloMaximize(env,IloScalProd(revenue,x)));

//求解模型
IloCPLEX CPLEX(model);
CPLEX.setOut(env.getNullStream());
CPLEX.solve();

env.out()<<"Solution status:"<<CPLEX.getStatus()<<
endl;
env.out()<<"-Solution:"<<endl;
IloNumArray vals(env);
CPLEX.getValues(vals,x);
env.out()<<"   "<<vals<<endl;
env.out()<<" Invest = "<<IloScalProd(invest,vals)<<
endl;
env.out()<<" Profit = "<<CPLEX.getObjValue()<<endl;
}
catch(IloException& e){
cerr<<"Concert exception caught:"<<e<<endl;
}
catch(...){
cerr<<"Unknown exception caught"<<endl;
}
env.end();
return 0;
}
```

建立 0-1 规划模型时，令语句 IloNumVarArray x（env, 7, 0, 1, ILOBOOL）中的决策变量类型为布尔型"ILOBOOL"，另外决策变量的上、下界分别设置为 0 和 1。该程序运行结果如下：

```
Solution status: Optimal
-Solution:
[0,0,1,1,0,1,0]
Invest = 88
```

```
Profit = 45
Program ended with exit code: 0
```

CPLEX 所得最优选址方案为：东区选择 A_3 处建门市部；西区选择 A_4 处建门市部；南区选择 A_6 处建门市部，该方案下年获利 45 万元，投资额为 88 万元。与上述 Excel 选址方案相比，两者最优目标函数值（年获利）相同，但二者最优解（选址位置）不同，由此可知该问题在当前的目标和约束条件下具有多个最优解。

2.2.2 背包问题

例 2.3 神舟十号拟从表 2.3 所列实验仪器中选择若干仪器携带升空。要求：①携带的全部仪器总体积不超过 2000cm³，总重量不超过 50kg；②仪器 A_1、A_3 中至多携带 1 件；③仪器 A_2、A_4 中至少携带 1 件；④仪器 A_5、A_6 要么都携带，要么都不携带。如何决策，可使太空实验的价值最大？

表 2.3 例 2.3 的原始数据表

仪器	A_1	A_2	A_3	A_4	A_5	A_6
体积（cm³）	450	500	650	800	700	650
重量（kg）	10	12	15	14	13	11
实验价值	5	8	7	10	9	6

解：

1）模型建立

例 2.3 的数学规划模型如式（2.3）所示。

$$x_j = \begin{cases} 1, & \text{携带} A_j \text{仪器} \\ 0, & \text{不携带} A_j \text{仪器} \end{cases}, \quad j = 1, 2, \cdots, 6$$

目标函数：实验价值最大

$$\max \quad 5x_1 + 8x_2 + 7x_3 + 10x_4 + 9x_5 + 6x_6$$

约束1：允许的总体积和总重量限制　　　　　　　　　　　　　　　（2.3）

$$\begin{cases} 450x_1 + 500x_2 + 650x_3 + 800x_4 + 700x_5 + 650x_6 \leqslant 2000 \\ 10x_1 + 12x_2 + 15x_3 + 14x_4 + 13x_5 + 11x_6 \leqslant 50 \end{cases}$$

约束2：满足各种仪器的关系限制

$$\begin{cases} x_1 + x_3 \leqslant 1 \\ x_2 + x_4 \geqslant 1 \\ x_5 - x_6 = 0 \end{cases}$$

2）Excel 求解

例 2.3 的 Excel 设置情况如图 2.7 所示。

⏴	A	B	C	D	E	F	G	H	I
1	仪器	A_1	A_2	A_3	A_4	A_5	A_6	允许容量	实际载量
2	体积(cm^3)	450	500	650	800	700	650	2000	=SUMPRODUCT(B2:G2,$B$5:$G$5)
3	重量(kg)	10	12	15	14	13	11	50	=SUMPRODUCT(B3:G3,$B$5:$G$5)
4	实验价值	5	8	7	10	9	6	实验价值=	
5	是否携带?	1	1	1	1	1	1		
6	仪器关系1	=SUM(B5,D5)	仪器关系2	=SUM(C5,E5)	仪器关系3	=F5-G5			=SUMPRODUCT(B5:G5,B4:G4)

图 2.7　例 2.3 的 Excel 设置情况

例 2.3 的规划求解参数设置情况如图 2.8 所示。

图 2.8　例 2.3 的规划求解参数设置窗口

例 2.3 的求解的结果如图 2.9 所示。

⏴	A	B	C	D	E	F	G	H	I
1	仪器	A_1	A_2	A_3	A_4	A_5	A_6	允许容量	实际载量
2	体积(cm^3)	450	500	650	800	700	650	2000	1950
3	重量(kg)	10	12	15	14	13	11	50	41
4	实验价值	5	8	7	10	9	6	实验价值=	25
5	是否携带?	0	1	1	1	0	0		
6	仪器关系1	1	仪器关系2	2	仪器关系3	0			

图 2.9　例 2.3 的 Excel 求解结果

例 2.3 的最优方案为：携带仪器 A_2、A_3、A_4；最大实验价值 25。

3）CPLEX 求解

求解例 2.3 的 C++程序示例代码如下：

```cpp
//ilolpex2_3.cpp 背包问题
#include<ilCPLEX/iloCPLEX.h>
#include<iostream>
using namespace std;

int main(){
    IloEnv    env;
    try {
        IloInt nbEquipment = 6;
        IloNumArray volume(env,nbEquipment,450,500,650,800,700,650);

        IloNumArray weight(env,nbEquipment,10,12,15,14,13,11);
        IloNumArray value(env,nbEquipment,5,8,7,10,9,6);
        IloInt cap_volume = 2000;
        IloInt cap_weight = 50;

        //建立模型
        IloModel model(env);
        IloNumVarArray x(env,nbEquipment,0,1,ILOBOOL);
        model.add(IloScalProd(volume,x)<=cap_volume);
        model.add(IloScalProd(weight,x)<=cap_weight);
        model.add(x[0]+x[2]<=1);
        model.add(x[1]+x[3]>=1);
        model.add(x[4]-x[5]==0);
        model.add(IloMaximize(env,IloScalProd(value,x)));

        //求解模型
        IloCPLEX CPLEX(model);
        CPLEX.setOut(env.getNullStream());
        CPLEX.solve();

    env.out()<<"Solution status:"<<CPLEX.getStatus()<<endl;
        env.out()<<"-Solution:"<<endl;
        IloNumArray vals(env);
```

```
        CPLEX.getValues(vals,x);
        env.out()<<"   "<<vals<<endl;
        env.out()<<"Value = "<<CPLEX.getObjValue()<<endl;
     env.out()<<"Volume="<<IloScalProd(volume,vals)<<endl;
     env.out()<<"Weight="<<IloScalProd(weight,vals)<<endl;
    }
    catch(IloException& e){
        cerr<<"Concert exception caught:"<<e<<endl;
    }
    catch(...){
        cerr<<"Unknown exception caught"<<endl;
    }
    env.end();
    return 0;
}
```

该程序的运行结果如下:

```
Solution status:Optimal
-Solution:
[0,1,1,1,0,0]
Value = 25
Volume = 1950
Weight = 41
Program ended with exit code:0
```

CPLEX 所得最优结果为: 携带仪器 A_2、A_3、A_4, 最大实验价值为 25。该方案中仪器所占体积为 1950cm^3, 重量为 41kg。

2.2.3 均衡问题

例 2.4 使用三台机床加工六种零件, 每种零件可以分配在任意机床上加工, 每种零件的加工时间如表 2.4 所示。如何分配机床加工零件, 可使每台机床的加工任务比较均衡?

表 2.4 例 2.4 的原始数据表

零件	机床加工时间
1	18
2	22

续表

零件	机床加工时间
3	26
4	19
5	24
6	17

解:

1）模型建立

例 2.4 的数学规划模型如式（2.4）所示。

$$x_{ij} = \begin{cases} 1, & \text{当第 } j \text{ 种零件在机床 } i \text{ 上加工时} \\ 0, & \text{当第 } j \text{ 种零件不在机床 } i \text{ 上加工时} \end{cases}, \quad i = 1,2,3; \; j = 1,2,\cdots,6$$

y——三台机床中的最长加工时间

目标函数：三台机床中的最长加工时间最小

$$\min \; y$$

约束1：每台机床的加工时间不长于最长加工时间

$$\begin{cases} 18x_{1,1} + 22x_{1,2} + 26x_{1,3} + 19x_{1,4} + 24x_{1,5} + 17x_{1,6} \leqslant y \\ 18x_{2,1} + 22x_{2,2} + 26x_{2,3} + 19x_{2,4} + 24x_{2,5} + 17x_{2,6} \leqslant y \\ 18x_{3,1} + 22x_{3,2} + 26x_{3,3} + 19x_{3,4} + 24x_{3,5} + 17x_{3,6} \leqslant y \end{cases}$$

（2.4）

约束2：每种零件只能分配给一台机床进行加工

$$\sum_{i=1}^{m} x_{ij} = 1, \; j = 1,2,\cdots,6$$

按照式（2.4）建立均衡问题模型的优点是可以保持所建模型为线性规划模型。还有一种思路是以三台机床各自加工时间的方差或标准差最小为目标函数，但建立的模型就变为非线性规划模型了。

2）Excel 求解

例 2.4 的 Excel 设置情况如图 2.10 所示。

	A	B	C	D	E	F
1	零件	机床加工时间	机床1	机床2	机床3	分配机床数
2	1	18	1	1	1	=SUM(C2:E2)
3	2	22	1	1	1	=SUM(C3:E3)
4	3	26	1	1	1	=SUM(C4:E4)
5	4	19	1	1	1	=SUM(C5:E5)
6	5	24	1	1	1	=SUM(C6:E6)
7	6	17	1	1	1	=SUM(C7:E7)
8		承担加工时间	=SUMPRODUCT($B$2:$B$7,C2:C7)	=SUMPRODUCT($B$2:$B$7,D2:D7)	=SUMPRODUCT($B$2:$B$7,E2:E7)	
9		最长加工时间	43			

图 2.10　例 2.4 的 Excel 设置情况

在图 2.10 中，单元格"$C$9"代表式（2.4）中的变量 y。由于在图 2.11 中将以该单元格作为目标单元格，而 Excel 要求目标单元格必须包含公式，因此在单元格中输入"= 1"。

例 2.4 的规划求解参数设置情况如图 2.11 所示。

图 2.11　例 2.4 的规划求解参数设置窗口

注意，由于在图 2.11 中将单元格 "$C$9" 作为目标单元格，因此需要将该单元格设为可变单元格。

例 2.4 的求解结果如图 2.12 所示。

	A	B	C	D	E	F
1	零件	机床加工时间	机床1	机床2	机床3	分配机床数
2	1	18	0	0	1	1
3	2	22	0	0	1	1
4	3	26	1	0	0	1
5	4	19	0	1	0	1
6	5	24	0	1	0	1
7	6	17	1	0	0	1
8	承担加工时间		43	43	40	
9	最长加工时间		43			

图 2.12　例 2.4 的 Excel 求解结果

例 2.4 的最优加工方案为：机床 1 加工零件 3 和零件 6，承担的加工时间为 43；机床 2 加工零件 4 和零件 5，承担的加工时间为 43；机床 3 加工零件 1 和零件 2，承担的加工时间为 40。

3）CPLEX 求解

求解例 2.4 的 C++ 程序示例代码如下：

```cpp
//ilolpex2_4.cpp 均衡问题
#include<ilCPLEX/iloCPLEX.h>
#include<iostream>
using namespace std;
typedef IloArray<IloNumVarArray>NumVarMatrix;
int main(){
    IloEnv   env;
    try {
        IloInt nbMachine = 3;
        IloInt nbItem = 6;
        IloNumArray time_cost(env,nbItem,18,22,26,19,24,17);
        IloInt i,j;

        IloModel model(env);
        NumVarMatrix x(env,nbItem);
        for(i = 0;i<nbItem;i++){
            x[i] = IloNumVarArray(env,nbMachine,0,1,ILOBOOL);
        }
        IloNumVar y(env,0,IloInfinity,ILOFLOAT);
        //每台机床的加工时间不长于最长完工时间
        for(j = 0;j<nbMachine;j++){
            IloExpr total_time_j(env);
            for(i = 0;i<nbItem;i++){
                total_time_j+=time_cost[i] * x[i][j];
            }
            model.add(total_time_j<=y);
            total_time_j.end();
        }
        //每种零件只能分配给一台机床进行加工
        for(i = 0;i<nbItem;i++){
            model.add(IloSum(x[i])==1);
        }
        //目标函数,即最小化三台机床的最长完工时间
        model.add(IloMinimize(env,y));

        IloCPLEX CPLEX(model);
        CPLEX.setOut(env.getNullStream());
        CPLEX.solve();
```

```
env.out()<<"Solution status:"<<CPLEX.getStatus()<<endl;
    env.out()<<"-Solution:"<<endl;
    for(i = 0;i<nbItem;i++){
        env.out()<<"   "<<i<<":";
        for(j = 0;j<nbMachine;j++){
            env.out()<<CPLEX.getValue(x[i][j])<<"\t";
        }
        env.out()<<endl;
    }
    env.out()<<"MakeSpan="<<CPLEX.getObjValue()<<endl;

}
catch(IloException& e){
    cerr<<"Concert exception caught:"<<e<<endl;
}
catch(...){
    cerr<<"Unknown exception caught"<<endl;
}
env.end();
return 0;
}
```

该程序的运行结果如下:

```
Solution status:Optimal
-Solution:
0:0    -0    1
1:-0    1    -0
2:1    -0    0
3:0    1    -0
4:-0    0    1
5:1    -0    -0
MakeSpan = 43
Program ended with exit code:0
```

　　所得最优方案与上述 Excel 方案略有不同，即机床 1 加工零件 3 和零件 6；机床 2 加工零件 2 和零件 4；机床 3 加工零件 1 和零件 5；总完工时间仍然为 43。

2.2.4　旅行商问题

例 2.5　从 A_1 点出发，到达 A_2、A_3、A_4 三个地点各一次，最后返回 A_1 点。已知各点之间的直达距离如表 2.5 所示，如何行驶，可使总的行驶距离最短？

表 2.5　例 2.5 的原始数据表

	A_1	A_2	A_3	A_4
A_1	0	8	5	6
A_2	6	0	8	5
A_3	7	9	0	5
A_4	9	7	8	0

解：

1）模型建立

例 2.5 为不对称的旅行商问题。建立数学规划模型如式（2.5）所示。

$$x_{i,j} = \begin{cases} 1, & \text{从地点 } A_i \text{ 出发后到达地点 } A_j \\ 0, & \text{否则} \end{cases}, \quad i,j = 1,2,3,4$$

目标函数：总行驶距离最短

$$\begin{aligned} \min z = {} & 8x_{1,2} + 5x_{1,3} + 6x_{1,4} + 6x_{2,1} + 8x_{2,3} + 5x_{2,4} \\ & + 7x_{3,1} + 9x_{3,2} + 5x_{3,4} + 9x_{4,1} + 7x_{4,2} + 8x_{4,3} \end{aligned}$$

约束1：从地点 A_i 出发后必须且只能到达另个地点 A_j

$$\sum_{j=1}^{4} x_{i,j} = 1, \quad j \neq i, i = 1,2,3,4$$

约束2：到达地点 A_j 前必须且只能来自另个地点 A_i　　　　　　　（2.5）

$$\sum_{i=1}^{4} x_{i,j} = 1, \quad i \neq j, j = 1,2,3,4$$

约束3：非空子集 S 内的地点与 S 外的地点之间至少有一条边相连

$$\sum_{i \in S} \sum_{j \notin S} x_{i,j} \geq 1, \quad \text{对任意的非空子集 } S \subset \{1,2,3,4\}$$

约束4：将全部地点连起来的环包含4条边

$$\sum_{i=1}^{4} \sum_{j=1}^{4} x_{i,j} = 4$$

式（2.5）中，约束 3 和约束 4 是保证将全部地点连接在一个大环上，而避免形成多个独立的小环。但是约束 3 的约束包含了很多条约束条件，全部设置起来非常烦琐，尤其当地点数量较多时更是如此。因此，在实际求解时，可以先不考虑约束 3 和约束 4，只用约束 1 和约束 2 求解，如果求解结果中存在多个独立的小环时，再根据小环构成的情况相应地增加约束条件，重新求解，如此即能将小环破掉。经过若干步如此操作之后，最终即能得到一个大环。

2）Excel 求解

例 2.5 的 Excel 设置情况如图 2.13 所示。

	A	B	C	D	E	F
1 2	至 自	A_1	A_2	A_3	A_4	
3	A_1	0	8	5	6	
4	A_2	6	0	8	5	
5	A_3	7	9	0	5	
6	A_4	9	7	8	0	
7						
8 9	至 自	A_1	A_2	A_3	A_4	到达地点个数
10	A_1	1	1	1	1	=SUM(B10:E10)
11	A_2	1	1	1	1	=SUM(B11:E11)
12	A_3	1	1	1	1	=SUM(B12:E12)
13	A_4	1	1	1	1	=SUM(B13:E13)
14	来自地点个数	=SUM(B10:B13)	=SUM(C10:C13)	=SUM(D10:D13)	=SUM(E10:E13)	
15	同点不连接	=SUM(B10,C11,D12,E13)		总行驶距离=	=SUMPRODUCT(B3:E6,B10:E13)	

图 2.13 例 2.5 的 Excel 设置情况

例 2.5 的规划求解参数设置情况如图 2.14 所示。

图 2.14 例 2.5 的规划求解参数设置窗口

注意，图 2.14 中的约束条件"$\$B\$15 = 0$"是保证不出现自 A_i 至 A_i 的错误结果。

例 2.5 的求解结果如图 2.15 所示。

	A	B	C	D	E	F
1 2	至\自	A_1	A_2	A_3	A_4	
3	A_1	0	8	5	6	
4	A_2	6	0	8	5	
5	A_3	7	9	0	5	
6	A_4	9	7	8	0	
7						
8 9	至\自	A_1	A_2	A_3	A_4	到达地点个数
10	A_1	0	0	1	0	1
11	A_2	1	0	0	0	1
12	A_3	0	0	0	1	1
13	A_4	0	1	0	0	1
14	来自地点个数	1	1	1	1	
15	同点不连接		0	总行驶距离=		23

图 2.15　例 2.5 的 Excel 求解结果

图 2.15 求解得出的行驶路径为 $A_1 \rightarrow A_3 \rightarrow A_4 \rightarrow A_2 \rightarrow A_1$，形成了一个大环，因此即为本例的最优行驶方案。

例 2.5 的最优行驶路径为 $A_1 \rightarrow A_3 \rightarrow A_4 \rightarrow A_2 \rightarrow A_1$，最短行驶距离为 23。

3）进一步讨论

假如前述的求解结果形成了 $A_1 \rightarrow A_3 \rightarrow A_1$ 和 $A_2 \rightarrow A_4 \rightarrow A_2$ 两个独立的小环，则可增加约束如式（2.6）所示。

$$\begin{cases} x_{1,3} + x_{3,1} \leqslant 1 \\ x_{2,4} + x_{4,2} \leqslant 1 \end{cases} \tag{2.6}$$

然后将约束条件式（2.6）分别在图 2.13 和图 2.14 中设置和添加，重新求解。如果新的求解结果中又包含了多个独立的小环，则可继续上述操作，直到得出一个大环为止。

4）CPLEX 求解

求解例 2.5 的 C++程序示例代码如下：

```
//iloipex2_5 旅行商问题

#include<ilCPLEX/iloCPLEX.h>
#include<iostream>
#include<list>

using namespace std;
typedef IloArray<IloNumArray>NumMatrix;
typedef IloArray<IloNumVarArray>NumVarMatrix;
```

```
int main(){
    IloEnv   env;
    try {
        IloInt  i,j,k;

        NumMatrix distance_matrix(env);

        const char* filename = "../2_5_tsp.dat";
        ifstream file(filename);
        if(! file){
            cerr<<"ERROR:could not open file '"<<filename
            <<"' for reading"<<endl;
            throw(-1);
        }

        file>>distance_matrix;
        IloInt nb_vertex = distance_matrix.getSize();

        IloModel model(env);
        NumVarMatrix x(env,nb_vertex);
        IloExpr total_distance(env);

    //定义决策变量x_ij;
    //定义目标函数表达式.
        for(i = 0;i<nb_vertex;i++){
            x[i]=IloNumVarArray(env,nb_vertex,0,1,ILOBOOL);
            for(j=0;j<nb_vertex;j++){
                if(i == j){
                    model.add(x[i][j]==0);
                }
                 total_distance +=distance_matrix[i][j]*x[i][j];
            }
        }
    IloObjective obj(env,total_distance,IloObjective::Minimize);
        model.add(obj);
        total_distance.end();

        for(k = 0;k<nb_vertex;k++){
```

```
        IloExpr in_degree_k(env);
        IloExpr out_degree_k(env);
        for(i = 0;i<nb_vertex;i++){
            if(i! =k){
                in_degree_k +=x[i][k];
                out_degree_k += x[k][i];
            }
        }
//约束1:流平衡,即每个点的出度等于入度
        model.add(in_degree_k-out_degree_k == 0);
    //约束2:每个点仅访问一次
        model.add(in_degree_k == 1);
    }
    IloCPLEX CPLEX(model);
    list<IloInt>path;//初始化空列表,记录行驶线路
    int size_path = 0;
    do{
       //求解模型
       CPLEX.setOut(env.getNullStream());
       CPLEX.solve();

env.out()<<"Solution status:"<<CPLEX.getStatus()<<endl;
        env.out()<<"-Solution:"<<endl;
        for(i = 0;i<nb_vertex;i ++ ){
            env.out()<<"   x["<<i<<"]:";
            for(j = 0;j<nb_vertex;j ++ ){
                env.out()<<CPLEX.getValue(x[i][j])<<"\t";
            }
            env.out()<<endl;
        }

        if(path.size()>0){
            path.clear();
        }
    //根据变量x[i][j]取值,固定某一点为起始点,推导出行驶线路
        i = 0;
        path.push_back(i);
        do{
```

```
                for(j = 0;j<nb_vertex;j ++ ){
                    if(CPLEX.getValue(x[i][j])>0){
                        path.push_back(j);
                        i = j;
                        break;
                    }
                }
            }while(i! = 0);
    size_path = (int)path.size();
            //若行驶线路上包含点(起始点重复仅算1个)少于所有点数量,则有子圈
            //由子圈构造子圈消去约束,加入原模型,重新求解,直到行驶线路覆盖所有点
            if(size_path-1<nb_vertex){
                IloExpr sub_tour(env);
                env.out()<<"SubTour:";
                auto it1 = path.cbegin();
                for(i = 0;i<path.size()-1;i ++ ){
                    j = *it1;
                    it1 ++ ;
                    k = *it1;
                    env.out()<<"x["<<j<<","<<k<<"]\t";
                    sub_tour += x[j][k];
                }
                env.out()<<endl;
                env.out()<<"Reoptimize:"<<endl;
                model.add(sub_tour< = size_path-2);
                CPLEX.extract(model);
            }

        }while(size_path-1<nb_vertex);

    //找到最优解
        env.out()<<"The optimal route:";
        for(auto const &it:path){
            env.out()<<it<<"\t";
        }
        env.out()<<endl;
        env.out()<<"The total distance:"<<CPLEX.getObjValue()
<<endl;
```

```
    }
    catch(IloException& e){
        cerr<<"Concert exception caught:"<<e<<endl;
    }
    catch(...){
        cerr<<"Unknown exception caught"<<endl;
    }
    env.end();
    return 0;
}
```

该程序中数据文件"2_5_tsp.dat"表示各点之间的距离矩阵，如下所示：

```
[[0,8,5,6],
[6,0,8,5],
[7,9,0,5],
[9,7,8,0]]
```

程序运行结果如下：
```
Solution status:Optimal
-Solution:
  x[0]:0 0 1 -0
  x[1]:1 0 0 0
  x[2]:0 -0  0 1
  x[3]:-0  1 0 0
The optimal route:0 2 3 1 0
The total distance:23
Program ended with exit code:0
```

　　CPLEX 所得最优行驶路径与 Excel 所得最优路径相同，即 $A_1 \to A_3 \to A_4 \to A_2 \to A_1$，该路径行驶距离最短为 23。由于例 2.6 所给网络结构较为简单，求解仅需一步即得到最优行驶路径，求解过程中未出现子圈。下面给出一个较为复杂的网络结构，共包含 7 个点，各点之间的距离矩阵对应的数据文件如下所示：

```
[[0,786,549,657,331,559,250],
[786,0,668,979,593,224,905],
[549,668,0,316,607,472,467],
```

```
[657,979,316,0,890,769,499],
[331,593,607,890,0,386,559],
[559,224,472,769,386,0,681],
[250,905,467,499,559,681,0]]
```

该算例下程序运行结果如下:

```
Solution status:Optimal
-Solution:
  x[0]:0 -0  -0  -0  1 -0  0
  x[1]:-0  0 -0  -0  -0  1 -0
  x[2]:-0  -0  0 1 -0  -0  0
  x[3]:-0  -0  1 0 -0  -0  -0
  x[4]:0 0 -0  -0  0 0 1
  x[5]:-0  1 -0  -0  0 0 -0
  x[6]:1 -0  0 0 -0  -0  0
SubTour:x[0,4] x[4,6] x[6,0]
Reoptimize:
Solution status:Optimal
-Solution:
  x[0]:0 -0  -0  -0  0 -0  1
  x[1]:-0  0 -0  -0  -0  1 -0
  x[2]:-0  -0  0 1 -0  -0  0
  x[3]:-0  -0  1 0 -0  -0  -0
  x[4]:1 0 -0  -0  0 0 -0
  x[5]:-0  1 -0  -0  0 0 -0
  x[6]:0 -0  0 0 1 -0  0
SubTour:x[0,6] x[6,4] x[4,0]
Reoptimize:
Solution status:Optimal
-Solution:
  x[0]:0 0 0 0 0 0 1
  x[1]:0 0 0 0 1 0 0
  x[2]:0 0 0 1 0 0 0
  x[3]:0 0 1 0 0 0 0
  x[4]:0 0 0 0 0 1 0
  x[5]:0 1 0 0 0 0 0
  x[6]:1 0 0 0 0 0 0
```

```
SubTour:x[0,6] x[6,0]
Reoptimize:
Solution status:Optimal
-Solution:
  x[0]:0 -0 -0 -0 1 -0 0
  x[1]:-0 0 -0 -0 0 1 -0
  x[2]:-0 -0 0 1 -0 -0 0
  x[3]:-0 -0 -0 0 -0 -0 1
  x[4]:1 0 -0 -0 0 0 0
  x[5]:-0 1 -0 -0 0 0 -0
  x[6]:0 -0 1 0 -0 -0 0
SubTour:x[0,4] x[4,0]
Reoptimize:
Solution status:Optimal
-Solution:
  x[0]:0 -0 -0 -0 1 -0 0
  x[1]:-0 0 -0 -0 -0 1 -0
  x[2]:-0 -0 0 1 -0 -0 0
  x[3]:-0 -0 -0 0 -0 -0 1
  x[4]:0 0 1 -0 0 0 0
  x[5]:-0 1 -0 -0 0 0 -0
  x[6]:1 -0 0 0 0 -0 0
SubTour:x[0,4] x[4,2] x[2,3] x[3,6] x[6,0]
Reoptimize:
Solution status:Optimal
-Solution:
  x[0]:0 0 0 0 0 0 1
  x[1]:0 0 0 0 0 1 0
  x[2]:0 0 0 0 1 0 0
  x[3]:0 0 1 0 0 0 0
  x[4]:1 0 0 0 0 0 0
  x[5]:0 1 0 0 0 0 0
  x[6]:0 0 0 1 0 0 0
SubTour:x[0,6] x[6,3] x[3,2] x[2,4] x[4,0]
Reoptimize:
Solution status:Optimal
-Solution:
  x[0]:0 -0 -0 -0 1 -0 0
```

```
x[1]:-0 0 1 -0 -0 -0 -0
x[2]:-0 -0 0 1 -0 -0 0
x[3]:-0 -0 -0 0 -0 -0 1
x[4]:0 0 -0 -0 0 1 0
x[5]:-0 1 -0 -0 0 0 -0
x[6]:1 -0 0 0 0 -0 0
The optimal route:0 4 5 1 2 3 6 0
The total distance:2674
Program ended with exit code:0
```

2.2.5　资源分配问题

例 2.6　拟将 5 台高效率设备分配给甲、乙、丙三个工厂，各工厂使用这种设备之后的盈利如表 2.6 所示。如何分配，使得到的总盈利最大？

表 2.6　例 2.6 的原始数据表

设备（台） 工厂	甲	乙	丙
0	0	0	0
1	3	5	4
2	7	10	6
3	9	11	11
4	12	11	12
5	13	11	12

解：

1）模型建立

例 2.6 的数学规划模型如式（2.7）所示。

$$x_{i,j} = \begin{cases} 1, & \text{给工厂} i \text{分配} j \text{台设备} \\ 0, & \text{否则} \end{cases}, \ i=\text{甲，乙，丙}, \ j=1,2,\cdots,5$$

z 为总盈利

目标函数：总盈利最大

$$\max z = (3x_{\text{甲},1} + \cdots + 13x_{\text{甲},5}) + (5x_{\text{乙},1} + \cdots + 11x_{\text{乙},5}) + (4x_{\text{丙},1} + \cdots + 12x_{\text{丙},5})$$

约束1：分配出的设备数量不超过5台

$$(x_{\text{甲},1} + \cdots + 5x_{\text{甲},5}) + (x_{\text{乙},1} + \cdots + 5x_{\text{乙},5}) + (x_{\text{丙},1} + \cdots + 5x_{\text{丙},5}) \leqslant 5$$

约束2：每厂分配到的设备数量在0~5台

$$(2.7)$$

$$\begin{cases} x_{甲,1} + \cdots + 5x_{甲,5} \leqslant 5 \\ x_{乙,1} + \cdots + 5x_{乙,5} \leqslant 5 \\ x_{丙,1} + \cdots - 5x_{丙,5} \leqslant 5 \end{cases}$$

2）Excel 求解

例 2.6 的 Excel 设置情况如图 2.16 所示。

	A	B	C	D	E
1	设备（台）工厂	甲	乙	丙	可分配设备数量（台）
2					
3	0	0	0	0	5
4	1	3	5	4	
5	2	7	10	6	
6	3	9	11	11	
7	4	12	11	12	
8	5	13	11	12	
9					
10	设备（台）工厂	甲	乙	丙	分配出设备数量（台）
11					
12	0	1	1	1	=SUM(B19:D19)
13	1	1	1	1	
14	2	1	1	1	
15	3	1	1	1	
16	4	1	1	1	
17	5	1	1	1	
18	分配方案唯一	=SUM(B12:B17)	=SUM(C12:C17)	=SUM(D12:D17)	
19	分配设备数量	=SUMPRODUCT($A$12:$A$17,B12:B17)	=SUMPRODUCT($A$12:$A$17,C12:C17)	=SUMPRODUCT($A$12:$A$17,D12:D17)	
20	总盈利	=SUMPRODUCT(B3:D8,B12:D17)			

图 2.16　例 2.6 的 Excel 设置情况

例 2.6 的规划求解参数设置情况如图 2.17 所示。

图 2.17　例 2.6 的规划求解参数设置窗口

例 2.6 的求解结果如图 2.18 所示。

	A	B	C	D	E
1-2	设备 ＼ 工厂 （台）	甲	乙	丙	可分配设备数量 （台）
3	0	0	0	0	5
4	1	3	5	4	
5	2	7	10	6	
6	3	9	11	11	
7	4	12	11	12	
8	5	13	11	12	
9					
10-11	设备 ＼ 工厂 （台）	甲	乙	丙	分配出设备数量 （台）
12	0	1	0	0	5
13	1	0	-2E-16	2.2E-16	
14	2	0	1	0	
15	3	0	0	1	
16	4	0	0	0	
17	5	0	0	0	
18	分配方案唯一	1	1	1	
19	分配设备数量	0	2	3	
20	总盈利		21		

图 2.18　例 2.6 的 Excel 求解结果

例 2.6 的最优分配方案为：工厂甲不分配设备，工厂乙分配 2 台设备，工厂丙分配 3 台设备；最大盈利为 21。

3）CPLEX 求解

求解例 2.6 的 C ++ 程序示例代码如下：

```
//ilolpex2_6.cpp 资源分配问题
#include<ilCPLEX/iloCPLEX.h>
#include<iostream>
using namespace std;
typedef IloArray<IloNumArray>NumMatrix;
typedef IloArray<IloNumVarArray>NumVarMatrix;
int main(){
    IloEnv  env;
    try {
        IloInt nbAssign = 6;
```

```
IloInt nbFactory = 3;
IloInt i,j;
```
//盈利矩阵,其中行为设备数量,列为工厂
```
NumMatrix revenue(env,nbAssign);
revenue[0] = IloNumArray(env,nbFactory,0,0,0);
revenue[1] = IloNumArray(env,nbFactory,3,5,4);
revenue[2] = IloNumArray(env,nbFactory,7,10,6);
revenue[3] = IloNumArray(env,nbFactory,9,11,11);
revenue[4] = IloNumArray(env,nbFactory,12,11,12);
revenue[5] = IloNumArray(env,nbFactory,13,11,12);
```

//建立模型
```
IloModel model(env);

NumVarMatrix x(env,nbAssign);
for(i = 0;i<nbAssign;i ++ ){
    x[i] = IloNumVarArray(env,nbFactory,0,1,ILOBOOL);
}
```

//初始化一个表达式,表示分配出的设备总数量
```
IloExpr nb_machine(env);
for(j = 0;j<nbFactory;j++ ){
    IloExpr assign_j(env);
    for(i = 0;i<nbAssign;i++ ){
        assign_j += x[i][j];
        nb_machine += i * x[i][j];
}
```
//每个工厂只能选一种设备数量方案
```
    model.add(assign_j== 1);
    assign_j.end();
}
```
//分配出的设备总数量不超过5台
```
model.add(nb_machine<=5);
```

//目标函数为最大化盈利
```
IloExpr obj(env);
for(i= 0;i<nbAssign;i++){
    for(j= 0;j<nbFactory;j++){
```

```
                    obj+=revenue[i][j] * x[i][j];
            }
        }
        model.add(IloMaximize(env,obj));
        obj.end();

        //求解模型
        IloCPLEX CPLEX(model);
        CPLEX.setOut(env.getNullStream());
        CPLEX.solve();
    env.out()<<"Solution status:"<<CPLEX.getStatus()<<endl;
        env.out()<<"-Solution:"<<endl;
        for(i= 0;i<nbAssign;i++ ){
            env.out()<<"   "<<i<<":";
            for(j= 0;j<nbFactory;j++ ){
                env.out()<<CPLEX.getValue(x[i][j])<<"\t";
            }
            env.out()<<endl;
        }
         env.out()<<"   Profit = "<<CPLEX.getObjValue()<<
endl;

    }
    catch(IloException& e){
        cerr<<"Concert exception caught:"<<e<<endl;
    }
    catch(...){
        cerr<<"Unknown exception caught"<<endl;
    }
    env.end();
    return 0;
}
```

该程序的运行结果如下:

```
Solution status:Optimal
-Solution:
0:1    0    0
```

```
1:0       0       0
2:0       1       0
3:0       0       1
4:0       0       0
5:0       0       0
Profit = 21
Program ended with exit code:0
```

所得最优结果与 Excel 相同，即工厂甲不分配设备，工厂乙分配 2 台设备，工厂丙分配 3 台设备；最大盈利为 21。

2.2.6　生产与存储问题

例 2.7　某厂制订一种产品今后四个时期的生产计划，估计四个时期该产品的需求量如表 2.7 所示。设生产每批产品的固定成本为 3（千元），若不生产则为 0；每单位产品成本为 1（千元），每个时期的最大生产批量为 6 个单位；每期末未售出的产品，每单位需付存贮费 0.5（千元）；第一个时期的初始库存量为 0，第四个时期期末的库存量也为 0。问应如何安排各时期的生产与库存，在满足市场需要的条件下使总成本最小？

表 2.7　例 2.7 的原始数据表

时期	1	2	3	4
产品需求量（单位）	2	3	2	4

解：

1）模型建立

例 2.7 的数学规划模型如式（2.8）所示。

x_i——时期 i 生产产品数量

s_i——时期 i 末未售出的产品数量

$$y_i = \begin{cases} 1, & \text{时期} i \text{ 生产} \\ 0, & \text{时期} i \text{ 未生产} \end{cases}, \quad i = 1, 2, 3, 4$$

z 为总成本

目标函数：总成本最小

$$\min z = 3\sum_{i=1}^{4} y_i + 1\sum_{i=1}^{4} x_i + 0.5\sum_{i=1}^{4} s_i$$

约束1：每时期生产产品数量不超过生产能力6

$$x_i \leqslant 6y_i, \quad i = 1, 2, 3, 4$$

约束2：每时期期末的库存产品数量

$$\begin{cases} s_0 = 0, \\ s_0 + x_1 - s_1 = 2, \\ s_1 + x_2 - s_2 = 3, \\ s_2 + x_3 - s_3 = 2, \\ s_3 + x_4 - s_4 = 4, \\ s_4 \end{cases} \tag{2.8}$$

约束3：非负约束

$$x_i, s_i \geqslant 0, \quad i = 1, 2, 3, 4$$

2）Excel 求解

例 2.7 的 Excel 设置情况如图 2.19 所示。

	A	B	C	D	E
1	时期	1	2	3	4
2	产品需求量（单位）	2	3	2	4
3	1期初库存量	0	要求4期末库存量	0	
4	固定成本（千元）	3	单位产品成本（千元）	1	
5	每期生产能力（单位）	6	单位存储成本（千元）	0.5	
6	是否生产？	1	1	1	1
7	生产能力（单位）	=$B$5*B6	=$B$5*C6	=$B$5*D6	=$B$5*E6
8	生产数量（单位）	1	1	1	1
9	期末库存量（单位）	=B3+B8-B2	=B9+C8-C2	=C9+D8-D2	=D9+E8-E2
10	生产成本（千元）	=SUM(B6:E6)*$B$4+SUM(B8:E8)*$D$4			
11	存储成本（千元）	=SUM(B9:E9)*$D$5			
12	总成本（千元）	=B10+B11			

图 2.19　例 2.7 的 Excel 设置情况

例 2.7 的规划求解参数设置情况如图 2.20 所示。

图 2.20　例 2.7 的规划求解参数设置窗口

例 2.7 的求解结果如图 2.21 所示。

	A	B	C	D	E
1	时期	1	2	3	4
2	产品需求量（单位）	2	3	2	4
3	1期初库存量	0	要求4期末库存量	0	
4	固定成本（千元）	3	单位产品成本（千元）	1	
5	每期生产能力（单位）	6	单位存储成本（千元）	0.5	
6	是否生产?	1	0	1	0
7	生产能力（单位）	6	0	6	0
8	生产数量（单位）	5	0	6	0
9	期末库存量（单位）	3	0	4	0
10	生产成本（千元）		17		
11	存储成本（千元）		3.5		
12	总成本（千元）		20.5		

图 2.21　例 2.7 的 Excel 求解结果

例 2.7 的最优生产方案为：分别于时期 1 和时期 3 生产产品 5 个单位和 6 个单位，时期 2 和时期 4 不生产，总成本最小，为 20.5 千元。

3）CPLEX 求解

求解例 2.7 的 C++程序示例代码如下：

```cpp
//ilolpex2_7.cpp 生产与存储问题
#include<ilCPLEX/iloCPLEX.h>
#include<iostream>
using namespace std;
int main(){
    IloEnv    env;
    try {
        IloInt nbPeriod = 4;
        IloInt i;
        IloNumArray demand(env,nbPeriod,2,3,2,4);
        IloNum fixed_cost = 3;
        IloNum unit_cost = 1;
        IloNum inventory_cost = 0.5;
        IloNum capacity = 6;
        IloNum start_inventory = 0;
        IloNum end_inventory = 0;

        //建立模型
        IloModel model(env);
```

```
IloNumVarArray x(env,nbPeriod,0,IloInfinity,ILOFLOAT);
IloNumVarArray y(env,nbPeriod,0,1,ILOBOOL);
IloNumVarArray s(env,nbPeriod,0,IloInfinity,ILOFLOAT);

for(i = 0;i<nbPeriod;i++){
    //若时期 i 生产,则生产数量不超过该期生产能力;否则,生产数量为 0
model.add(x[i]<=capacity * y[i]);
//状态转移方程,上期库存(或起始库存) + 本期产量-本期需求 = 本期库存
    if(i! =0){
        model.add(s[i-1] + x[i]-demand[i]==s[i]);
    }else{
        model.add(start_inventory+x[i]-demand[i]==s[i]);
    }
}
//最后一个时期末的库存量为 0
model.add(s[nbPeriod-1]==end_inventory);
//目标函数,最小化总费用
IloExpr obj(env);
for(i = 0;i<nbPeriod;i++){
obj += fixed_cost*y[i]+ unit_cost*x[i]+inventory_cost*s[i];
}
model.add(IloMinimize(env,obj));
obj.end();

//求解模型
IloCPLEX CPLEX(model);
CPLEX.setOut(env.getNullStream());
CPLEX.solve();
env.out()<<"Solution status:"<<CPLEX.getStatus()<<endl;
env.out()<<"-Solution:"<<endl;
env.out()<<"y\t x\t s\t"<<endl;
for(i = 0;i<nbPeriod;i++){
    env.out()<<" "<<i+1<<":";
    env.out()<<CPLEX.getValue(y[i])<<"\t"
            <<CPLEX.getValue(x[i])<<"\t"
            <<CPLEX.getValue(s[i])<<"\t";
    env.out()<<endl;
}
```

```
        env.out()<<"Cost="<<CPLEX.getObjValue()<<endl;

    }
    catch(IloException& e){
        cerr<<"Concert exception caught:"<<e<<endl;
    }
    catch(...){
        cerr<<"Unknown exception caught"<<endl;
    }
    env.end();
    return 0;
}
```

该程序的运行结果如下：

```
Solution status:Optimal
-Solution:
    y    x    s
1:1     5    3
2:-0    0    0
3:1     6    4
4:-0    0    0
Cost = 20.5
Program ended with exit code:0
```

CPLEX 所得最优生产方案与 Excel 结果相同，即分别于时期 1 和时期 3 生产产品 5 个单位和 6 个单位，时期 2 和时期 4 不生产，此时总成本最小，为 20.5 千元。

第 2 章图片

第3章

图与网络分析部分

■ 3.1 部分树问题

例 3.1 从水塘 v_1 铺设管道将水灌溉到 $v_2 \sim v_6$ 每块田地,可以铺设管道的位置如图 3.1 所示。如何铺设管道,能够保证每块田地均得到灌溉?

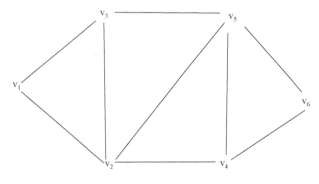

图 3.1 例 3.1 的示意图

解:

1)模型建立

例 3.1 属于将点 $v_1 \sim$ 点 v_6 的所有点连接在一起的部分树问题,因此建立的数学规划模型如式(3.1)所示。

在式(3.1)中,由于约束 3 包含的约束条件数量非常多,在模型中列示和在优化软件中设置都很烦琐,因此实际求解时可以先不考虑约束 3,仅利用约束 1 和约束 2 进行求解。但是由于约束 1 和约束 2 只是必要条件而非充分条件,因此求出的结果可能并不是部分树,故要对求出的结果进行验证看其是否为部分树,如果不是部分树,则再增加相应的约束后重新求解,直到得到部分树为止。

$$\text{设}\, x_{i,j} = \begin{cases} 1, & \text{边}(v_i, v_j)\text{在部分树上时} \\ 0, & \text{否则} \end{cases}$$

约束1：每点至少有一条管道连接

$$\begin{cases} x_{1,2} + x_{1,3} \geq 1 \\ x_{1,2} + x_{2,3} + x_{2,4} + x_{2,5} \geq 1 \\ x_{1,3} + x_{2,3} + x_{3,5} \geq 1 \\ x_{2,4} + x_{4,5} + x_{4,6} \geq 1 \\ x_{2,5} + x_{3,5} + x_{4,5} + x_{5,6} \geq 1 \\ x_{4,6} + x_{5,6} \geq 1 \end{cases} \tag{3.1}$$

约束2：铺设管道条数为部分树的边数

$$x_{1,2} + x_{1,3} + x_{2,3} + x_{2,4} + x_{2,5} + x_{3,5} + x_{4,5} + x_{4,6} + x_{5,6} = 6 - 1$$

约束3：保证将所有点连接在一起

……

例如，当仅利用约束 1 和约束 2 进行求解时得到的结果可能如图 3.2 所示，显然不是部分树，没有将所有点连接在一起。

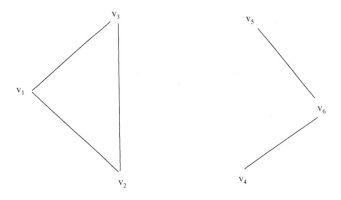

图 3.2　无约束 3 时例 3.1 可能的求解结果图

这时由于点 v_1、v_2、v_3 构成圈，可以增加式（3.2）所示的约束条件：

$$x_{1,2} + x_{1,3} + x_{2,3} \leq 2 \tag{3.2}$$

将式（3.2）加入到优化软件中，重新求解。如果新求得的结果还是包含圈，则继续增加类似的约束条件，继续求解。这样经过几步后，就能求得符合部分树要求的结果。一般来说，这样做比列出约束 3 的全部约束并求解要省事得多，因此是求解实际问题时常用的方法。

2）Excel 求解

例 3.1 的 Excel 设置情况如图 3.3 所示。

	A 端点	B 端点	C 在部分树上?	D 点	E 次	F 要求	G 应为
1	端点	端点	在部分树上?	点	次	要求	应为
2	v_1	v_2	1	v_1	=SUMIF($A$2:$A$10,D2,$C$2:$C$10)+SUMIF($B$2:$B$10,D2,$C$2:$C$10)	≥	1
3	v_1	v_3	1	v_2	=SUMIF($A$2:$A$10,D3,$C$2:$C$10)+SUMIF($B$2:$B$10,D3,$C$2:$C$10)	≥	1
4	v_2	v_3	1	v_3	=SUMIF($A$2:$A$10,D4,$C$2:$C$10)+SUMIF($B$2:$B$10,D4,$C$2:$C$10)	≥	1
5	v_2	v_4	1	v_4	=SUMIF($A$2:$A$10,D5,$C$2:$C$10)+SUMIF($B$2:$B$10,D5,$C$2:$C$10)	≥	1
6	v_2	v_5	1	v_5	=SUMIF($A$2:$A$10,D6,$C$2:$C$10)+SUMIF($B$2:$B$10,D6,$C$2:$C$10)	≥	1
7	v_2	v_5	1	v_6	=SUMIF($A$2:$A$10,D7,$C$2:$C$10)+SUMIF($B$2:$B$10,D7,$C$2:$C$10)	≥	1
8	v_4	v_5	1				
9	v_4	v_6	1	应含边数		5	
10	v_5	v_6	1	实有边数		=SUM(C2:C10)	
11	增加约束1：			=SUM(C2:C4)		≤	2

图 3.3　例 3.1 的 Excel 设置情况

例 3.1 的规划求解参数设置情况如图 3.4 所示。

图 3.4　例 3.1 的规划求解参数设置窗口

由于部分树问题没有明确的优化目标，因此将"设置目标（T）"中的"目标值（V）"设定为 5 即可，也不必再设置约束 2。

例 3.1 的第 1 次求解结果如图 3.5 所示。

	A 端点	B 端点	C 在部分树上?	D 点	E 次	F 要求	G 应为
2	v_1	v_2	1	v_1	2	≥	1
3	v_1	v_3	1	v_2	3	≥	1
4	v_2	v_3	1	v_3	2	≥	1
5	v_2	v_4	1	v_4	1	≥	1
6	v_2	v_5	0	v_5	1	≥	1
7	v_3	v_5	0	v_6	1	≥	1
8	v_4	v_5	0				
9	v_4	v_6	0	应含边数	5		
10	v_5	v_6	1	实有边数	5		

图 3.5　例 3.1 的第 1 次 Excel 求解结果

第 1 次求解结果如图 3.6 所示。

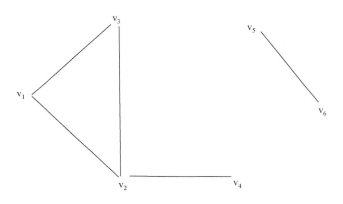

图 3.6　例 3.1 第 1 次求解结果示意图

可见不是部分树，故在图 3.3 中增加约束式（3.2），并加入到图 3.4 中，如图 3.7 和图 3.8 所示。

	A 端点	B 端点	C 在部分树上?	D 点	E 次	F 要求	G 应为
2	v_1	v_2	1	v_1	=SUMIF($A$2:$A$10,D2,$C$2:$C$10)+SUMIF($B$2:$B$10,D2,$C$2:$C$10)	≥	1
3	v_1	v_3	1	v_2	=SUMIF($A$2:$A$10,D3,$C$2:$C$10)+SUMIF($B$2:$B$10,D3,$C$2:$C$10)	≥	1
4	v_2	v_3	1	v_3	=SUMIF($A$2:$A$10,D4,$C$2:$C$10)+SUMIF($B$2:$B$10,D4,$C$2:$C$10)	≥	1
5	v_2	v_4	1	v_4	=SUMIF($A$2:$A$10,D5,$C$2:$C$10)+SUMIF($B$2:$B$10,D5,$C$2:$C$10)	≥	1
6	v_2	v_5	0	v_5	=SUMIF($A$2:$A$10,D6,$C$2:$C$10)+SUMIF($B$2:$B$10,D6,$C$2:$C$10)	≥	1
7	v_3	v_5	0	v_6	=SUMIF($A$2:$A$10,D7,$C$2:$C$10)+SUMIF($B$2:$B$10,D7,$C$2:$C$10)	≥	1
8	v_4	v_5	0				
9	v_4	v_6	0	应含边数		5	
10	v_5	v_6	1	实有边数		=SUM(C2:C10)	
11		增加约束1:		=SUM(C2:C4)		≤	2

图 3.7　例 3.1 增加新约束后的 Excel 设置情况

图 3.8　例 3.1 增加新约束后的规划求解参数设置窗口

重新求解，第 2 次求解结果如图 3.9 所示。

◢	A	B	C	D	E	F	G
1	端点	端点	在部分树上？	点	次	要求	应为
2	v_1	v_2	1	v_1	2	≥	1
3	v_1	v_3	1	v_2	3	≥	1
4	v_2	v_3	0	v_3	1	≥	1
5	v_2	v_4	1	v_4	2	≥	1
6	v_2	v_5	1	v_5	1	≥	1
7	v_3	v_5	0	v_6	1	≥	1
8	v_4	v_5	0				
9	v_4	v_6	1	应含边数		5	
10	v_5	v_6	0	实有边数		5	
11		增加约束1：			2	≤	2

图 3.9　例 3.1 的第 2 次 Excel 求解结果

第 2 次求解结果如图 3.10 所示。

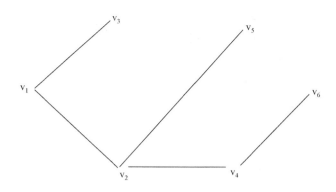

图 3.10　例 3.1 第 2 次求解结果示意图

可见已经求得部分树。

例 3.1 的最优铺设管道方案如图 3.10 所示。

一个图的部分树有多种结果，因此不同电脑求出的结果可能不同。

3）CPLEX 求解

例 3.1 可以根据上述 0-1 整数规划模型（3.1）求解，但其中约束 3（保证将所有点连接在一起）在初始模型中未全部表示出，求解初始模型得到一个整数解，该整数解对应的方案若还有圈，则找到圈上的所有边，构建约束式（3.2），添加到当前模型中继续求解；若方案不存在圈，则该整数解为最优解，且当前管道铺设方案即为部分树，模型求解完毕。如何在 CPLEX 求解模型的过程中判断整数解是否含有圈，若含有圈如何找圈，以及根据圈上的边如何构造约束式（3.2）再添加到模型中，这些操作已经在第 2 章例 2.5 旅行商问题中介绍过了，读者可根据旅行商问题的程序代码来编写例 3.1 的 C++程序代码，此处不再赘述。

本节介绍另外一种寻找部分树的建模思路。对于 n 个顶点的连通图 $G=(V,E)$，其中顶点集合 $V=\{v_1,v_2,\cdots,v_n\}$，E 是边的集合。图 G 的邻接矩阵 $A=(a_{ij})$ 定义如下：

$$a_{ij}=\begin{cases}1, & (v_i,v_j)\in E \\ 0, & (v_i,v_j)\notin E\end{cases}$$

求部分树问题等价于寻找一组边使得从源点 v_1 发出的 $n-1$ 单位流量沿着这组边流到其他顶点，每个顶点能接收一个单位流量。设 $x_{i,j}$ 表示从顶点 v_i 发送到顶点 v_j 的流量，则基于流量的生成树模型构建如下：

$$\min 0$$

$$\begin{cases}\displaystyle\sum_{j=2}^{n}x_{1j}=n-1 \\ \displaystyle\sum_{i=1,i\neq j}^{n}x_{ij}-\sum_{i=1,i\neq j}^{n}x_{ji}=1, & \forall j=2,3,\cdots,n \\ x_{ij}\leqslant(n-1)a_{ij}, & \forall i,j=1,2,\cdots,n\end{cases} \quad (3.3)$$

式（3.3）中目标函数最小化一个常数，实质上是没有优化目标，只要找到满足约束的解即可；第一个约束条件表示从源点 v_1 发出的流量；第二组约束条件表示对除源点之外的任一顶点 v_j（$j = 2,3,\cdots,n$）来说，流入该点的流量减去流出的流量等于 1，也就是说顶点 v_j 接收了一个单位信息；第三组约束条件表示只有两点连通（ $a_{ij} = 1$ ）时，才可能存在流量，并且流量不超过源点发出的流量，否则两点间流量为 0。

对于例 3.1，利用模型（3.3）求解的 C++ 程序示例代码如下：

```cpp
//spanningtree3_1.cpp 部分(生成)树
#include<ilCPLEX/iloCPLEX.h>
#include<iostream>
using namespace std;
typedef IloArray<IloNumArray>NumMatrix;
typedef IloArray<IloNumVarArray>NumVarMatrix;
int main(){
    IloEnv   env;
    try {
        IloInt nbVertex = 6;
        IloInt Depot = 0;//标记源点
        IloInt i,j;
        NumMatrix adjacency _matrix(env);
        const char* filename = "…/3_1_spanningtree.dat";
        ifstream file(filename);
        if(! file){
            cerr<<"ERROR:could not open file '"<<filename
            <<"' for reading"<<endl;
            throw(-1);
        }

        file>>adjacency_matrix;

        //建立模型
        IloModel model(env);
        NumVarMatrix x(env,nbVertex);

        for(i = 0;i<nbVertex;i++ ){
            x[i] = IloNumVarArray(env,nbVertex,0,IloInfinity,
ILOINT);
            for(j = 0;j<nbVertex;j++){
                if(adjacency _matrix[i][j]==0){
```

```
                    model.add(x[i][j]==0);
                }
                model.add(x[i][j] < =(nbVertex-1)* adjacency
_matrix[i][j]);
            }
        }
        model.add(IloSum(x[Depot])==nbVertex-1);
        for(i = 0;i<nbVertex;i++){
            if(i! = Depot){
                IloExpr in_degree_i(env),out_degree_i(env);
                for(j = 0;j<nbVertex;j++ ){
                    in_degree_i += x[j][i];
                    out_degree_i += x[i][j];
                }
                model.add(in_degree_i-out_degree_i==1);
                in_degree_i.end();
                out_degree_i.end();
            }
        }
    //求解模型
    IloCPLEX CPLEX(model);
    CPLEX.setOut(env.getNullStream());
    CPLEX.solve();
env.out()<<"Solution status:"<<CPLEX.getStatus()<<endl;
    env.out()<<"-Solution:"<<endl;
    for(i = 0;i<nbVertex;i++){
        env.out()<<"   x"<<i+1<<":";
        for(j = 0;j<nbVertex;j++){
            env.out()<<CPLEX.getValue(x[i][j])<<"\t";
        }
        env.out()<<endl;
    }
    }
    catch(IloException& e){
        cerr<<"Concert exception caught:"<<e<<endl;
    }
    catch(...){
        cerr<<"Unknown exception caught"<<endl;
```

```
    }
    env.end();
    return 0;
}
```

该程序中数据 "3_1_spanningtree.dat" 存储了例 3.1 中图的邻接矩阵，如下所示：

```
[[0,1,1,0,0,0],
[1,0,1,1,1,0],
[1,1,0,0,1,0],
[0,1,0,0,1,1],
[0,1,1,1,0,1],
[0,0,0,1,1,0]]
```

该程序的运行结果如下：

```
Solution status:Optimal
-Solution:
x1:0     0    5    0    0    0
x2:-0    0   -0    2    1    0
x3:-0    4    0    0   -0    0
x4:0    -0    0    0   -0    1
x5:0    -0   -0   -0    0   -0
x6:0     0    0   -0   -0    0
Program ended with exit code:0
```

所得结果表示从源点 v_1 向顶点 v_3 发送 5 单位信息，v_3 向 v_2 发送 4 单位信息，v_2 向 v_4 发送 2 单位信息，v_2 向 v_5 发送 1 单位信息，v_4 向 v_6 发送 1 单位信息。由此得到的最优铺设管道方案如图 3.11 所示。

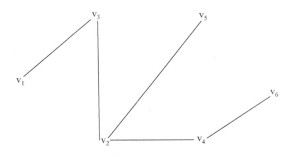

图 3.11　例 3.1 最优铺设管道方案结果示意图

3.2 最短路问题

例 3.2 从油田 v_1 铺设输油管道至原油加工厂 v_9，可以铺设路径及需要管道长度如图 3.12 所示。如何铺设输油管道，使得管道总长度最短？

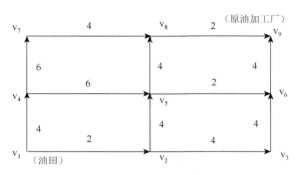

图 3.12　例 3.2 的示意图

解：

1）模型建立

例 3.2 属于从指定点 v_1 到 v_9 的最短路问题，从最短路的特点分析，从始点出发 1 次，至终点到达 1 次，而其他中间点的到达次数等于出发次数。因此，建立的数学规划模型如式（3.4）所示。

设 $x_{i,j} = \begin{cases} 1, & \text{沿弧}(v_i, v_j)\text{铺设输油管道时} \\ 0, & \text{否则} \end{cases}$ ， $i = 1, 2, \cdots, 8, j = i, \cdots, 9$

目标函数：$v_1 \to v_9$ 的管道总长度最短

$\min z = 2x_{1,2} + 4x_{1,4} + 4x_{2,3} + 4x_{2,5} + 4x_{3,6} + 6x_{4,5} + 6x_{4,7} + 2x_{5,6} + 4x_{5,8} + 4x_{6,9} + 4x_{7,8} + 2x_{8,9}$

约束1：从 v_1 点出发1次

$x_{1,2} + x_{1,4} = 1$

约束2：到达 v_9 点1次

$x_{6,9} + x_{8,9} = 1$

约束3：中间点到达1次又出发1次

$$\begin{cases} x_{1,2} = x_{2,3} + x_{2,5} \\ x_{2,3} = x_{3,6} \\ x_{1,4} = x_{4,5} + x_{4,7} \\ x_{2,5} + x_{4,5} = x_{5,6} + x_{5,8} \\ x_{3,6} + x_{5,6} = x_{6,9} \\ x_{4,7} = x_{7,8} \\ x_{5,8} + x_{7,8} = x_{8,9} \end{cases} \qquad (3.4)$$

2）Excel 求解

例 3.2 的 Excel 设置情况如图 3.13 所示。

	A	B	C	D	E	F	G	H	I
1	出发点	到达点	管道长度	是否在最短路径上?	点	出发次数	到达次数	净出发次数	限定值
2	v_1	v_2	2	1	v_1	=SUMIF($A$2:$A$13,E2,$D$2:$D$13)	=SUMIF($B$2:$B$13,E2,$D$2:$D$13)	=F2-G2	1
3	v_1	v_4	4	1	v_2	=SUMIF($A$2:$A$13,E3,$D$2:$D$13)	=SUMIF($B$2:$B$13,E3,$D$2:$D$13)	=F3-G3	0
4	v_2	v_3	4	1	v_3	=SUMIF($A$2:$A$13,E4,$D$2:$D$13)	=SUMIF($B$2:$B$13,E4,$D$2:$D$13)	=F4-G4	0
5	v_3	v_6	4	1	v_4	=SUMIF($A$2:$A$13,E5,$D$2:$D$13)	=SUMIF($B$2:$B$13,E5,$D$2:$D$13)	=F5-G5	0
6	v_3	v_6	4	1	v_5	=SUMIF($A$2:$A$13,E6,$D$2:$D$13)	=SUMIF($B$2:$B$13,E6,$D$2:$D$13)	=F6-G6	0
7	v_4	v_5	6	1	v_6	=SUMIF($A$2:$A$13,E7,$D$2:$D$13)	=SUMIF($B$2:$B$13,E7,$D$2:$D$13)	=F7-G7	0
8	v_4	v_7	6	1	v_7	=SUMIF($A$2:$A$13,E8,$D$2:$D$13)	=SUMIF($B$2:$B$13,E8,$D$2:$D$13)	=F8-G8	0
9	v_5	v_6	2	1	v_8	=SUMIF($A$2:$A$13,E9,$D$2:$D$13)	=SUMIF($B$2:$B$13,E9,$D$2:$D$13)	=F9-G9	0
10	v_5	v_8	4	1	v_9	=SUMIF($A$2:$A$13,E10,$D$2:$D$13)	=SUMIF($B$2:$B$13,E10,$D$2:$D$13)	=F10-G10	-1
11	v_6	v_9	4	1					
12	v_7	v_8	4	1		管道总长度	=SUMPRODUCT(C2:C13,D2:D13)		
13	v_8	v_9	2	1					

图 3.13　例 3.2 的 Excel 设置情况

例 3.2 的规划求解参数设置情况如图 3.14 所示。

图 3.14　例 3.2 的规划求解参数设置窗口

例 3.2 的求解结果如图 3.15 所示。

	A	B	C	D	E	F	G	H	I
1	出发点	到达点	管道长度	是否在最短路径上？	点	出发次数	到达次数	净出发次数	限定值
2	v_1	v_2	2	1	v_1	1	0	1	1
3	v_1	v_4	4	0	v_2	1	1	0	0
4	v_2	v_3	4	0	v_3	0	0	0	0
5	v_2	v_5	4	1	v_4	0	0	0	0
6	v_3	v_6	4	0	v_5	1	1	0	0
7	v_4	v_5	6	0	v_6	1	1	0	0
8	v_4	v_7	6	0	v_7	0	0	0	0
9	v_5	v_6	2	1	v_8	0	0	0	0
10	v_5	v_8	4	0	v_9	0	1	-1	-1
11	v_6	v_9	4	1					
12	v_7	v_8	4	0	管道总长度		12		
13	v_8	v_9	2	0					

图 3.15　例 3.2 的 Excel 求解结果

3）进一步讨论

在最短路问题中，如果要求任意两点之间的最短路，只需要在图 3.13 中将"新的"始点的"限定值"设为 1，"新的"终点的"限定值"设为-1，其他点（包括"原来的"起点或终点）的"限定值"设为 0 即可。例如，欲求从 v_2 点到 v_8 点的最短路，按照图 3.16 设置即可，求得的最短路为：$v_2 \rightarrow v_5 \rightarrow v_8$，最短长度为 8。

	A	B	C	D	E	F	G	H	I
1	出发点	到达点	管道长度	是否在最短路径上？	点	出发次数	到达次数	净出发次数	限定值
2	v_1	v_2	2	0	v_1	0	0	0	0
3	v_1	v_4	4	0	v_2	1	0	1	1
4	v_2	v_3	4	0	v_3	0	0	0	0
5	v_2	v_5	4	1	v_4	0	0	0	0
6	v_3	v_6	4	0	v_5	1	1	0	0
7	v_4	v_5	6	0	v_6	0	0	0	0
8	v_4	v_7	6	0	v_7	0	0	0	0
9	v_5	v_6	2	0	v_8	0	1	-1	-1
10	v_5	v_8	4	1	v_9	0	0	0	0
11	v_6	v_9	4	0					
12	v_7	v_8	4	0	管道总长度		8		
13	v_8	v_9	2	0					

图 3.16　例 3.2 改变起点或终点时的设置情况及 Excel 求解结果

例 3.2 的最优铺设管道方案为：$v_1 \rightarrow v_2 \rightarrow v_5 \rightarrow v_6 \rightarrow v_9$，需要管道长度为 12。

另外，如果图 3.12 为无向图，由于 $v_1 \rightarrow v_2$ 与 $v_2 \rightarrow v_1$ 是不同的路径，因此在图 3.13 的 A、B 两列要分别列出，如图 3.17 所示。其他方面的处理完全相同。

	A	B	C	D	E	F	G	H	I
1	端点	端点	管道长度	是否在最短路径上?	点	出发次数	到达次数	净出发次数	限定值
2	v_1	v_2	2	1	v_1	=SUMIF($A$2:$A$25,E2,$D$2:$D$25)	=SUMIF($B$2:$B$25,E2,$D$2:$D$25)	=F2-G2	1
3	v_1	v_4	4	1	v_2	=SUMIF($A$2:$A$25,E3,$D$2:$D$25)	=SUMIF($B$2:$B$25,E3,$D$2:$D$25)	=F3-G3	0
4	v_2	v_1	2	1	v_3	=SUMIF($A$2:$A$25,E4,$D$2:$D$25)	=SUMIF($B$2:$B$25,E4,$D$2:$D$25)	=F4-G4	0
5	v_2	v_4	4	1	v_4	=SUMIF($A$2:$A$25,E5,$D$2:$D$25)	=SUMIF($B$2:$B$25,E5,$D$2:$D$25)	=F5-G5	0
6	v_2	v_5	4	1	v_5	=SUMIF($A$2:$A$25,E6,$D$2:$D$25)	=SUMIF($B$2:$B$25,E6,$D$2:$D$25)	=F6-G6	0
7	v_3	v_2	4	1	v_6	=SUMIF($A$2:$A$25,E7,$D$2:$D$25)	=SUMIF($B$2:$B$25,E7,$D$2:$D$25)	=F7-G7	0
8	v_3	v_6	4	1	v_7	=SUMIF($A$2:$A$25,E8,$D$2:$D$25)	=SUMIF($B$2:$B$25,E8,$D$2:$D$25)	=F8-G8	0
9	v_4	v_1	4	1	v_8	=SUMIF($A$2:$A$25,E9,$D$2:$D$25)	=SUMIF($B$2:$B$25,E9,$D$2:$D$25)	=F9-G9	0
10	v_4	v_5	6	1	v_9	=SUMIF($A$2:$A$25,E10,$D$2:$D$25)	=SUMIF($B$2:$B$25,E10,$D$2:$D$25)	=F10-G10	-1
11	v_4	v_7	6	1					
12	v_5	v_2	4	1		管道总长度	=SUMPRODUCT(C2:C25,D2:D25)		
13	v_5	v_4	6	1					
14	v_5	v_6	2	1					
15	v_5	v_8	4	1					
16	v_6	v_3	4	1					
17	v_6	v_5	2	1					
18	v_6	v_9	4	1					
19	v_7	v_4	6	1					
20	v_7	v_8	4	1					
21	v_8	v_5	4	1					
22	v_8	v_7	4	1					
23	v_8	v_9	2	1					
24	v_9	v_6	4	1					
25	v_9	v_8	2	1					

图 3.17　例 3.2 为无向图时的 Excel 设置图

4）CPLEX 求解

求解例 3.2 的 C++程序示例代码如下：

```cpp
//shortestpath3_2.cpp 最短路问题
#include<ilCPLEX/iloCPLEX.h>
#include<iostream>

using namespace std;
typedef IloArray<IloNumArray>NumMatrix;
typedef IloArray<IloNumVarArray>NumVarMatrix;
int main(){
    IloEnv   env;
    try {
        IloInt nbVertex = 9;
        IloInt s = 0;
        IloInt t = nbVertex-1;
        IloInt i,j;

        NumMatrix length_matrix(env);
```

```
const char* filename = ".../3_2_shortestpath.dat";
ifstream file(filename);
if(! file){
    cerr<<"ERROR:could not open file '"<<filename
    <<"' for reading"<<endl;
    throw(-1);
}

file>>length_matrix;

//建立模型

IloModel model(env);
NumVarMatrix x(env,nbVertex);

for(i = 0;i<nbVertex;i++ ){
    x[i] = IloNumVarArray(env,nbVertex,0,1,ILOBOOL);
    for(j = 0;j<nbVertex;j++ ){
        if(length_matrix[i][j]<0){
            x[i][j].setUB(0);
        }
    }
}

for(i = 0;i<nbVertex;i++){
    IloExpr in_degree_i(env),out_degree_i(env);
    for(j = 0;j<nbVertex;j++){
        in_degree_i+ = x[j][i];
        out_degree_i+ = x[i][j];
    }

    if(i! = s && i! = t){
        model.add(in_degree_i-out_degree_i==0);
        in_degree_i.end();
        out_degree_i.end();
    }else if(i==s)
```

```
        {
            model.add(out_degree_i==1);
          out_degree_i.end();
        }else
        {
            model.add(in_degree_i==1);
          in_degree_i.end();
        }
    }


    IloExpr obj(env);
    for(i = 0;i<nbVertex;i++){
        for(j = 0;j<nbVertex;j++){
            obj += length_matrix[i][j] * x[i][j];
        }
    }
    model.add(IloMinimize(env,obj));
    obj.end();

//求解模型
    IloCPLEX CPLEX(model);
    CPLEX.setOut(env.getNullStream());
    CPLEX.solve();
env.out()<<"Solution status:"<<CPLEX.getStatus()<<endl;
    env.out()<<"-Solution:"<<endl;
    for(i = 0;i<nbVertex;i++){
        env.out()<<"   x["<<i<<"]:";
        for(j = 0;j<nbVertex;j++){
            env.out()<<CPLEX.getValue(x[i][j])<<"\t";
        }
        env.out()<<endl;
    }
    env.out()<<"   Shortest path:v"<<s+1<<"\t";
//通过决策变量x[i][j]构造最短路
    i = s;
    while(i! = t){
        for(j = 0;j<nbVertex;j++ ){
            if(CPLEX.getValue(x[i][j])>0){
```

```
                         env.out()<<"v"<<j + 1<<"\t";
                         i = j;
                         break;
                     }
                 }
             }
         env.out()<<endl;
     env.out()<<"Total Length="<<CPLEX.getObjValue()<<endl;

     }
     catch(IloException& e){
         cerr<<"Concert exception caught:"<<e<<endl;
     }
     catch(...){
         cerr<<"Unknown exception caught"<<endl;
     }
     env.end();
     return 0;
}
```

该程序中数据"3_2_shortestpath.dat"存储了例 3.2 网络上任意两点间的距离,其中"–1"表示此两点间不连通, 数据如下所示:

```
[[-1,2,-1,4,-1,-1,-1,-1,-1],
[-1,-1,4,-1,4,-1,-1,-1,-1],
[-1,-1,-1,-1,-1,4,-1,-1,-1],
[-1,-1,-1,-1,6,-1,6,-1,-1],
[-1,-1,-1,-1,-1,2,-1,4,-1],
[-1,-1,-1,-1,-1,-1,-1,-1,4],
[-1,-1,-1,-1,-1,-1,-1,4,-1],
[-1,-1,-1,-1,-1,-1,-1,-1,2],
[-1,-1,-1,-1,-1,-1,-1,-1,-1]]
```

该程序的运行结果如下:

```
Solution status:Optimal
-Solution:
x[0]:0    1   0   0   0   0   0   0   0
```

```
x[1]:0     0     0     0     1     0     0     0     0
x[2]:0     0     0     0     0     0     0     0     0
x[3]:0     0     0     0     0     0     0     0     0
x[4]:0     0     0     0     0     1     0     0     0
x[5]:0     0     0     0     0     0     0     0     1
x[6]:0     0     0     0     0     0     0     0     0
x[7]:0     0     0     0     0     0     0     0     0
x[8]:0     0     0     0     0     0     0     0     0
Shortest path:v1     v2     v5     v6     v9
Total Length = 12
Program ended with exit code:0
```

结果显示管道最优铺设方案为：$v_1 \rightarrow v_2 \rightarrow v_5 \rightarrow v_6 \rightarrow v_9$，需要管道长度为 12。

■ 3.3　最大流问题

例 3.3　每天从机场 v_S 飞往机场 v_T 的航班，需要沿着地面有导航台的路径经过多个航段，如图 3.18 所示。已知各个航段的单位航班费用、每天允许航班量、实际航班量，如何安排航班，可使每天从机场 v_S 飞往机场 v_T 的航班量最大？

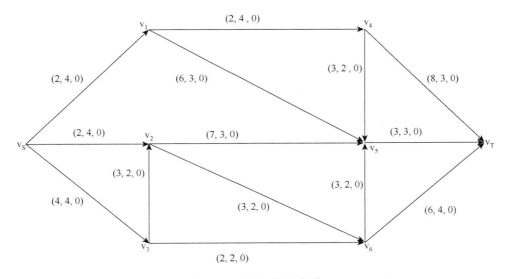

图 3.18　例 3.3 的示意图

解：

1）模型建立

例 3.3 属于从指定点 v_S 到 v_T 点的最大流问题，从流的特点分析，从始点出发的流量等于终点到达的流量,而其他中间点的到达流量等于出发流量。因此,建立的数学规划模型如式(3.5)所示。

设$c_{i,j}$和$f_{i,j}$分别为航段(v_i,v_j)的每天允许航班量和实际航班量, $i,j=\text{S},1,\cdots,6,\text{T}$

每天从v_S至v_T的航班量为z

目标函数:每天从v_S至v_T的航班量最大

$$\max z = f_{\text{S},1} + f_{\text{S},2} + f_{\text{S},3}$$

约束1:每航段的实际航班量不超过允许航班量

$$f_{i,j} \leqslant c_{i,j}, \quad i,j = \text{S},1,\cdots,6,\text{T}$$

约束2:中间点$v_1 \sim v_6$的航班到达量等于出发量

$$\begin{cases} f_{\text{S},1} - f_{1,4} - f_{1,5} = 0 \\ f_{\text{S},2} + f_{3,2} - f_{2,5} - f_{2,6} = 0 \\ f_{\text{S},3} - f_{3,2} - f_{3,6} = 0 \\ f_{1,4} - f_{4,5} - f_{4,\text{T}} = 0 \\ f_{1,5} + f_{2,5} + f_{4,5} + f_{6,5} - f_{5,\text{T}} = 0 \\ f_{2,6} + f_{3,6} - f_{6,5} - f_{6,\text{T}} = 0 \end{cases} \qquad (3.5)$$

约束3:实际航班量应为非负

$$f_{i,j} \geqslant 0, \quad i,j = \text{S},1,\cdots,6,\text{T}$$

2)Excel 求解

例 3.3 的 Excel 设置情况如图 3.19 所示。

	A	B	C	D	E	F	G	H	I	J
1	端点	端点	允许航班量	实际航班量	点	发出量	到达量	净发出量	要求	应取值
2	v_S	v_1	4	1	v_S	=SUMIF($A$2:$A$15,E2,$D$2:$D$15)	=SUMIF($B$2:$B$15,E2,$D$2:$D$15)	=F2-G2	=	
3	v_S	v_2	4	1	v_1	=SUMIF($A$2:$A$15,E3,$D$2:$D$15)	=SUMIF($B$2:$B$15,E3,$D$2:$D$15)	=F3-G3	=	0
4	v_S	v_3	4	1	v_2	=SUMIF($A$2:$A$15,E4,$D$2:$D$15)	=SUMIF($B$2:$B$15,E4,$D$2:$D$15)	=F4-G4	=	0
5	v_1	v_4	4	1	v_3	=SUMIF($A$2:$A$15,E5,$D$2:$D$15)	=SUMIF($B$2:$B$15,E5,$D$2:$D$15)	=F5-G5	=	0
6	v_1	v_5	3	1	v_4	=SUMIF($A$2:$A$15,E6,$D$2:$D$15)	=SUMIF($B$2:$B$15,E6,$D$2:$D$15)	=F6-G6	=	0
7	v_2	v_5	3	1	v_5	=SUMIF($A$2:$A$15,E7,$D$2:$D$15)	=SUMIF($B$2:$B$15,E7,$D$2:$D$15)	=F7-G7	=	0
8	v_2	v_6	2	1	v_6	=SUMIF($A$2:$A$15,E8,$D$2:$D$15)	=SUMIF($B$2:$B$15,E8,$D$2:$D$15)	=F8-G8	=	0
9	v_3	v_2	2	1	v_T	=SUMIF($A$2:$A$15,E9,$D$2:$D$15)	=SUMIF($B$2:$B$15,E9,$D$2:$D$15)	=F9-G9		
10	v_3	v_6	2	1						
11	v_4	v_5	2	1						
12	v_4	v_T	3	1						
13	v_5	v_T	3	1						
14	v_6	v_5	2	1						
15	v_6	v_T	4	1		最大航班量	=H2			

图 3.19　例 3.3 的 Excel 设置情况

例 3.3 的规划求解参数设置情况如图 3.20 所示。

图 3.20　例 3.3 的规划求解参数设置窗口

例 3.3 的求解结果如图 3.21 所示。

	A	B	C	D	E	F	G	H	I	J
1	端点	端点	允许航班量	实际航班量	点	发出量	到达量	净发出量	要求	应取值
2	v_s	v_1	4	3	v_s	10	0	10	=	
3	v_s	v_2	4	4	v_1	3	3	0	=	0
4	v_s	v_3	4	3	v_2	5	5	0	=	0
5	v_1	v_4	4	3	v_3	3	3	0	=	0
6	v_1	v_5	3	0	v_4	3	3	0	=	0
7	v_2	v_5	3	3	v_5	3	3	0	=	0
8	v_2	v_6	2	2	v_6	4	4	0	=	0
9	v_3	v_2	2	1	v_T	0	10	-10		
10	v_3	v_6	2	2						
11	v_4	v_5	2	0						
12	v_4	v_T	3	3						
13	v_5	v_T	3	3						
14	v_6	v_5	2	0						
15	v_6	v_T	4	4		最大航班量	10			

图 3.21　例 3.3 的 Excel 求解结果

例 3.3 的各航段的最优航班安排方案如图 3.21 所示，自 v_S 至 v_T 的每天最大航班量为 10 班。

3）CPLEX 求解

求解例 3.3 的 C++程序示例代码如下：

```cpp
//maximumflow3_3.cpp 最大流问题
#include<ilCPLEX/iloCPLEX.h>
#include<iostream>

using namespace std;
typedef IloArray<IloNumArray>NumMatrix;
typedef IloArray<IloNumVarArray>NumVarMatrix;
int main(){
    IloEnv   env;
    try {
        IloInt nbVertex = 8;
        IloInt s = 0;
        IloInt t = nbVertex-1;
        IloInt i,j;

        NumMatrix unit_cost_matrix(env);
        NumMatrix flow_capacity_matrix(env);
        const char* filename = "../3_3_maximumflow.dat";
        ifstream file(filename);
        if(! file){
            cerr<<"ERROR:could not open file '"<<filename
            <<"' for reading"<<endl;
            throw(-1);
        }

        file>>unit_cost_matrix;
        file>>flow_capacity_matrix;

        //建立模型

        IloModel model(env);
        NumVarMatrix x(env,nbVertex);
```

```
for(i = 0;i<nbVertex;i++){
    x[i] = IloNumVarArray(env,nbVertex,0,IloInfinity,
ILOINT);
    for(j = 0;j<nbVertex;j++){
        if(flow_capacity_matrix[i][j]<0){
            model.add(x[i][j]==0);
        }else
        {
         model.add(x[i][j]<=flow_capacity_matrix[i][j]);
        }
    }
}

for(i = 0;i<nbVertex;i++){
    IloExpr in_degree_i(env),out_degree_i(env);
    for(j = 0;j<nbVertex;j++){
        in_degree_i+=x[j][i];
        out_degree_i+=x[i][j];
    }
    if(i! = s && i! = t){
        model.add(in_degree_i-out_degree_i==0);
        in_degree_i.end();
        out_degree_i.end();
    }
}

IloExpr obj(env);
obj = IloSum(x[s]);
model.add(IloMaximize(env,obj));
obj.end();
//求解模型
IloCPLEX CPLEX(model);
CPLEX.setOut(env.getNullStream());
CPLEX.solve();
env.out()<<"Solution status:"<<CPLEX.getStatus()<<endl;
env.out()<<"-Solution:"<<endl;
for(i = 0;i<nbVertex;i++){
    env.out()<<"   x["<<i<<"]:";
```

```
              for(j = 0;j<nbVertex;j++){
                  env.out()<<CPLEX.getValue(x[i][j])<<"\t";
              }
              env.out()<<endl;
          }
      env.out()<<"Maximum FLow="<<CPLEX.getObjValue()<<endl;
      }
      catch(IloException& e){
          cerr<<"Concert exception caught:"<<e<<endl;
      }
      catch(...){
          cerr<<"Unknown exception caught"<<endl;
      }
      env.end();
      return 0;
}
```

该程序中数据"3_3_maximumflow.dat"存储了例 3.3 网络上弧的单位流量费用矩阵和弧的容量矩阵，其中"1"表示两点间不连通即不存在弧，数据如下所示：

```
[[-1,2,2,4,-1,-1,-1,-1],
[-1,-1,-1,-1,2,6,-1,-1],
[-1,-1,-1,-1,-1,7,3,-1],
[-1,-1,3,-1,-1,-1,2,-1],
[-1,-1,-1,-1,-1,3,-1,8],
[-1,-1,-1,-1,-1,-1,-1,3],
[-1,-1,-1,-1,-1,3,-1,6],
[-1,-1,-1,-1,-1,-1,-1,-1]]
[[-1,4,4,4,-1,-1,-1,-1],
[-1,-1,-1,-1,4,3,-1,-1],
[-1,-1,-1,-1,-1,3,2,-1],
[-1,-1,2,-1,-1,-1,2,-1],
[-1,-1,-1,-1,-1,3,-1,3],
[-1,-1,-1,-1,-1,-1,-1,3],
[-1,-1,-1,-1,-1,2,-1,4],
[-1,-1,-1,-1,-1,-1,-1,-1]]
```

该程序的运行结果如下：

```
Solution status:Optimal
-Solution:
x[0]:0      3      4      3      0      0      0      0
x[1]:0      0      0      0      3     -0      0      0
x[2]:0      0      0      0      0      3      2      0
x[3]:0      0      1      0      0      0      2      0
x[4]:0      0      0      0      0      0      0      3
x[5]:0      0      0      0      0      0      0      3
x[6]:0      0      0      0      0     -0      0      4
x[7]:0      0      0      0      0      0      0      0
Maximum FLow = 10
Program ended with exit code:0
```

所得结果与例 3.3 中 Excel 求解的各航段的最优航班安排方案相同，自 v_S 至 v_T 的每天最大航班量为 10 班。

3.4 邮递员问题

例 3.4 某邮递员从邮局所在地 v_1 出发，沿着每条街道投递信件，要求每条街道至少通过一遍，并且投递结束后返回邮局。各条街道布局和长度如图 3.22 所示。该邮递员如何安排投递路线，可使总的投递距离最短？

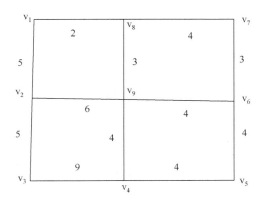

图 3.22 例 3.4 的示意图

解：

1）模型建立

例 3.4 属于邮递员问题，因此建立数学规划模型如式（3.6）所示。

设 $x_{i,j}$ 为沿街道 (v_i, v_j) 行走的次数

总的投递距离为 z

目标函数：总的投递距离最短

$$\min z = 5(x_{1,2} + x_{2,1}) + 2(x_{1,8} + x_{8,1}) + 5(x_{2,3} + x_{3,2}) + 6(x_{2,9} + x_{9,2})$$
$$+ 9(x_{3,4} + x_{4,3}) + 4(x_{4,5} + x_{5,4}) + 4(x_{4,9} + x_{9,4}) + 4(x_{5,6} + x_{6,5})$$
$$+ 3(x_{6,7} + x_{7,6}) + 4(x_{6,9} + x_{9,6}) + 4(x_{7,8} + x_{8,7}) + 3(x_{8,9} + x_{9,8})$$

约束1：每条街道至少行走1次

$$\begin{cases} x_{1,2} + x_{2,1} \geq 1, \ x_{1,8} + x_{8,1} \geq 1, \ x_{2,3} + x_{3,2} \geq 1, \ x_{2,9} + x_{9,2} \geq 1 \\ x_{3,4} + x_{4,3} \geq 1, \ x_{4,5} + x_{5,4} \geq 1, \ x_{4,9} + x_{9,4} \geq 1, \ x_{5,6} + x_{6,5} \geq 1 \\ x_{6,7} + x_{7,6} \geq 1, \ x_{6,9} + x_{9,6} \geq 1, \ x_{7,8} + x_{8,7} \geq 1, \ x_{8,9} + x_{9,8} \geq 1 \end{cases}$$

约束2：任意点 v_k 的到达次数等于出发次数

（3.6）

$$\begin{cases} x_{1,2} + x_{1,8} = x_{2,1} + x_{8,1}, \ x_{2,1} + x_{2,3} + x_{2,9} = x_{1,2} + x_{3,2} + x_{9,2} \\ x_{3,2} + x_{3,4} = x_{2,3} + x_{4,3}, \ x_{4,3} + x_{4,5} + x_{4,9} = x_{3,4} + x_{5,4} + x_{9,4} \\ x_{5,4} + x_{5,6} = x_{4,5} + x_{6,5}, \ x_{6,5} + x_{6,7} + x_{6,9} = x_{5,6} + x_{7,6} + x_{9,6} \\ x_{7,6} + x_{7,8} = x_{6,7} + x_{8,7}, \ x_{8,1} + x_{8,7} + x_{8,9} = x_{1,8} + x_{7,8} + x_{9,8} \\ x_{9,2} + x_{9,4} + x_{9,6} + x_{9,8} = x_{2,9} + x_{4,9} + x_{6,9} + x_{8,9} \end{cases}$$

约束3：每条街道行走次数为非负整数

$$x_{i,j} \geq 0 \text{且int}, i, j = 1, 2, \cdots, 9$$

2）Excel 求解

例 3.4 的 Excel 设置情况如图 3.23 所示。

▲	A	B	C	D	E	F	G	H	I
1	出发点	到达点	长度	行走次数	点	出发次数		到达次数	
2	v_1	v_2	5	1	v_1	=SUMIF($A$2:$A$25,E2,$D$2:$D$25)	=	=SUMIF($B$2:$B$25,E2,$D$2:$D$25)	
3	v_1	v_8	2	1	v_2	=SUMIF($A$2:$A$25,E3,$D$2:$D$25)	=	=SUMIF($B$2:$B$25,E3,$D$2:$D$25)	
4	v_2	v_1	5	1	v_3	=SUMIF($A$2:$A$25,E4,$D$2:$D$25)	=	=SUMIF($B$2:$B$25,E4,$D$2:$D$25)	
5	v_2	v_3	5	1	v_4	=SUMIF($A$2:$A$25,E5,$D$2:$D$25)	=	=SUMIF($B$2:$B$25,E5,$D$2:$D$25)	
6	v_2	v_9	6	1	v_5	=SUMIF($A$2:$A$25,E6,$D$2:$D$25)	=	=SUMIF($B$2:$B$25,E6,$D$2:$D$25)	
7	v_3	v_2	5	1	v_6	=SUMIF($A$2:$A$25,E7,$D$2:$D$25)	=	=SUMIF($B$2:$B$25,E7,$D$2:$D$25)	
8	v_3	v_4	9	1	v_7	=SUMIF($A$2:$A$25,E8,$D$2:$D$25)	=	=SUMIF($B$2:$B$25,E8,$D$2:$D$25)	
9	v_4	v_3	9	1	v_8	=SUMIF($A$2:$A$25,E9,$D$2:$D$25)	=	=SUMIF($B$2:$B$25,E9,$D$2:$D$25)	
10	v_4	v_5	4	1	v_9	=SUMIF($A$2:$A$25,E10,$D$2:$D$25)	=	=SUMIF($B$2:$B$25,E10,$D$2:$D$25)	
11	v_4	v_9	4	1		街道	行走次数	要求	应为
12	v_5	v_4	4	1	v_1	v_2	=SUM(D2,D4)	>=	1
13	v_5	v_6	4	1	v_1	v_8	=SUM(D3,D19)	>=	1
14	v_6	v_5	4	1	v_2	v_3	=SUM(D5,D7)	>=	1
15	v_6	v_7	3	1	v_2	v_9	=SUM(D6,D22)	>=	1
16	v_6	v_9	4	1	v_3	v_4	=SUM(D8,D9)	>=	1
17	v_7	v_6	3	1	v_4	v_5	=SUM(D10,D12)	>=	1
18	v_7	v_8	4	1	v_4	v_9	=SUM(D11,D23)	>=	1
19	v_8	v_1	2	1	v_5	v_6	=SUM(D13,D14)	>=	1
20	v_8	v_7	4	1	v_6	v_7	=SUM(D15,D17)	>=	1
21	v_8	v_9	3	1	v_6	v_9	=SUM(D16,D24)	>=	1
22	v_9	v_2	6	1	v_7	v_8	=SUM(D18,D20)	>=	1
23	v_9	v_4	4	1	v_8	v_9	=SUM(D21,D25)	>=	1
24	v_9	v_6	4	1					
25	v_9	v_8	3	1			总投递距离	=SUMPRODUCT(C2:C25,D2:D25)	

图 3.23　例 3.4 的 Excel 设置情况

例 3.4 的规划求解参数设置情况如图 3.24 所示。

图 3.24　例 3.4 的规划求解参数设置窗口

例 3.4 的求解结果如图 3.25 所示。

	A	B	C	D	E	F	G	H	I
1	出发点	到达点	长度	行走次数	点	出发次数		到达次数	
2	v_1	v_2	5	1	v_1	2	=	2	
3	v_1	v_8	2	1	v_2	2	=	2	
4	v_2	v_1	5	1	v_3	1	=	1	
5	v_2	v_3	5	0	v_4	2	=	2	
6	v_2	v_9	6	1	v_5	1	=	1	
7	v_3	v_2	5	1	v_6	2	=	2	
8	v_3	v_4	9	0	v_7	1	=	1	
9	v_4	v_3	9	1	v_8	2	=	2	
10	v_4	v_5	4	0	v_9	3	=	3	
11	v_4	v_9	4	1	街道		行走次数	要求	应为
12	v_5	v_4	4	1	v_1	v_2	2	>=	1
13	v_5	v_6	4	0	v_1	v_8	2	>=	1
14	v_6	v_5	4	1	v_2	v_3	1	>=	1
15	v_6	v_7	3	0	v_2	v_9	1	>=	1
16	v_6	v_9	4	1	v_3	v_4	1	>=	1
17	v_7	v_6	3	1	v_4	v_5	1	>=	1
18	v_7	v_8	4	0	v_4	v_9	2	>=	1
19	v_8	v_1	2	1	v_5	v_6	1	>=	1
20	v_8	v_7	4	1	v_6	v_7	1	>=	1
21	v_8	v_9	3	0	v_6	v_9	2	>=	1
22	v_9	v_2	6	0	v_7	v_8	1	>=	1
23	v_9	v_4	4	1	v_8	v_9	1	>=	1
24	v_9	v_6	4	1					
25	v_9	v_8	3	1			总投递距离	68	

图 3.25　例 3.4 的 Excel 求解结果

例 3.4 的最优投递路线如图 3.25 所示，例如一条最优投递路线为：$V_1 \to V_2 \to V_9 \to V_4 \to V_3 \to V_2 \to V_1 \to V_8 \to V_7 \to V_6 \to V_5 \to V_4 \to V_9 \to V_6 \to V_9 \to V_8 \to V_1$，最短总投递距离为 68。

3）CPLEX 求解

求解例 3.4 的 C++程序示例代码如下：

```cpp
//postmanproblem3_4.cpp 邮递员问题
#include<ilCPLEX/iloCPLEX.h>
#include<iostream>

using namespace std;
typedef IloArray<IloNumArray>NumMatrix;
typedef IloArray<IloNumVarArray>NumVarMatrix;
int main(){
    IloEnv   env;
    try {
        IloInt nbVertex = 9;
        IloInt i,j;

        NumMatrix distance_matrix(env);
        const char* filename = "../3_4_postmanproblem.dat";
        ifstream file(filename);
        if(! file){
            cerr<<"ERROR:could not open file '"<<filename
            <<"' for reading"<<endl;
            throw(-1);
        }
        file>>distance_matrix;

        //建立模型
        IloModel model(env);
        NumVarMatrix x(env,nbVertex);
        for(i = 0;i<nbVertex;i++){
            x[i] = IloNumVarArray(env,nbVertex,0,1,ILOBOOL);
            for(j = 0;j<nbVertex;j++){
                if(distance_matrix[i][j]<0){
                    model.add(x[i][j]==0);
                }
```

```
        }
    }

    for(i = 0;i<nbVertex;i++){
        IloExpr in_degree_i(env),out_degree_i(env);
        for(j = 0;j<nbVertex;j++){
            if(distance_matrix[i][j]>0){
                model.add(x[i][j]+x[j][i]>=1);
            }
            in_degree_i+=x[j][i];
            out_degree_i+=x[i][j];
        }
        model.add(in_degree_i==out_degree_i);
        in_degree_i.end();
        out_degree_i.end();
    }


    IloExpr obj(env);
    for(i = 0;i<nbVertex;i++){
        for(j = 0;j<nbVertex;j++){
            obj+=distance_matrix[i][j] * x[i][j];
        }
    }
    model.add(IloMinimize(env,obj));
    obj.end();


    //求解模型
    IloCPLEX CPLEX(model);
    CPLEX.setOut(env.getNullStream());
    CPLEX.solve();
    env.out()<<"Solution status:"<<CPLEX.getStatus()<<
endl;
    env.out()<<"-Solution:"<<endl;
    for(i = 0;i<nbVertex;i++){
        env.out()<<"    x["<<i<<"]:";
        for(j = 0;j<nbVertex;j++){
```

```
                    env.out()<<CPLEX.getValue(x[i][j])<<"\t";
                }
                env.out()<<endl;
            }
        env.out()<<" Minimum Distance="<<CPLEX.getObjValue()<<
endl;

    }
    catch(IloException& e){
        cerr<<"Concert exception caught:"<<e<<endl;
    }
    catch(...){
        cerr<<"Unknown exception caught"<<endl;
    }
    env.end();
    return 0;
}
```

该程序中数据 "3_4_postmanproblem.dat" 存储了路网上任意两点间的距离,其中"-1"表示此两点间不连通,数据如下所示:

```
[[-1,5,-1,-1,-1,-1,-1,2,-1],
 [5,-1,5,-1,-1,-1,-1,-1,6],
 [-1,5,-1,9,-1,-1,-1,-1,-1],
 [-1,-1,9,-1,4,-1,-1,-1,4],
 [-1,-1,-1,4,-1,4,-1,-1,-1],
 [-1,-1,-1,-1,4,-1,3,-1,4],
 [-1,-1,-1,-1,-1,3,-1,4,-1],
 [2,-1,-1,-1,-1,-1,4,-1,3],
 [-1,6,-1,4,-1,4,-1,3,-1]]
```

程序运行结果如下:

```
Solution status:Optimal
-Solution:
x[0]:0    1    0    0    0    0    0    1    0
x[1]:1    0    -0    0    0    0    0    0    1
x[2]:0    1    0    -0    0    0    0    0    0
```

```
x[3]:0    0    1    0    1    0    0    0    0
x[4]:0    0    0    1    0    1    0    0    0
x[5]:0    0    0    0    1    0    -0   0    1
x[6]:0    0    0    0    0    1    0    -0   0
x[7]:1    0    0    0    0    0    1    0    0
x[8]:0    0    0    1    0    0    0    1    0
Minimum Distance = 68
Program ended with exit code:0
```

所得结果中最短投递距离与 Excel 相同，同为 68；而最优投递路线略有不同，此处所得最优投递路线为：$V_1 \to V_2 \to V_9 \to V_4 \to V_3 \to V_2 \to V_1 \to V_8 \to V_7 \to V_6 \to V_5 \to V_4 \to V_5 \to V_6 \to V_9 \to V_8 \to V_1$，它与 Excel 所得最优投递路线仅有一条边不同，此路线含 $V_4 \to V_5$，而 Excel 路线中为 $V_4 \to V_9$，但二者长度相同。

3.5　工程网络优化

3.5.1　满足规定工期要求下的最小费用问题

例 3.5　某工程包含的工序及其紧前工序、工序时间和作业费用如表 3.1 所示。要求工程 20 天完工，计算该工程费用最小的施工计划。

表 3.1　例 3.5 的原始数据

项目		工序				
		A	B	C	D	E
紧前工序		—	A	A	B	C, D
工序时间（天）	正常	3	5	11	10	7
	最短	3	3	9	7	5
作业费用（元）	正常	135	214	29	107	97
	最小	135	228	41	119	113
费用梯度（元/天）		—	7	6	4	8

解：

1）模型建立

从表 3.1 可知，工序 A 没有紧前工序，为工程的开始工序（或称"首道工序"），可于工程宣布开工后立即开工；工序 E 不为任何工序的紧前工序，为工程的结束工序（或称

"末道工序"），其完工时间即为工程的工期（强调一点，当一项工程的结束工序有多道时，所有结束工序的完工时间最大值才是工程的工期）。其余工序必须等到其紧前工序完工后才能开工。因此，建立例 3.5 的数学规划模型如式（3.7）所示。

设工序 i 的开始作业时间为 $x(i)$，实际作业时间为 $t(i)$，

正常作业时全部工序的费用为582元，

工程的实际工期为 T，规定工期为 T^0，

全部工序总费用为 z

目标函数：全部工序总费用最小

$$\min z = 582 + 7(5 - t(B)) + 6(11 - t(C)) + 4(10 - t(D)) + 8(7 - t(E))$$

约束1：工序的工艺衔接关系

$$\begin{cases} x(B) \geqslant x(A) + t(A), \ x(C) \geqslant x(A) + t(A) \\ x(D) \geqslant x(B) + t(B), \ x(E) \geqslant \max[x(C) + t(C), \ x(D) + t(D)] \end{cases} \quad (3.7)$$

约束2：工程在规定工期内完成

$$T = x(E) + t(E), \ T \leqslant T^0 = 20$$

约束3：工序 i 的实际作业时间在允许时间之内

$$t(A) = 3, 3 \leqslant t(B) \leqslant 5, 9 \leqslant t(C) \leqslant 11, 7 \leqslant t(D) \leqslant 10, 5 \leqslant t(E) \leqslant 7$$

约束4：工序的开始作业时间和实际作业时间取非负值

$$x(i), \ t(i) \geqslant 0, \ i \in I$$

2）Excel 求解

例 3.5 的 Excel 设置情况如图 3.26 所示。

	紧前工序	工序时间（天）		作业费用（元）		费用梯度（元/天）	实际工时（天）	实际开工时间	实际完工时间	缩短时间（天）
工序		正常	最短	正常	最小					
A	-	3	3	135	135		3	0	=SUM(H3:I3)	=C3-H3
B	A	5	3	214	228	=(F4-E4)/(C4-D4)	4	3	=SUM(H4:I4)	=C4-H4
C	A	11	9	29	41	=(F5-E5)/(C5-D5)	11	3	=SUM(H5:I5)	=C5-H5
D	B	10	7	107	119	=(F6-E6)/(C6-D6)	7	7	=SUM(H6:I6)	=C6-H6
E	C,D	7	5	97	113	=(F7-E7)/(C7-D7)	6	14	=SUM(H7:I7)	=C7-H7
正常施工费用（元）		=SUM(E3:E7)				增加费用（元）	=SUMPRODUCT(G3:G7,K3:K7)		总费用（元）	=D8+H8
规定工期（天）		20		实际工期（天）	=J7					

图 3.26 例 3.5 的 Excel 设置情况

例 3.5 的规划求解参数设置情况如图 3.27 所示。

例 3.5 的求解结果如图 3.28 所示。

例 3.5 的最优施工方案为：工序 A 用 3 天完成，工序 B 用 4 天完成，工序 C 用 11 天完成，工序 D 用 7 天完成，工序 E 用 6 天完成；工程实际工期为 20 天，符合要求；全部工序施工的总费用为 609 元，其中因为缩短工序作业时间而增加的费用为 27 元。

图 3.27　例 3.5 的规划求解参数设置窗口

	A	B	C	D	E	F	G	H	I	J	K
1	工序	紧前工序	工序时间（天）		作业费用（元）		费用梯度（元/天）	实际工时（天）	实际开工时间	实际完工时间	缩短时间（天）
2			正常	最短	正常	最短					
3	A	-	3	3	135	135	-	3	0	3	0
4	B	A	5	3	214	228	7	4	3	7	1
5	C	A	11	9	29	41	6	11	3	14	0
6	D	B	10	7	107	119	4	7	7	14	3
7	E	C,D	7	5	97	113	8	6	14	20	1
8	正常施工费用（元）		582		增加费用（元）			27		总费用（元）	609
9	规定工期（天）		20		实际工期（天）	20					

图 3.28　例 3.5 的 Excel 求解结果

3）CPLEX 求解

求解例 3.5 的 C++ 程序示例代码如下：

```
//mincost_networkplanning3_5.cpp 满足规定工期要求下的最小费用问题
```

```cpp
#include<ilCPLEX/iloCPLEX.h>
#include<iostream>

using namespace std;
typedef IloArray<IloNumArray>NumMatrix;
int main(){
    IloEnv  env;
    try {

        IloInt  i,j;
        IloNum limit_T;
        IloNumArray time_process(env);
        IloNumArray lb_time_process(env);
        IloNumArray fixed_cost_process(env);
        IloNumArray unit_cost_process(env);
        NumMatrix pred_matrix(env);
        const char* filename = ".../3_5_mincost_networkplanning.
dat";
        ifstream file(filename);
        if(! file){
            cerr<<"ERROR:could not open file '"<<filename
            <<"' for reading"<<endl;
            throw(-1);
        }

        file>>limit_T;
        file>>time_process;
        file>>lb_time_process;
        file>>fixed_cost_process;
        file>>unit_cost_process;
        file>>pred_matrix;

        IloInt nbProcess = time_process.getSize();
        IloIntArray StartProcess(env);
        IloIntArray EndProcess(env);
        IloIntArray nb_Pred(env);
        IloIntArray nb_Succ(env);
```

```
//识别首道工序和末道工序
  for(i = 0;i<nbProcess;i++){
      IloInt sum_row_i = 0;
      IloInt sum_col_i = 0;
      for(j = 0;j<nbProcess;j++){
          sum_row_i+=pred_matrix[i][j];
          sum_col_i+=pred_matrix[j][i];
      }
      if(sum_row_i==0){
          StartProcess.add(i);
      }
      if(sum_col_i==0){
          EndProcess.add(i);
      }
      nb_Pred.add(sum_row_i);
      nb_Succ.add(sum_col_i);
  }

  //建立模型

  IloModel model(env);
  IloNumVarArray x(env,nbProcess,0,IloInfinity,ILOFLOAT);
//开始作业时间
  IloNumVarArray t(env,nbProcess,0,IloInfinity,ILOFLOAT);
//实际作业时间
  IloNumVar T(env,0,IloInfinity,ILOFLOAT);//工程的实际工期

  IloRangeArray con(env);

  for(i = 0;i<StartProcess.getSize();i++){
     IloInt idx_StartProcess_i = StartProcess[i];
     //首道工序的最早开工时间设为 0
     con.add(x[idx_StartProcess_i]==0);
  }
  for(i = 0;i<EndProcess.getSize();i++){
     IloInt idx_EndProcess_i = EndProcess[i];
     //工程的工期一定不早于任何一个末道工序的完工时间
      con.add(x[idx_EndProcess_i] + t[idx_EndProcess_i]-
```

```
T<=0);
        }

    //工程在规定工期内完成
     con.add(T<=limit_T);

    //非首道工序开工时间的计算
     for(i = 0;i<nbProcess;i++){
         if(StartProcess.contains(i)==false){
             for(j = 0;j<nbProcess;j++){
                 if(pred_matrix[i][j]==1){
                     con.add(x[i]-x[j]-t[j]>= 0);
                 }
             }
         }
     }

    //每道工序的实际作业时间在允许时间之内
     for(i = 0;i<nbProcess;i++){
con.add(lb_time_process[i]<=t[i]<=time_process [i]);
     }

    //目标函数
     IloExpr obj(env);
     for(i = 0;i<nbProcess;i++){
         obj+=fixed_cost_process[i] + unit_cost_process[i]
*(time_process[i]-t[i]);
     }

     model.add(con);
     model.add(IloMinimize(env,obj));
     obj.end();

    //求解模型
     IloCPLEX CPLEX(model);
     CPLEX.setOut(env.getNullStream());
     CPLEX.solve();
```

```
        env.out()<<"Solution status:"<<CPLEX.getStatus()<<
endl;

        env.out()<<"-Solution:"<<endl;
        IloNumArray vals_x(env);
        IloNumArray vals_t(env);
        CPLEX.getValues(vals_x,x);
        CPLEX.getValues(vals_t,t);
        env.out()<<"Start Times:"<<vals_x<<endl;
        env.out()<<"Durations:"<<vals_t<<endl;
        env.out()<<"T:"<<CPLEX.getValue(T)<<endl;
        env.out()<<" Cost = "<<CPLEX.getObjValue()<<endl;
    }
    catch(IloException& e){
        cerr<<"Concert exception caught:"<<e<<endl;
    }
    catch(...){
        cerr<<"Unknown exception caught"<<endl;
    }
    env.end();
    return 0;
}
```

该程序中数据"3_5_mincost_networkplanning.dat"如下所示：

```
20
[3,5,11,10,7]
[3,3,9,7,5]
[135,214,29,107,97]
[0,7,6,4,8]
[[0,0,0,0,0],
[1,0,0,0,0],
[1,0,0,0,0],
[0,1,0,0,0],
[0,0,1,1,0]]
```

该程序的运行结果如下：

```
Solution status:Optimal
-Solution:
Start Times:[0,3,3,7,14]
Durations:[3,4,11,7,6]
T:20
Cost = 609
Program ended with exit code:0
```

3.5.2 满足工程总费用最小要求下的最佳工期问题

例 3.6 某工程包含的工序及其紧前工序、工序时间和作业费用如表 3.2 所示。工程每天的间接费用为 500 元，制定使该工程的总费用（＝直接费用＋间接费用）最小的施工计划。

表 3.2 例 3.6 的原始数据

工序	紧前工序	完工时间（天）		完工费用（元）		费用梯度（元/天）
		正常	最短	正常	最大	
a	—	10	7	3 000	4 200	400
b	—	5	4	1 000	1 200	200
c	b	3	2	1 500	1 700	200
d	a,c	4	3	2 000	2 300	300
e	a,c	5	3	2 500	3 100	300
f	d	6	3	3 200	4 700	500
g	e	5	2	800	1 100	100
h	f,g	5	4	900	1 300	400
合计				14 900	19 600	
间接费用（元/天）			500			

解：

1）模型建立

从表 3.2 可见，工序 a, b 没有紧前工序，为工程的开始工序（或称"首道工序"），可于工程宣布开工后立即开工；工序 h 不为任何工序的紧前工序，为工程的结束工序（或称"末道工序"），其完工时间即为工程的工期（强调一点，当一项工程的结束工序有多道时，所有结束工序的完工时间最大值才是工程的工期）。其余工序必须等到其紧前工序完工后才能开工。因此，建立例 3.6 的数学规划模型如式（3.8）所示。

设工序 i 的开始作业时间为 $x(i)$，实际作业时间为 $t(i)$，$i \in I = \{a, b, \cdots h\}$

正常作业时全部工序的费用为 14 900 元，工程的实际工期为 T，

$$\text{工程的直接费用} = 14\,900 + 400(10 - t(a)) + 200(5 - t(b)) + 200(3 - t(c))$$
$$+ 300(4 - t(d)) + 300(5 - t(e)) + 500(6 - t(f))$$
$$+ 100(5 - t(g)) + 400(5 - t(h))$$

工程的间接费用 $= 500T$

工程总费用 = 工程的直接费用 + 工程的间接费用

目标函数：工程总费用最小

$$\min \quad 14\,900 + 400(10 - t(a)) + 200(5 - t(b)) + 200(3 - t(c)) + 300(4 - t(d)) + 300(5 - t(e)) \quad (3.8)$$
$$+ 500(6 - t(f)) + 100(5 - t(g)) + 400(5 - t(h)) + 500T$$

约束1：工序的工艺衔接关系

$$\begin{cases} x(c) \geqslant x(b) + t(b), \quad x(d) \geqslant \max[x(a) + t(a), \ x(c) + t(c)] \\ x(e) \geqslant \max[x(a) + t(a), \ x(c) + t(c)], \quad x(f) \geqslant x(d) + t(d) \\ x(g) \geqslant x(e) + t(e), \quad x(h) \geqslant \max[x(f) + t(f), \ x(g) + t(g)] \end{cases}$$

约束2：计算工程工期

$$T = x(h) + t(h)$$

约束3：工序 i 的实际作业时间在允许时间之内

$$\begin{cases} 7 \leqslant t(a) \leqslant 10, 4 \leqslant t(b) \leqslant 5, 2 \leqslant t(c) \leqslant 3, 3 \leqslant t(d) \leqslant 4, \\ 3 \leqslant t(e) \leqslant 5, 3 \leqslant t(f) \leqslant 6, 2 \leqslant t(g) \leqslant 5, 4 \leqslant t(h) \leqslant 5 \end{cases}$$

约束4：工序的开始作业时间和实际作业时间取非负值

$$x(i), t(i) \geqslant 0, \quad i \in I = \{a, b, \cdots, h\}$$

2）Excel 求解

例 3.6 的 Excel 设置情况如图 3.29 所示。

	A	B	C	D	E	F	G	H	I	J	K
1	工序	紧前工序	完工时间(天)		完工费用(元)		费用梯度(元/天)	实际工时（天）	开工时间	完工时间	缩短时间（天）
2			正常	最短	正常	最大					
3	a	—	10	7	3000	4200	=(F3-E3)/(C3-D3)	1	1	=SUM(H3:I3)	=C3-H3
4	b	—	5	4	1000	1200	=(F4-E4)/(C4-D4)	1	1	=SUM(H4:I4)	=C4-H4
5	c	b	3	2	1500	1700	=(F5-E5)/(C5-D5)	1	1	=SUM(H5:I5)	=C5-H5
6	d	a,c	4	3	2000	2300	=(F6-E6)/(C6-D6)	1	1	=SUM(H6:I6)	=C6-H6
7	e	a,c	5	3	2500	3100	=(F7-E7)/(C7-D7)	1	1	=SUM(H7:I7)	=C7-H7
8	f	d	6	3	3200	4700	=(F8-E8)/(C8-D8)	1	1	=SUM(H8:I8)	=C8-H8
9	g	e	5	2	800	1100	=(F9-E9)/(C9-D9)	1	1	=SUM(H9:I9)	=C9-H9
10	h	f,g	5	4	900	1300	=(F10-E10)/(C10-D10)	1	1	=SUM(H10:I10)	=C10-H10
11		合计			14900	19600					
12	间接费用(元/天)		500				工期（天）	=J10	直接费用(元)	=E11+SUMPRODUCT(G3:G10,K3:K10)	
13									间接费用(元)	=H12*E12	
14									工程总费用(元)	=SUM(J12:J13)	

图 3.29 例 3.6 的 Excel 设置情况

例 3.6 的规划求解参数设置情况如图 3.30 所示。

图 3.30   例 3.6 的规划求解参数设置窗口

例 3.6 的求解结果如图 3.31 所示。

工序	紧前工序	完工时间(天)		完工费用(元)		费用梯度(元/天)	实际工时(天)	开工时间	完工时间	缩短时间(天)
		正常	最短	正常	最大					
a	—	10	7	3000	4200	400	8	0	8	2
b	—	5	4	1000	1200	200	5	0	5	0
c	b	3	2	1500	1700	200	3	5	8	0
d	a,c	4	3	2000	2300	300	3	8	11	1
e	a,c	5	3	2500	3100	300	5	8	13	0
f	d	6	3	3200	4700	500	6	11	17	0
g	e	5	2	800	1100	100	4	13	17	1
h	f,g	5	4	900	1300	400	4	17	21	1
合计				14900	19600					
间接费用(元/天)			500	工期（天）	21	直接费用(元)		16500		
						间接费用(元)		10500		
						工程总费用(元)		27000		

图 3.31   例 3.6 的 Excel 求解结果

例 3.6 的工期为 21 天，最优施工方案为：工序 a 用 8 天完成，工序 b 用 5 天完成，工序 c 用 3 天完成，工序 d 用 3 天完成，工序 e 用 5 天完成，工序 f 用 6 天完成，工序 g 用 4 天完成，工序 h 用 4 天完成；工程的最低总费用为 27 000 元，其中直接费用为 16 500 元，间接费用为 10 500 元。

3）CPLEX 求解

求解例 3.6 的 C++程序示例代码如下：

```cpp
//min_networkplanning3_6.cpp 满足工程总费用最小要求下的最佳工期问题

#include<ilCPLEX/iloCPLEX.h>
#include<iostream>

using namespace std;
typedef IloArray<IloNumArray>NumMatrix;
int main(){
    IloEnv    env;
    try {
        IloInt i,j;
        IloNum unit_cost_day;
        IloNumArray time_process(env);
        IloNumArray lb_time_process(env);
        IloNumArray fixed_cost_process(env);
        IloNumArray ub_cost_process(env);
        NumMatrix pred_matrix(env);
        const char* filename = ".../3_6_min_networkplanning.dat";
        ifstream file(filename);
        if(! file){
            cerr<<"ERROR:could not open file '"<<filename
            <<"' for reading"<<endl;
            throw(-1);
        }

        file>>unit_cost_day;
        file>>time_process;
        file>>lb_time_process;
        file>>fixed_cost_process;
        file>>ub_cost_process;
```

```
file>>pred_matrix;

IloInt nbProcess = time_process.getSize();
IloIntArray StartProcess(env);
IloIntArray EndProcess(env);
IloNumArray unit_cost_process(env);
```

//识别首道工序和末道工序
```
for(i = 0;i<nbProcess;i++){
    IloInt sum_row_i = 0;//工序i的紧前工序数量,即第i行的行和
    IloInt sum_col_i = 0;//工序i的紧后工序数量,即第i列的列和
        for(j = 0;j<nbProcess;j++){
            sum_row_i += pred_matrix[i][j];
            sum_col_i += pred_matrix[j][i];
        }
        if(sum_row_i==0){
            StartProcess.add(i);
        }
        if(sum_col_i==0){
            EndProcess.add(i);
        }
        unit_cost_process.add((ub_cost_process[i]-fixed_
cost_process[i])/(time_process[i]-lb_time_process[i]));
    }
```

//建立模型

```
IloModel model(env);
IloNumVarArray x(env,nbProcess,0,IloInfinity,ILOFLOAT);
//开始作业时间
IloNumVarArray t(env,nbProcess,0,IloInfinity,ILOFLOAT);
//实际作业时间
IloNumVar T(env,0,IloInfinity,ILOFLOAT);//工程的实际工期

IloRangeArray con(env);

for(i = 0;i<StartProcess.getSize();i++){
    IloInt idx_StartProcess_i = StartProcess[i];
```

```
            //首道工序的最早开工时间设为 0
             con.add(x[idx_StartProcess_i]==0);
        }
        for(i = 0;i<EndProcess.getSize();i++){
            IloInt idx_EndProcess_i = EndProcess[i];
            //工程的工期一定不早于任何一个末道工序的完工时间
             con.add(x[idx_EndProcess_i] + t[idx_EndProcess_i]-
T<=0);
        }


        //非首道工序开工时间的计算
        for(i = 0;i<nbProcess;i++){
            if(StartProcess.contains(i)==false){
                for(j = 0;j<nbProcess;j++){
                    if(pred_matrix[i][j]==1){
                        con.add(x[i]-x[j]-t[j]>=0);
                    }
                }
            }
        }


        //每道工序的实际作业时间在允许时间之内
        for(i = 0;i<nbProcess;i++){
          con.add(lb_time_process[i]<=t[i]<=time_process[i]);
        }


        model.add(con);


        IloExpr expr_obj(env);
        for(i = 0;i<nbProcess;i++){
            expr_obj+=fixed_cost_process[i]+unit_cost_process[i]
*(time_process[i]-t[i]);
        }
        expr_obj += unit_cost_day * T;


        //第一阶段目标函数,以最小化工期 T 为目标
        IloObjective obj(env,expr_obj,IloObjective::Minimize);
```

```
        model.add(obj);
        expr_obj.end();

        //求解模型
        IloCPLEX CPLEX(model);
        CPLEX.setOut(env.getNullStream());
        CPLEX.solve();

        env.out()<<"Solution status:"<<CPLEX.getStatus()<<
endl;

        env.out()<<"-Solution:"<<endl;
        IloNumArray vals_x(env);
        IloNumArray vals_t(env);
        CPLEX.getValues(vals_x,x);
        CPLEX.getValues(vals_t,t);
        env.out()<<"Start Times:"<<vals_x<<endl;
        env.out()<<"Durations:"<<vals_t<<endl;
        env.out()<<"T:"<<CPLEX.getValue(T)<<endl;
        env.out()<<"Cost:"<<CPLEX.getObjValue()<<endl;
        env.out()<<"Direct Cost:"<<CPLEX.getObjValue()-unit_
cost_day * CPLEX.getValue(T)<<endl;
        env.out()<<"Indirect Cost:"<<unit_cost_day * CPLEX.
getValue(T)<<endl;

    }
    catch(IloException& e){
        cerr<<"Concert exception caught:"<<e<<endl;
    }
    catch(...){
        cerr<<"Unknown exception caught"<<endl;
    }
    env.end();
    return 0;
}
```

该程序所用数据文件"3_6_min_networkplanning.dat"如下所示:

```
500
[10,5,3,4,5,6,5,5]
[7,4,2,3,3,3,2,4]
[3000,1000,1500,2000,2500,3200,800,900]
[4200,1200,1700,2300,3100,4700,1100,1300]
[[0,0,0,0,0,0,0,0],
[0,0,0,0,0,0,0,0],
[0,1,0,0,0,0,0,0],
[1,0,1,0,0,0,0,0],
[1,0,1,0,0,0,0,0],
[0,0,0,1,0,0,0,0],
[0,0,0,0,1,0,0,0],
[0,0,0,0,0,1,1,0]]
```

该程序的运行结果如下:

```
Solution status:Optimal
-Solution:
Start Times:[0,0,5,8,8,11,13,17]
Durations:[8,5,3,3,5,6,4,4]
T:21
Cost:27000
Direct Cost:16500
Indirect Cost:10500
Program ended with exit code:0
```

第 3 章图片

第4章

航空运输工作中的优化模型

4.1 飞机租赁计划问题

飞机拥有方式主要包括购买和租赁两种，由于飞机非常昂贵，世界范围内航空公司的飞机有一半左右是靠租赁获取的。尤其经营租赁，获取飞机速度快，处理灵活，适合于运输需求季节性变动明显的情况。由于飞机的租金成本很高，因此在满足对飞机的增量需求下，优化飞机租赁计划，可使航空公司的飞机租金成本最低。

例 4.1 某航空公司预测今后四个月需要新增某种机型飞机架数分别为 5 架、6 架、7 架和 4 架。已知该机型飞机租用不同月数的租金如表 4.1 所示。如何制订飞机租赁计划，在满足飞机需求的前提下，使四个月的总租金最低？

表 4.1 例 4.1 的原始数据表

租用月数（月）	1	2	3	4
租金（万美元/架）	40	75	100	120

解：

分析租用不同月数的飞机架数分布情况如表 4.2 所示。

表 4.2 租用不同月数的飞机架数分布情况表

开始租用月份	租用月数（月）			
	1	2	3	4
1	$x_{1,1}$			
	$x_{1,2}$	$x_{1,2}$		
	$x_{1,3}$	$x_{1,3}$	$x_{1,3}$	
	$x_{1,4}$	$x_{1,4}$	$x_{1,4}$	$x_{1,4}$
2		$x_{2,1}$		
		$x_{2,2}$	$x_{2,2}$	

开始租用月份	租用月数（月）			
	1	2	3	4
2		$x_{2,3}$	$x_{2,3}$	$x_{2,3}$
3			$x_{3,1}$	
			$x_{3,2}$	$x_{3,2}$
4				$x_{4,1}$
新增飞机架数（架）	$x_{1,1}+x_{1,2}+x_{1,3}+x_{1,4}$	$x_{1,2}+x_{1,3}+x_{1,4}+x_{2,1}+x_{2,2}+x_{2,3}$	$x_{1,3}+x_{1,4}+x_{2,2}+x_{2,3}+x_{3,1}+x_{3,2}$	$x_{1,4}+x_{2,3}+x_{3,2}+x_{4,1}$

1）模型建立

根据表 4.2 的分析，建立例 4.1 的数学规划模型如式（4.1）所示。

x_{ij}—第 i 月份开始租用 j 个月的飞机架数，$i=1,2,3,4, j=1,\cdots,5-i$

z—四个月总的租金额

目标函数：总租金额最小

$$\mathrm{Min}\, z = 40(x_{11}+x_{21}+x_{31}+x_{41}) + 75(x_{12}+x_{22}+x_{32}) + 100(x_{13}+x_{23}) + 120x_{14}$$

约束1：满足各月的新增飞机需求

$$\begin{cases} x_{11}+x_{12}+x_{13}+x_{14} \geqslant 5 \\ x_{12}+x_{13}+x_{14}+x_{21}+x_{22}+x_{23} \geqslant 6 \\ x_{13}+x_{14}+x_{22}+x_{23}+x_{31}+x_{32} \geqslant 7 \\ x_{14}+x_{23}+x_{32}+x_{41} \geqslant 4 \end{cases} \qquad (4.1)$$

约束2：变量非负及整数限制

$x_{ij} \geqslant 0$ 且为整数，$i=1,2,3,4, j=1,\cdots,5-i$

2）Excel 求解

例 4.1 的 Excel 设置情况如图 4.1 所示。

	A	B	C	D	E
1	租用月数（月）	1	2	3	4
2	租金（万美元/架）	40	75	100	120
3	需要新增架数（架）	5	6	7	4
4	$x_{1,1}$	1			
5	$x_{1,2}$	1	=B5		
6	$x_{1,3}$	1	=B6	=C6	
7	$x_{1,4}$	1	=B7	=C7	=D7
8	$x_{2,1}$		1		
9	$x_{2,2}$		1	=C9	
10	$x_{2,3}$		1	=C10	=D10
11	$x_{3,1}$			1	
12	$x_{3,2}$			1	=D12
13	$x_{4,1}$				1
14	新增架数（架）	=SUM(B4:B13)	=SUM(C4:C13)	=SUM(D4:D13)	=SUM(E4:E13)
15	租用不同月数架数（架）	=SUM(B4,C8,D11,E13)	=SUM(B5,C9,D12)	=SUM(B6,C10)	=B7
16	总租金额（万美元）	=SUMPRODUCT(B2:E2,B15:E15)			

图 4.1　例 4.1 的 Excel 设置情况

例 4.1 的规划求解参数设置情况如图 4.2 所示。

图 4.2　例 4.1 的规划求解参数设置窗口

例 4.1 的求解结果如图 4.3 所示。

◢	A	B	C	D	E
1	租用月数（月）	1	2	3	4
2	租金（万美元/架）	40	75	100	120
3	需要新增架数（架）	5	6	7	4
4	$x_{1,1}$	0			
5	$x_{1,2}$	0	0		
6	$x_{1,3}$	1	1	1	
7	$x_{1,4}$	4	4	4	4
8	$x_{2,1}$		0		
9	$x_{2,2}$		1	1	
10	$x_{2,3}$		0	0	0
11	$x_{3,1}$			1	
12	$x_{3,2}$			0	0
13	$x_{4,1}$				0
14	新增架数（架）	5	6	7	4
15	租用不同月数架数（架）	1	1	1	4
16	总租金额（万美元）		695		

图 4.3　例 4.1 的 Excel 求解结果

例 4.1 的最优飞机租赁计划为：第 1 月初共租赁 5 架飞机，其中 1 架使用 3 个月，4 架使用 4 个月；第 2 月月初共租赁 1 架飞机，使用 2 个月；第 3 月月初共租赁 1 架飞机，使用 1 个月；第 4 月月初共租赁 0 架飞机；第 1 月共新增飞机 5 架，第 2 月共新增飞机 6 架，第 3 月共新增飞机 7 架，第 4 月共新增飞机 4 架；总租金额为 695 万美元。

3）进一步讨论

由于式（4.1）为整数规划，Excel 不生成敏感性报告，因此可以依次增减各月需要新增的飞机架数各 1 架，分别测算出总租金额的变化量，如表 4.3 所示。

表 4.3 各月份飞机需求增减 1 架时的总租金额变化量

月份	1	2	3	4
增加 1 架	+ 25	+ 35	+ 40	+ 20
减少 1 架	−25	−35	−40	−20

由表 4.3 可知，如果能够通过采用某些措施，将各月的新增飞机需求适当均匀（称为"削峰填谷"），可以降低飞机的总租金额。例如，将 3 月的新增飞机需求架数减少 1 架（租金节省 40 万美元），同时将 4 月的新增飞机需求架数增加 1 架（租金增加 20 万美元），将使飞机的总租金额节省 20 万美元。

4）CPLEX 求解

求解例 4.1 的 C++程序示例代码如下：

```cpp
//aircraft_leasing4_1.cpp 飞机租赁计划问题

#include<ilCPLEX/iloCPLEX.h>
#include<iostream>

using namespace std;
typedef IloArray<IloNumArray>NumMatrix;
typedef IloArray<IloNumVarArray>NumVarMatrix;
int main(){
    IloEnv   env;
    try {
        IloInt i,j;
        IloInt nb_Month = 4;
        IloNumArray rental_rate(env,nb_Month,40,75,100,120);
        IloNumArray aircraft_demand(env,nb_Month,5,6,7,4);

        IloModel model(env);
        NumVarMatrix x(env,nb_Month);
        for(i = 0;i<nb_Month;i++){
            x[i] = IloNumVarArray(env,nb_Month,0,IloInfinity,
```

```
ILOINT);
        for(j = nb_Month-i;j<nb_Month;j++){
            model.add(x[i][j]==0);
        }
    }

//满足各月新增飞机需求
    for(int k = 0;k<nb_Month;k++){
        IloExpr sum_aircarft_k(env);
        for(i = 0;i<=k;i++){
            for(j = k-i;j<nb_Month;j++){
                sum_aircarft_k += x[i][j];
            }
        }
        model.add(sum_aircarft_k >= aircraft_demand[k]);
        sum_aircarft_k.end();
    }

    IloExpr expr_obj(env);
    for(j = 0;j<nb_Month;j++){
        for(i = 0;i<nb_Month;i++){
            expr_obj += rental_rate[j] * x[i][j];
        }
    }

//设置目标函数
    IloObjective obj(env,expr_obj,IloObjective::Minimize);
    model.add(obj);
    expr_obj.end();

//求解模型
    IloCPLEX CPLEX(model);
    CPLEX.setOut(env.getNullStream());
    CPLEX.solve();

    env.out()<<"Solution status:"<<CPLEX.getStatus()<<
endl;
    env.out()<<"-Solution:"<<endl;
```

```
env.out()<<"Lease Duration \t 1\t 2\t 3\t 4\t"<<endl;
for(i = 0;i<nb_Month;i++){
    env.out()<<"Month "<<i+1<<":\t";
    for(j = 0;j<nb_Month;j++){
        env.out()<<CPLEX.getValue(x[i][j])<<"\t";
    }
    env.out()<<endl;
}
env.out()<<"Total Rental:"<<CPLEX.getObjValue()<<endl;
}
catch(IloException& e){
    cerr<<"Concert exception caught:"<<e<<endl;
}
catch(...){
    cerr<<"Unknown exception caught"<<endl;
}
env.end();
return 0;
}
```

该程序运行结果如下:

```
Solution status:Optimal
-Solution:
Lease Duration      1    2    3    4
Month 1:  -0   -0    1    4
Month 2:  -0    1   -0    0
Month 3:   1   -0    0    0
Month 4:  -0    0    0    0
Total Rental:695
Program ended with exit code:0
```

4.2　航材库选址问题

由于我国国土辽阔、人口众多,大型航空公司往往在多个重要城市设立基地,以便加强各地区的运营能力。由于一些基地使用相同机型的飞机,因此需要选择一些基地建造航材库储存所用机型的航材,该航材库可以为本基地及距其较近的其他基地提供航材服务。因为各种原因,不同基地建造航材库的成本不同,且不同地点的航材库的服务范围有限,因此选择哪些基地建造航材库,在满足各基地的航材需求下,可使航材库的建造成本最小,对于航空公司来说是个重要的决策问题。

例 4.2 某航空公司要在 7 个基地中选择一些基地建造航材库,每个基地的航材需要量、在每个基地建造不同标准航材库的成本情况以及每个基地建航材库后能为其他基地提供航材调配服务的范围如表 4.4 所示。在哪些基地建造什么标准的航材库,能够保证所有基地的航材供应要求,并使总的航材库建造成本最小?

表 4.4　例 4.2 的原始数据表

基地		1	2	3	4	5	6	7
航材需要量(件)		20	30	15	25	10	15	20
标准 1 航材库	建设成本(百万元)	3	2	4	2	3	4	3
	容量(件)	100						
标准 2 航材库	建设成本(百万元)	5	4	7	3	5	6	4
	容量(件)	200						
服务范围		1、5、7	1、2、5	1、3、5	2、4、5	3、5、6	4、6	2、4、7

解:

分析不同基地建造航材库的服务范围分布情况如表 4.5 所示。由表 4.5 可以确定出每个基地的航材分别可以由哪些航材库提供,例如基地 3 的航材可以由基地 3 处和基地 5 处的航材库提供,因此可知为了保证基地 3 的航材需要,基地 3 和基地 5 两处至少需要建造一座航材库。

表 4.5　不同基地建造航材库的服务范围分布情况表

航材库	基地						
	1	2	3	4	5	6	7
1	1				1		1
2	1	1			1		
3	1		1		1		
4		1		1	1		
5			1		1	1	
6				1		1	
7		1		1			1

1)模型建立

根据表 4.5 的分析,建立例 4.2 的数学规划模型如式(4.2)所示。

$x_{i,j}$——由基地 i 处的航材库为基地 j 提供的航材数量(件)

$$y_i^{(k)} = \begin{cases} 1, & \text{基地}i\text{处建造标准}k\text{的航材库} \\ 0, & \text{否则} \end{cases}, \quad i, j = 1, \cdots, 7, \ k = 1, 2$$

z——全部航材库的总建造成本(百万元)

目标函数:总建造成本最小

$$\min z = \left(3y_1^{(1)} + 5y_1^{(2)}\right) + \left(2y_2^{(1)} + 4y_2^{(2)}\right) + \left(4y_3^{(1)} + 7y_3^{(2)}\right) + \left(2y_4^{(1)} + 3y_4^{(2)}\right)$$
$$+ \left(3y_5^{(1)} + 5y_5^{(2)}\right) + \left(4y_6^{(1)} + 6y_6^{(2)}\right) + \left(3y_7^{(1)} + 4y_7^{(2)}\right)$$

约束1：每个基地至多建一种标准的航材库

$$y_i^{(1)} + y_i^{(2)} \leqslant 1, \quad i = 1, \cdots, 7$$

约束2：每个航材库提供的航材数量不超过其库存量

$$\begin{cases} x_{1,1} + x_{1,5} + x_{1,7} \leqslant 100y_1^{(1)} + 200y_1^{(2)} \\ x_{2,1} + x_{2,2} + x_{2,5} \leqslant 100y_2^{(1)} + 200y_2^{(2)} \\ x_{3,1} + x_{3,3} + x_{3,5} \leqslant 100y_3^{(1)} + 200y_3^{(2)} \\ x_{4,2} + x_{4,4} + x_{4,5} \leqslant 100y_4^{(1)} + 200y_4^{(2)} \\ x_{5,3} + x_{5,5} + x_{5,6} \leqslant 100y_5^{(1)} + 200y_5^{(2)} \\ x_{6,4} + x_{6,6} \leqslant 100y_6^{(1)} + 200y_6^{(2)} \\ x_{7,2} + x_{7,4} + x_{7,7} \leqslant 100y_7^{(1)} + 200y_7^{(2)} \end{cases}$$

（4.2）

约束3：满足每个基地的航材需求

$$\begin{cases} x_{1,1} + x_{2,1} + x_{3,1} \geqslant 20 \\ x_{2,2} + x_{4,2} + x_{7,2} \geqslant 30 \\ x_{3,3} + x_{5,3} \geqslant 15 \\ x_{4,4} + x_{6,4} + x_{7,4} \geqslant 25 \\ x_{1,5} + x_{2,5} + x_{3,5} + x_{4,5} + x_{5,5} \geqslant 10 \\ x_{5,6} + x_{6,6} \geqslant 15 \\ x_{1,7} + x_{7,7} \geqslant 20 \end{cases}$$

约束4：变量非负及整数限制

$$x_{i,j} \geqslant 0 \text{且为整数}, \quad i, j = 1, \cdots, 7$$

2）Excel 求解

例 4.2 的 Excel 设置情况如图 4.4 所示。

	A	B	C	D	E	F	G	H	I	J	K
1		基地	1	2	3	4	5	6	7		
2		航材需要量（件）	20	30	15	25	10	15	20		
3	标准1 航材库	建设成本（百万元）	3	2	4	2	3	4	3		
4		容量（件）	100								
5	标准2 航材库	建设成本（百万元）	5	4	7	3	5	6	4		
6		容量（件）	200								
7		服务范围	1、5、7	1、2、5	1、3、5	2、4、5	3、5、6	4、6	2、4、7		建造成本（百万元）
8		基地	1	2	3	4	5	6	7		
9		建标准1航材库	1	0	0	1	1	0	0	=SUMPRODUCT(C3:I3,C9:I9)	
10		建标准2航材库	0	0	0	0	0	0	0	=SUMPRODUCT(C5:I5,C10:I10)	
11		合计	=SUM(C9:C10)	=SUM(D9:D10)	=SUM(E9:E10)	=SUM(F9:F10)	=SUM(G9:G10)	=SUM(H9:H10)	=SUM(I9:I10)	=SUM(J9:J10)	
12		航材配送	1	2	3	4	5	6	7	发出航材（件）	可储存航材（件）
13		1	20	0	0	0	10	0	20	=SUM(C13:I13)	=$C$4*C9+$C$6*C10
14		2	0	0	0	0	0	0	0	=SUM(C14:I14)	=$C$4*D9+$C$6*D10
15		3	0	0	0	0	0	0	0	=SUM(C15:I15)	=$C$4*E9+$C$6*E10
16		4	0	30	0	25	0	0	0	=SUM(C16:I16)	=$C$4*F9+$C$6*F10
17		5	0	0	15	0	0	15	0	=SUM(C17:I17)	=$C$4*G9+$C$6*G10
18		6	0	0	0	0	0	0	0	=SUM(C18:I18)	=$C$4*H9+$C$6*H10
19		7	0	0	0	0	0	0	0	=SUM(C19:I19)	=$C$4*I9+$C$6*I10
20		收到航材（件）	=SUM(C13:C19)	=SUM(D13:D19)	=SUM(E13:E19)	=SUM(F13:F19)	=SUM(G13:G19)	=SUM(H13:H19)	=SUM(I13:I19)		

图 4.4　例 4.2 的 Excel 设置情况

例 4.2 的规划求解参数设置情况如图 4.5 所示。

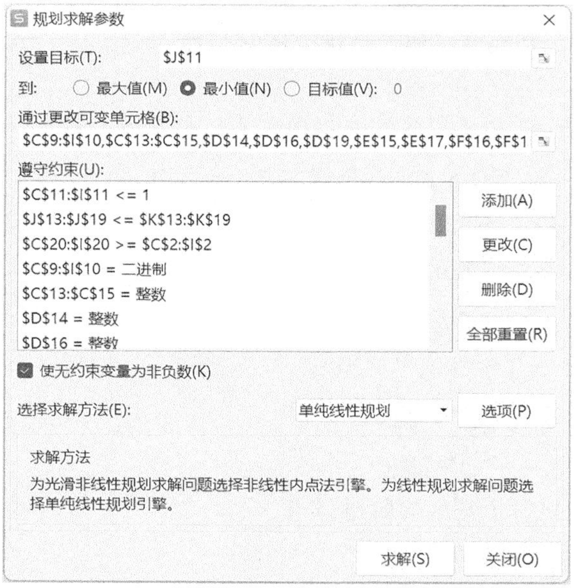

图 4.5　例 4.2 的规划求解参数设置窗口

例 4.2 的求解结果如图 4.6 所示。

⁴	A	B	C	D	E	F	G	H	I	J	K
1		基地	1	2	3	4	5	6	7		
2	航材需要量（件）		20	30	15	25	10	15	20		
3	标准1航材库	建设成本（百万元）	3	2	4	2	3	4	3		
4		容量（件）	100								
5	标准2航材库	建设成本（百万元）	5	4	7	3	5	6	4		
6		容量（件）	200								
7	服务范围		1、5、7	1、2、5	1、3、5	2、4、5	3、5、6	4、6	2、4、7		
8		基地	1	2	3	4	5	6	7	建造成本（百万元）	
9	建标准1航材库		1	0	0	1	1	0	0	8	
10	建标准2航材库		0	0	0	0	0	0	0		
11	合计		1	0	0	1	1	0	0	8	
12	航材配送		1	2	3	4	5	6	7	发出航材（件）	可储存航材（件）
13		1	20	0	0	0	10	0	20	50	100
14		2	0	0	0	0	0	0	0	0	0
15		3	0	0	0	0	0	0	0	0	0
16		4	0	30	0	25	0	0	0	55	100
17		5	0	0	15	0	0	15	0	30	100
18		6	0	0	0	0	0	0	0	0	0
19		7	0	0	0	0	0	0	0	0	0
20	收到航材（件）		20	30	15	25	10	15	20		

图 4.6　例 4.2 的 Excel 求解结果

例 4.2 的最优航材库建造方案为：在基地 1、4、5 各建造一座标准 1 的航材库。

航材配送方案为：基地 1 分别为基地 1、5、7 配送航材 20 件、10 件、20 件；基地 4 分别为基地 2、4 配送航材 30 件、25 件；基地 5 分别为基地 3、6 配送航材 15 件、15 件。

总建造成本为 800 万元。

3）进一步讨论

工作中为了方便，往往希望建有航材库的基地所需航材由本航材库自己保障。上述最优方案中基地 5 的航材未由本基地航材库保障，而是由基地 1 保障，因此未满足自己保障的愿望。此时可在式（4.2）的基础上增加新的约束式（4.3），并在图 4.7、图 4.8 中做相应设置后，重新求解，得到新的最优方案，如图 4.9 所示。

d_i——基地 i 的航材需要量（件）

约束5：每个基地至多建一种标准的航材库　　　　　　　　　　　　（4.3）

$$x_{i,j} = d_i \left(y_i^{(1)} + y_i^{(2)} \right), \quad i = 1, \cdots, 7$$

		1	2	3	4	5	6	7		
基地		1	2	3	4	5	6	7		
航材需要量（件）		20	30	15	25	10	15	20		
标准1航材库	建设成本（百万元）	3	2	4	2	3	4	3		
	容量（件）	100								
标准2航材库	建设成本（百万元）	5	4							
	容量（件）	200								
服务范围		1, 5, 7	1, 2, 5	1, 3, 5	2, 4, 5	3, 5, 6	4, 6	2, 4, 7		
基地		1	2	3	4	5	6	7	建造成本（百万元）	
建标准1航材库		0	1	0	0	1	0	1	=SUMPRODUCT(C3:I3,C9:I9)	
建标准2航材库		0	0	0	0	0	0	0	=SUMPRODUCT(C5:I5,C10:I10)	
合计		=SUM(C9:C10)	=SUM(D9:D10)	=SUM(E9:E10)	=SUM(F9:F10)	=SUM(G9:G10)	=SUM(H9:H10)	=SUM(I9:I10)	=SUM(J9:J10)	
航材配送		1	2	3	4	5	6	7	发出航材（件）	可储存航材（件）
	1	0	0	0	0	0	0	0	=SUM(C13:I13)	=$C$4*C9+$C$6*C10
	2	20	30	0	0	0	0	0	=SUM(C14:I14)	=$C$4*D9+$C$6*D10
	3	0	0	0	0	0	0	0	=SUM(C15:I15)	=$C$4*E9+$C$6*E10
	4	0	0	0	0	0	0	0	=SUM(C16:I16)	=$C$4*F9+$C$6*F10
	5	0	0	15	0	10	15	0	=SUM(C17:I17)	=$C$4*G9+$C$6*G10
	6	0	0	0	0	0	0	0	=SUM(C18:I18)	=$C$4*H9+$C$6*H10
	7	0	0	0	25	0	0	20	=SUM(C19:I19)	=$C$4*I9+$C$6*I10
收到航材（件）		=SUM(C13:C19)	=SUM(D13:D19)	=SUM(E13:E19)	=SUM(F13:F19)	=SUM(G13:G19)	=SUM(H13:H19)	=SUM(I13:I19)		
航材库保障本基地		=C2*C11	=D2*D11	=E2*E11	=F2*F11	=G2*G11	=H2*H11	=I2*I11		

图 4.7　例 4.2 中航材由本地航材库保障时的 Excel 设置情况

图 4.8　例 4.2 中航材由本地航材库保障时的规划求解参数设置窗口

		C	D	E	F	G	H	I	J	K
1	基地	1	2	3	4	5	6	7		
2	航材需要量（件）	20	30	15	25	10	15	20		
3	标准1航材库　建设成本（百万元）	3	2	4	2	3	4	3		
4	容量（件）				100					
5	标准2航材库　建设成本（百万元）	5	4	7	3	5	6	4		
6	容量（件）				200					
7	服务范围	1、5、7	1、2、5	1、3、5	2、4、5	3、5、6	4、6	2、4、7		
8	基地	1	2	3	4	5	6	7	建造成本（百万元）	
9	建标准1航材库	0	1	0	0	1	0	1	8	
10	建标准2航材库	0	0	0	0	0	0	0	0	
11	合计	0	1	0	0	1	0	1	8	
12	航材配送	1	2	3	4	5	6	7	发出航材（件）	可储存航材（件）
13	1	0	0	0	0	0	0	0	0	0
14	2	20	30	0	0	0	0	0	50	100
15	3	0	0	0	0	0	0	0	0	0
16	4	0	0	0	0	0	0	0	0	0
17	5	0	0	15	0	10	15	0	40	100
18	6	0	0	0	0	0	0	0	0	0
19	7	0	0	0	25	0	0	20	45	100
20	收到航材（件）	20	30	15	25	10	15	20		
21	航材库保障本基地	0	30	0	0	10	0	20		

图 4.9　例 4.2 中航材由本地航材库保障时的 Excel 求解结果

　　例 4.2 中航材由本地航材库保障时的最优航材库建造方案为：在基地 2、5、7 各建造一座标准 1 的航材库。

　　航材配送方案为：基地 2 分别为基地 1、2 配送航材 20 件、30 件；基地 5 分别为基地 3、5、6 配送航材 15 件、10 件、15 件；基地 7 分别为基地 4、7 配送航材 25 件、20 件。

　　总建造成本为 800 万元。

　　4）CPLEX 求解

　　求解例 4.2 的 C++程序示例代码如下：

```cpp
//location_transport4_2.cpp 航材库选址问题

#include<ilCPLEX/iloCPLEX.h>
#include<iostream>

using namespace std;
typedef IloArray<IloNumArray>NumMatrix;
typedef IloArray<IloNumVarArray>NumVarMatrix;
int main(){
    IloEnv  env;
    try {
        IloInt i,j,k;
```

```
IloInt nbType = 2;
IloNumArray demand(env);
NumMatrix build_cost(env,nbType);
NumMatrix build_capacity(env,nbType);
NumMatrix service_matrix(env);
const char* filename = "../4_2_location_transport.dat";
ifstream file(filename);
if(! file){
    cerr<<"ERROR:could not open file '"<<filename
    <<"' for reading"<<endl;
    throw(-1);
}

file>>demand;
file>>build_cost;
file>>build_capacity;
file>>service_matrix;
IloInt nbBase = demand.getSize();

IloModel model(env);
NumVarMatrix y(env,nbBase);
for(i = 0;i<nbBase;i++){
    y[i] = IloNumVarArray(env,nbType,0,1,ILOBOOL);
}
NumVarMatrix x(env,nbBase);
for(i = 0;i<nbBase;i++){
    x[i] = IloNumVarArray(env,nbBase,0,IloInfinity,
ILOINT);
    for(j = 0;j<nbBase;j++){
        if(service_matrix[i][j]==0){
            model.add(x[i][j]==0);
        }
    }
}

for(i = 0;i<nbBase;i++){
    model.add(IloSum(y[i])<=1);
}
```

```
for(i = 0;i<nbBase;i++){
    IloExpr transport_out_i(env);
    IloExpr transport_in_i(env);
    IloExpr inventory_i(env);
    for(k = 0;k<nbType;k++){
        inventory_i += build_capacity[k][i] * y[i][k];
    }
    for(j = 0;j<nbBase;j++){
        if(service_matrix[i][j]>0){
            transport_out_i += x[i][j];
        }
        if(service_matrix[j][i]>0){
            transport_in_i += x[j][i];
        }


    }
    model.add(transport_out_i<=inventory_i);
    model.add(transport_in_i>=demand[i]);

    transport_out_i.end();
    transport_in_i.end();
    inventory_i.end();
}

IloExpr expr_obj(env);
for(i = 0;i<nbBase;i++){
    for(k = 0;k<nbType;k++){
        expr_obj += build_cost[k][i] * y[i][k];
    }
}

IloObjective obj(env,expr_obj,IloObjective::Minimize);
model.add(obj);
expr_obj.end();

//求解模型
IloCPLEX CPLEX(model);
```

```
            CPLEX.setOut(env.getNullStream());
            CPLEX.solve();

            env.out()<<"Solution status:"<<CPLEX.getStatus()<<
endl;
            env.out()<<"-Solution:"<<endl;
            env.out()<<"Opened Location:[Type 1,Type 2]"<<endl;
            for(i = 0;i<nbBase;i++){
                env.out()<<"Base "<<i + 1<<":";
                IloNumArray vals_y(env);
                CPLEX.getValues(vals_y,y[i]);
                env.out()<<vals_y<<endl;
            }
            env.out()<<"Transport between bases:"<<endl;
            for(i = 0;i<nbBase;i++){

                env.out()<<"Base "<<i+1<<":\t";
                for(j = 0;j<nbBase;j++){
                    env.out()<<CPLEX.getValue(x[i][j])<<"\t";
                }
                env.out()<<endl;

            }
            env.out()<<"    Total Cost:"<<CPLEX.getObjValue()<<
endl;
        }
    catch(IloException& e){
        cerr<<"Concert exception caught:"<<e<<endl;
    }
    catch(...){
        cerr<<"Unknown exception caught"<<endl;
    }
    env.end();
    return 0;
}
```

该程序中数据文件“4_2_location_transport.dat”如下所示：

[20,30,15,25,10,15,20]

[[3,2,4,2,3,4,3],[5,4,7,3,5,6,4]]

[[100,100,100,100,100,100,100],[200,200,200,200,200,200,200]]

[[1,0,0,0,1,0,1],[1,1,0,0,1,0,0],[1,0,1,0,1,0,0],[0,1,0,1,1,0,0],[0,0,1,0,1,1,0],[0,0,0,1,0,1,0],[0,1,0,1,0,0,1]]

该程序运行结果如下：

```
Solution status:Optimal
-Solution:
Opened Location:[Type 1,Type 2]
Base 1:[1,0]
Base 2:[0,0]
Base 3:[0,0]
Base 4:[1,0]
Base 5:[1,0]
Base 6:[0,0]
Base 7:[0,0]
Transport between bases:
Base 1:    80    0    0    0    0    0    20
Base 2:    0     0    0    0    0    0    0
Base 3:    0     0    0    0    0    0    0
Base 4:    0    30    0   70    0    0    0
Base 5:    0     0   75    0   10   15    0
Base 6:    0     0    0    0    0    0    0
Base 7:    0     0    0    0    0    0    0
Total Cost:8
Program ended with exit code:0
```

所得航材库最优建造方案为：在基地 1、4、5 各建造一座标准 1 的航材库；航材配送方案为：基地 1 自留 80 件航材，为基地 7 配送航材 20 件；基地 4 自留 70 件航材，为基地 2 配送航材 30 件；基地 5 自留 10 件航材，分别为基地 3、6 配送航材 75 件、15 件。总建造成本为 800 万元。

若配送存在成本，将该成本与航材库建造成本一并纳入到优化目标后，优化所得结果自然满足建有航材库的基地所需航材由本航材库自己保障。

4.3 航线网络枢纽点选择问题

航空公司航线网络的发展变化经历了点对点布局、枢纽布局和混合式布局等多个阶段。点对点布局中的一些点对之间航空客货运输需求较低，造成航班飞机的载运率较低，航班单位业载的运输成本较高，催生了枢纽布局和混合式布局等航线网络形式的出现。枢纽布局和混合式布局中最基本的一点是确定枢纽点的数量和位置，在此基础上才能开展更深入的航线网络构建工作，因此，恰当选择枢纽点，对于航空公司建立竞争力强、运营效率高的航线网络具有十分重要的作用。

例 4.3　国内 13 个城市间的航程如表 4.6 所示。航空公司需要设计航线网络，使得每个城市在 1000 千米的航程内至少能够到达一个枢纽点，问至少需要建立几个枢纽点？

表 4.6　国内 13 个城市间的航程

城市间航程		1	2	3	4	5	6	7	8	9	10	11	12	13
		北京	长沙	成都	大连	福州	广州	贵阳	桂林	哈尔滨	海口	杭州	济南	昆明
1	北京	0	1446	1697	579	1681	1967	2039	1887	1010	2493	1200	412	2266
2	长沙	1446	0	940	1819	743	620	677	462	2378	1100	805	1228	1116
3	成都	1697	940	0	1989	1771	1390	531	975	2710	1757	1699	1419	711
4	大连	579	1819	1989	0	1687	2285	2290	2440	857	2920	1171	670	2597
5	福州	1681	743	1771	1687	0	763	1360	1100	2487	1234	519	1298	1959
6	广州	1967	620	1390	2285	763	0	872	452	3119	548	1099	1664	1357
7	贵阳	2039	677	531	2290	1360	872	0	420	2966	910	1538	1815	449
8	桂林	1887	462	975	2440	1100	452	420	0	2670	773	1230	1804	859
9	哈尔滨	1010	2378	2710	857	2487	3119	2966	2670	0	3720	2091	1425	3494
10	海口	2493	1100	1757	2920	1234	548	910	773	3720	0	1606	2272	1046
11	杭州	1200	805	1699	1171	519	1099	1538	1230	2091	1606	0	850	2089
12	济南	412	1228	1419	670	1298	1664	1815	1804	1425	2272	850	0	2080
13	昆明	2266	1116	711	2597	1959	1357	449	859	3494	1046	2089	2080	0

解：

1）模型建立

首先计算出每个城市在 1000 千米航程内能够到达的城市情况，如表 4.7 所示。在表 4.7 中，"1"代表在 1000 千米航程内能够到达，"0"代表在 1000 千米航程内不能够到达。因此，建立例 4.3 的数学规划模型如式（4.4）所示。

表 4.7　1000 千米航程内能够到达的城市

1000 千米内的城市		1	2	3	4	5	6	7	8	9	10	11	12	13
		北京	长沙	成都	大连	福州	广州	贵阳	桂林	哈尔滨	海口	杭州	济南	昆明
1	北京	1			1								1	
2	长沙		1	1		1	1	1	1			1		
3	成都		1	1				1	1					1

续表

1000 千米内的城市		1	2	3	4	5	6	7	8	9	10	11	12	13
		北京	长沙	成都	大连	福州	广州	贵阳	桂林	哈尔滨	海口	杭州	济南	昆明
4	大连	1			1					1			1	
5	福州		1			1	1					1		
6	广州		1			1	1	1	1		1			
7	贵阳		1	1			1	1	1		1			1
8	桂林		1	1			1	1	1		1			1
9	哈尔滨				1					1				
10	海口							1	1		1			
11	杭州		1		1							1	1	
12	济南	1			1							1	1	
13	昆明			1				1	1					1

$$a_{i,j} = \begin{cases} 1, & \text{城市}i\text{在限定航程内能够到达城市}j \\ 0, & \text{否则} \end{cases}$$

$$x_j = \begin{cases} 1, & \text{在城市}j\text{建立枢纽点} \\ 0, & \text{否则} \end{cases}, \quad i, j = 1(\text{北京}),\cdots,13(\text{昆明})$$

z—枢纽点数量

目标函数：枢纽点数量最少　　　　　　　　　　　　　　　　　　　　　　（4.4）

$$\min z = x_1 + x_2 + \cdots + x_{13}$$

约束1：城市i在限定航程内至少能够到达1个枢纽点

$$\sum_{j=1}^{13} a_{i,j} x_j \geqslant 1, \quad i = 1, 2, \cdots, 13$$

2）Excel 求解

例 4.3 的 Excel 设置情况如图 4.10 所示。

▲	A	B	C	D	E	F	G	H	I	J	K	L	M	N	O
1	城市间航程		1	2	3	4	5	6	7	8	9	10	11	12	13
2			北京	长沙	成都	大连	福州	广州	贵阳	桂林	哈尔滨	海口	杭州	济南	昆明
3	1	北京	0	1446	1697	579	1681	1967	2039	1887	1010	2493	1200	412	2266
4	2	长沙	1446	0	940	1819	743	620	677	462	2378	1100	805	1228	1116
5	3	成都	1697	940	0	1989	1771	1390	531	975	2710	1757	1699	1419	711
6	4	大连	579	1819	1989	0	1687	2285	2290	2440	857	2920	1171	670	2597
7	5	福州	1681	743	1771	1687	0	763	1360	1100	2487	1234	519	1298	1959
8	6	广州	1967	620	1390	2285	763	0	872	452	3119	548	1099	1664	1357
9	7	贵阳	2039	677	531	2290	1360	872	0	420	2966	910	1538	1815	449
10	8	桂林	1887	462	975	2440	1100	452	420	0	2670	773	1230	1804	859
11	9	哈尔滨	1010	2378	2710	857	2487	3119	2966	2670	0	3720	2091	1425	3494
12	10	海口	2493	1100	1757	2920	1234	548	910	773	3720	0	1606	2272	1046
13	11	杭州	1200	805	1699	1171	519	1099	1538	1230	2091	1606	0	850	2089
14	12	济南	412	1228	1419	670	1298	1664	1815	1804	1425	2272	850	0	2080
15	13	昆明	2266	1116	711	2597	1959	1357	449	859	3494	1046	2089	2080	0
16	限定航程（千米）		1000												

(a)

	限定航程内的城市	1 北京	2 长沙	3 成都	4 大连	5 福州	6 广州	7 贵阳	8 桂林	9 哈尔滨	10 海口	11 杭州	12 济南	13 昆明	能够到达枢纽点数量
19	1　北京	=IF(C3>$C$16,0,1)	=IF(D3>$C$16,0,1)	=IF(E3:	=IF(F3:	=IF(G3:	=IF(H3:	=IF(I3:	=IF(J3:	=IF(K3:	=IF(L3:	=IF(M3:	=IF(N3:	=IF(O3:	SUMPRODUCT(C19:O19,$C$32:$O$32)
20	2　长沙	=IF(C4>$C$16,0,1)	=IF(D4>$C$16,0,1)	=IF(E4:	=IF(F4:	=IF(G4:	=IF(H4:	=IF(I4:	=IF(J4:	=IF(K4:	=IF(L4:	=IF(M4:	=IF(N4:	=IF(O4:	SUMPRODUCT(C20:O20,$C$32:$O$32)
21	3　成都	=IF(C5>$C$16,0,1)	=IF(D5>$C$16,0,1)	=IF(E5:	=IF(F5:	=IF(G5:	=IF(H5:	=IF(I5:	=IF(J5:	=IF(K5:	=IF(L5:	=IF(M5:	=IF(N5:	=IF(O5:	SUMPRODUCT(C21:O21,$C$32:$O$32)
22	4　大连	=IF(C6>$C$16,0,1)	=IF(D6>$C$16,0,1)	=IF(E6:	=IF(F6:	=IF(G6:	=IF(H6:	=IF(I6:	=IF(J6:	=IF(K6:	=IF(L6:	=IF(M6:	=IF(N6:	=IF(O6:	SUMPRODUCT(C22:O22,$C$32:$O$32)
23	5　福州	=IF(C7>$C$16,0,1)	=IF(D7>$C$16,0,1)	=IF(E7:	=IF(F7:	=IF(G7:	=IF(H7:	=IF(I7:	=IF(J7:	=IF(K7:	=IF(L7:	=IF(M7:	=IF(N7:	=IF(O7:	SUMPRODUCT(C23:O23,$C$32:$O$32)
24	6　广州	=IF(C8>$C$16,0,1)	=IF(D8>$C$16,0,1)	=IF(E8:	=IF(F8:	=IF(G8:	=IF(H8:	=IF(I8:	=IF(J8:	=IF(K8:	=IF(L8:	=IF(M8:	=IF(N8:	=IF(O8:	SUMPRODUCT(C24:O24,$C$32:$O$32)
25	7　贵阳	=IF(C9>$C$16,0,1)	=IF(D9>$C$16,0,1)	=IF(E9:	=IF(F9:	=IF(G9:	=IF(H9:	=IF(I9:	=IF(J9:	=IF(K9:	=IF(L9:	=IF(M9:	=IF(N9:	=IF(O9:	SUMPRODUCT(C25:O25,$C$32:$O$32)
26	8　桂林	=IF(C10>$C$16,0,1)	=IF(D10>$C$16,0,1)	=IF(E10:	=IF(F10:	=IF(G10:	=IF(H10:	=IF(I10:	=IF(J10:	=IF(K10:	=IF(L10:	=IF(M10:	=IF(N10:	=IF(O10:	SUMPRODUCT(C26:O26,$C$32:$O$32)
27	9　哈尔滨	=IF(C11>$C$16,0,1)	=IF(D11>$C$16,0,1)	=IF(E11:	=IF(F11:	=IF(G11:	=IF(H11:	=IF(I11:	=IF(J11:	=IF(K11:	=IF(L11:	=IF(M11:	=IF(N11:	=IF(O11:	SUMPRODUCT(C27:O27,$C$32:$O$32)
28	10　海口	=IF(C12>$C$16,0,1)	=IF(D12>$C$16,0,1)	=IF(E12:	=IF(F12:	=IF(G12:	=IF(H12:	=IF(I12:	=IF(J12:	=IF(K12:	=IF(L12:	=IF(M12:	=IF(N12:	=IF(O12:	SUMPRODUCT(C28:O28,$C$32:$O$32)
29	11　杭州	=IF(C13>$C$16,0,1)	=IF(D13>$C$16,0,1)	=IF(E13:	=IF(F13:	=IF(G13:	=IF(H13:	=IF(I13:	=IF(J13:	=IF(K13:	=IF(L13:	=IF(M13:	=IF(N13:	=IF(O13:	SUMPRODUCT(C29:O29,$C$32:$O$32)
30	12　济南	=IF(C14>$C$16,0,1)	=IF(D14>$C$16,0,1)	=IF(E14:	=IF(F14:	=IF(G14:	=IF(H14:	=IF(I14:	=IF(J14:	=IF(K14:	=IF(L14:	=IF(M14:	=IF(N14:	=IF(O14:	SUMPRODUCT(C30:O30,$C$32:$O$32)
31	13　昆明	=IF(C15>$C$16,0,1)	=IF(D15>$C$16,0,1)	=IF(E15:	=IF(F15:	=IF(G15:	=IF(H15:	=IF(I15:	=IF(J15:	=IF(K15:	=IF(L15:	=IF(M15:	=IF(N15:	=IF(O15:	SUMPRODUCT(C31:O31,$C$32:$O$32)
32	设为枢纽点?	1	0	0	1	0	1	0	0	0	1	0	0	0	
33	枢纽点数量=	=SUM(C32:O32)													

(b)

图 4.10　例 4.3 的 Excel 设置情况

例 4.3 的规划求解参数设置情况如图 4.11 所示。

图 4.11　例 4.3 的规划求解参数设置窗口

例 4.3 的求解结果如图 4.12 所示。

例 4.3 的最优枢纽点选择方案为：分别在大连、福州、贵阳建设枢纽点；至少需要建设 3 个枢纽点。

| | 16 | | A | B | C | D | E | F | G | H | I | J | K | L | M | N | O | P |

#				北京	长沙	成都	大连	福州	广州	贵阳	桂林	哈尔滨	海口	杭州	济南	昆明	能够到达枢纽点数量
16	限定航程（千米）	1000															
17	限定航程内的城市		1	2	3	4	5	6	7	8	9	10	11	12	13	
19	1	北京	1	0	0	1	0	0	0	0	0	0	0	1	0	1
20	2	长沙	0	1	1	0	1	1	1	1	0	0	1	0	0	2
21	3	成都	0	1	1	0	0	1	1	0	0	0	0	1	1	1
22	4	大连	1	0	0	1	0	0	0	0	1	0	0	0	0	1
23	5	福州	0	1	0	0	1	0	0	0	0	0	1	0	0	1
24	6	广州	0	1	1	0	0	1	1	1	0	1	0	0	0	2
25	7	贵阳	0	1	1	0	0	1	1	1	0	1	0	0	1	1
26	8	桂林	0	1	0	0	0	1	1	1	0	1	0	0	1	1
27	9	哈尔滨	0	0	0	1	0	0	0	0	1	0	0	0	0	1
28	10	海口	0	1	0	0	0	1	1	1	0	1	0	0	0	1
29	11	杭州	0	1	0	0	1	0	0	0	0	0	1	1	0	1
30	12	济南	1	0	0	1	0	0	0	0	0	0	1	1	0	1
31	13	昆明	0	0	1	0	1	1	1	1	0	0	0	0	1	1
32	设为枢纽点?		0	0	1	0	0	1	0	0	0	0	0	0	0	
33	枢纽点数量=	3														

图 4.12 例 4.3 的 Excel 求解结果

3）进一步讨论

正如使用计算机编程时需要将数据与程序体分开，以便当数据发生变化时不必修改程序体内容，在图 4.10 中的单元格 "$C$16" 中设定了限定航程的数值，当对限定航程的要求发生变化时，直接修改单元格 "$C$16" 的值而不必修改其他单元格的函数设置等，重新求解即可得到新的最优枢纽点选择方案。

例如，根据实际需要，如果将限定航程改为 800 千米时，将图 4.10 中的单元格 "$C$16" 改成 800，然后重新求解，得出新的最优枢纽点选择方案如图 4.13 所示。

#			A(北京)	长沙	成都	大连	福州	广州	贵阳	桂林	哈尔滨	海口	杭州	济南	昆明	能够到达枢纽点数量
16	限定航程（千米）	800														
17	限定航程内的城市		1	2	3	4	5	6	7	8	9	10	11	12	13	
19	1	北京	1	0	0	0	0	0	0	0	0	0	0	1	0	1
20	2	长沙	0	1	0	0	1	1	1	1	0	0	0	0	0	1
21	3	成都	0	0	1	0	0	0	0	0	0	0	0	0	1	1
22	4	大连	0	0	0	1	0	0	0	0	1	0	0	0	0	1
23	5	福州	0	1	0	0	1	0	0	0	0	0	1	0	0	2
24	6	广州	0	1	0	0	0	1	0	0	0	0	0	0	0	1
25	7	贵阳	0	1	1	0	0	0	1	1	0	0	0	1	0	1
26	8	桂林	0	1	0	0	0	1	1	1	0	0	0	0	0	1
27	9	哈尔滨	0	0	0	0	0	0	0	0	1	0	0	0	0	1
28	10	海口	0	0	0	0	0	0	0	0	0	1	0	0	0	1
29	11	杭州	0	0	0	0	1	0	0	0	0	0	1	0	0	1
30	12	济南	1	0	0	0	0	0	0	0	0	0	0	1	0	1
31	13	昆明	0	0	1	0	0	0	0	0	0	0	0	0	1	1
32	设为枢纽点?		1	0	1	0	0	1	0	0	1	0	1	0	0	
33	枢纽点数量=	5														

图 4.13 例 4.3 的限定航程改为 800 千米时的 Excel 求解结果

新的最优枢纽点选择方案为：分别在北京、成都、广州、哈尔滨、杭州建设枢纽点；至少需要建设 5 个枢纽点。

4）CPLEX 求解

求解例 4.3 的 C++程序示例代码如下：

//hub_location4_3.cpp 航线网络枢纽点选择问题

```cpp
#include<ilCPLEX/iloCPLEX.h>
#include<iostream>

using namespace std;
typedef IloArray<IloNumArray>NumMatrix;
typedef IloArray<IloNumVarArray>NumVarMatrix;
int main(){
    IloEnv   env;
    try {
        IloInt i,j;
        IloNum threshold_distance;
        NumMatrix distance_matrix(env);
        const char* filename = ".../4_3_hub_location.dat";
        ifstream file(filename);
        if(! file){
            cerr<<"ERROR:could not open file '"<<filename
            <<"' for reading"<<endl;
            throw(-1);
        }

        file>>distance_matrix;
        file>>threshold_distance;
        IloInt nbCity = distance_matrix.getSize();

        IloModel model(env);
        IloNumVarArray x(env,nbCity,0,1,ILOBOOL);

        for(i = 0;i<nbCity;i++){
            IloExpr nb_hub_i(env);
            for(j = 0;j<nbCity;j++){
                if(distance_matrix[i][j]<threshold_distance){
                    nb_hub_i += x[j];
                }
            }
            model.add(nb_hub_i>=1);
            nb_hub_i.end();
```

```
        }


        IloExpr expr_obj(env);
        expr_obj = IloSum(x);
        IloObjective obj(env,expr_obj,IloObjective::Minimize);
        model.add(obj);
        expr_obj.end();

        //求解模型
        IloCPLEX CPLEX(model);
        CPLEX.setOut(env.getNullStream());
        CPLEX.solve();

        env.out()<<"Solution status:"<<CPLEX.getStatus()<<
endl;
        env.out()<<"-Solution:"<<endl;
        env.out()<<"Hub "<<":";
        for(i = 0;i<nbCity;i++){
            env.out()<<CPLEX.getValue(x[i])<<"\t";
        }
        env.out()<<endl;
        env.out()<<"The number of opened hubs:"<<CPLEX.
    getObjValue()<<endl;
    }
    catch(IloException& e){
        cerr<<"Concert exception caught:"<<e<<endl;
    }
    catch(...){
        cerr<<"Unknown exception caught"<<endl;
    }
    env.end();
    return 0;
}
```

该程序中数据文件"4_3_hub_location.dat"如下所示:

[[0,1446,1697,579,1681,1967,2039,1887,1010,2493,1200,412,

```
2266],
[1446,0,940,1819,743,620,677,462,2378,1100,805,1228,1116],
[1697,940,0,1989,1771,1390,531,975,2710,1757,1699,1419,711],
[579,1819,1989,0,1687,2285,2290,2440,857,2920,1171,670,2597],
[1681,743,1771,1687,0,763,1360,1100,2487,1234,519,1298,1959],
[1967,620,1390,2285,763,0,872,452,3119,548,1099,1664,1357],
[2039,677,531,2290,1360,872,0,420,2966,910,1538,1815,449],
[1887,462,975,2440,1100,452,420,0,2670,773,1230,1804,859],
[1010,2378,2710,857,2487,3119,2966,2670,0,3720,2091,1425,3494],
[2493,1100,1757,2920,1234,548,910,773,3720,0,1606,2272,1046],
[1200,805,1699,1171,519,1099,1538,1230,2091,1606,0,850,
2089],
[412,1228,1419,670,1298,1664,1815,1804,1425,2272,850,0,2080],
[2266,1116,711,2597,1959,1357,449,859,3494,1046,2089,2080,
0]]
1000
```

该程序运行结果如下:

```
Solution status:Optimal
-Solution:
Hub:0    0    0    1    0    0    1    0    0    0    1    0    0
The number of opened hubs:3
Program ended with exit code:0
```

使用 CPLEX 求得的最优枢纽点选择方案为: 分别在大连、贵阳、杭州建设枢纽点,即至少需建设 3 个枢纽点。由于例 4.3 存在多种不同的最优方案,因此此处 CPLEX 所得结果与 Excel 不同。

4.4　物资调运问题

截至目前航空运输仍是最快的一种运输方式,除了满足旅客和货物的国内和国际运输日常需求之外,当一些地区发生某种突发事件,急需从其他地区调运救援物资和人员时,尤其需要航空运输的参与。但是由于机型载运能力、机场的起降条件等多方面的限制以及运输成本方面的考虑,需要优化具体的调运方案,才能在满足上述限制条件的前提下,既完成物资的及时调运任务,又使运输成本最小。

例 4.4　在 1、2 两个城市各有 75 吨的物资需要运至地区 5、6、7,但需要在机场 3、机场 4 经停。要求分别给地区 5、6、7 运送物资 50 吨、60 吨、40 吨,并且由于机场 4 的条件限制，在机场 4 起降的飞机载货量不能超过 50 吨。现已测算出在每个航段运输单位物资的运费如图 4.14 所示。如何安排物资的运输，在满足物资需求下，使总的运输成本最低？

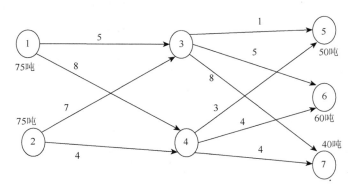

图 4.14　例 4.4 的运输网络

解：

1）模型建立

首先判断出总供给和总需求都为 150 吨，属于产销平衡的运输问题。因此 1、2 两个城市各自的 75 吨物资能够全部运出，地区 5、6、7 的 50 吨、60 吨、40 吨物资需求完全能够满足。对于经停机场 3、4 来说到达的物资量等于发出的物资量，并且每个到达机场 4 的航班和从机场 4 出发的航班载货量都不超过 50 吨。故建立例 4.4 的数学规划模型如式（4.5）所示。

$x_{i,j}$——从地点 i 运输到地点 j 的物资量（吨），$i, j = 1, 2, \cdots, 7$

z——总运输成本

目标函数：总运输成本最少

$\min z = 5x_{1,3} + 8x_{1,4} + 7x_{2,3} + 4x_{2,4} + x_{3,5} + 5x_{3,6} + 8x_{3,7} + 3x_{4,5} + 4x_{4,6} + 4x_{4,7}$

约束1：城市1、2的物资全部运出

$$\begin{cases} x_{1,3} + x_{1,4} = 75 \\ x_{2,3} + x_{2,4} = 75 \end{cases}$$

约束2：地区5、6、7的物资需求全部满足

$$\begin{cases} x_{3,5} + x_{4,5} = 50 \\ x_{3,6} + x_{4,6} = 60 \\ x_{3,7} + x_{4,7} = 40 \end{cases}$$

（4.5）

约束3：机场3、4的限制

$$\begin{cases} (x_{1,3} + x_{2,3}) - (x_{3,5} + x_{3,6} + x_{3,7}) = 0 \\ (x_{1,4} + x_{2,4}) - (x_{4,5} + x_{4,6} + x_{4,7}) = 0 \\ x_{1,4}, x_{2,4}x_{4,5}, x_{4,6}, x_{4,7} \leqslant 50 \end{cases}$$

约束4：变量非负限制

$x_{i,j} \geqslant 0, \ i, j = 1, \cdots, 7$

2）Excel 求解

例 4.4 的 Excel 设置情况如图 4.15 所示。

	A	B	C	D	E	F	G	H	I
1	发出点	接收点	单位运输成本	运输量（吨）	地点	发出量（吨）	接收量（吨）	净发出量（吨）	拥有量（吨）
2	1	3	5	1	1	=SUMIF($A$2:$A$11,E2,$D$2:$D$11)	=SUMIF($B$2:$B$11,E2,$D$2:$D$11)	=F2-G2	75
3	1	4	8	1	2	=SUMIF($A$2:$A$11,E3,$D$2:$D$11)	=SUMIF($B$2:$B$11,E3,$D$2:$D$11)	=F3-G3	75
4	2	3	7	1	3	=SUMIF($A$2:$A$11,E4,$D$2:$D$11)	=SUMIF($B$2:$B$11,E4,$D$2:$D$11)	=F4-G4	0
5	2	4	4	1	4	=SUMIF($A$2:$A$11,E5,$D$2:$D$11)	=SUMIF($B$2:$B$11,E5,$D$2:$D$11)	=F5-G5	0
6	3	5	1	1	5	=SUMIF($A$2:$A$11,E6,$D$2:$D$11)	=SUMIF($B$2:$B$11,E6,$D$2:$D$11)	=F6-G6	-50
7	3	6	5	1	6	=SUMIF($A$2:$A$11,E7,$D$2:$D$11)	=SUMIF($B$2:$B$11,E7,$D$2:$D$11)	=F7-G7	-60
8	3	7	8	1	7	=SUMIF($A$2:$A$11,E8,$D$2:$D$11)	=SUMIF($B$2:$B$11,E8,$D$2:$D$11)	=F8-G8	-40
9	4	5	3	1					
10	4	6	4	1		机场4限制载量（吨）	50		
11	4	7	4	1		总运输成本	=SUMPRODUCT(C2:C11,D2:D11)		

图 4.15　例 4.4 的 Excel 设置情况

例 4.4 的规划求解参数设置情况如图 4.16 所示。

图 4.16　例 4.4 的规划求解参数设置窗口

例 4.4 的求解结果如图 4.17 所示。

例 4.4 的最优物资调运方案为：城市 1 至机场 3 发运物资 75 吨；城市 2 至机场 3 发运物资 25 吨；城市 2 至机场 4 发运物资 50 吨；机场 3 至地区 5 发运物资 50 吨；机场 3 至地

区 6 发运物资 50 吨；机场 4 至地区 6 发运物资 10 吨；机场 4 至地区 7 发运物资 40 吨。总运输成本最小，为 1250。

	A	B	C	D	E	F	G	H	I
1	发出点	接收点	单位运输成本	运输量（吨）	地点	发出量（吨）	接收量（吨）	净发出量	拥有量
2	1	3	5	75	1	75	0	75	75
3	1	4	8	0	2	75	0	75	75
4	2	3	7	25	3	100	100	0	0
5	2	4	4	50	4	50	50	0	0
6	3	5	1	50	5	0	50	-50	-50
7	3	6	5	50	6	0	60	-60	-60
8	3	7	0	0	7	0	40	-40	-40
9	4	5	3	0					
10	4	6	4	10	机场4限制载量（吨）		50		
11	4	7	4	40	总运输成本		1250		

图 4.17　例 4.4 的 Excel 求解结果

3）CPLEX 求解

求解例 4.4 的 C++程序示例代码如下：

```
//air_transport4_4.cpp 物资调运问题

#include<ilCPLEX/iloCPLEX.h>
#include<iostream>
using namespace std;
typedef IloArray<IloNumArray>NumMatrix;
typedef IloArray<IloNumVarArray>NumVarMatrix;
int main(){
    IloEnv   env;
    try {
        IloInt i,j;
        IloNum nbNode;
        IloNumArray supply_and_demand(env);
        IloNumArray load_capacity(env);
        NumMatrix cost_matrix(env);
        const char* filename = "../4_4_air_transport.dat";
        ifstream file(filename);
        if(! file){
            cerr<<"ERROR:could not open file '"<<filename
            <<"' for reading"<<endl;
            throw(-1);
```

```
        }

        file>>supply_and_demand;
        file>>load_capacity;
        file>>cost_matrix;

        nbNode = supply_and_demand.getSize();
        IloModel model(env);
        NumVarMatrix x(env,nbNode);

        for(i = 0;i<nbNode;i++){
            x[i] = IloNumVarArray(env,nbNode,0,IloInfinity,
ILOINT);
            for(j = 0;j<nbNode;j++){
                if(cost_matrix[i][j]<0){
                    model.add(x[i][j]==0);
                }
            }
        }
        for(i = 0;i<nbNode;i++){
            IloExpr in_degree_i(env),out_degree_i(env);
            for(j = 0;j<nbNode;j++){
                in_degree_i += x[j][i];
                out_degree_i += x[i][j];
            }
            odel.add(in_degree_i + supply_and_demand[i]==out_
degree_i);
            model.add(in_degree_i <= load_capacity[i]);
            model.add(out_degree_i <= load_capacity[i]);
            in_degree_i.end();
            out_degree_i.end();
        }


        IloExpr expr_obj(env);
        for(i = 0;i<nbNode;i++){
            for(j = 0;j<nbNode;j++){
                expr_obj += cost_matrix[i][j] * x[i][j];
```

```
            }
        }
        IloObjective obj(env,expr_obj,IloObjective::Minimize);
        model.add(obj);
        expr_obj.end();

        //求解模型
        IloCPLEX CPLEX(model);
        CPLEX.setOut(env.getNullStream());
        CPLEX.solve();

        env.out()<<"Solution status:"<<CPLEX.getStatus()<<
endl;
        env.out()<<"-Solution:"<<endl;
        for(i = 0;i<nbNode;i++){
            env.out()<<"City "<<i+1<<":";
            for(j = 0;j<nbNode;j++){
                env.out()<<CPLEX.getValue(x[i][j])<<"\t";
            }
            env.out()<<endl;
        }
        env.out() << "Total Cost:" << CPLEX.getObjValue() <<
endl;
    }
    catch(IloException& e){
        cerr<<"Concert exception caught:"<<e<<endl;
    }
    catch(...){
        cerr<<"Unknown exception caught"<<endl;
    }
    env.end();
    return 0;
}
```

该程序中数据文件"4_4_air_transport.dat"如下所示，其中第一行数据表示各地的净发出量（负数则表示此地的接收量），第二行数据表示各地机场限制载量（由于题目仅对机场 4 设置限制载量为 50，未对其他地方设置限制载量，因此这些地方限制载量可设为一个极大的数字，此处设为 1000），余下诸行表示两地之间航段运输单位物资的运费（若两地不连通，则设为–1）。

[75,75,0,0,-50,-60,-40]

[1000,1000,1000,50,1000,1000,1000]

[[0,-1,5,8,-1,-1,-1],[-1,0,7,4,-1,-1,-1],[-1,-1,0,-1,1,5,8],
[-1,-1,-1,0,3,4,4],[-1,-1,-1,-1,0,-1,-1],[-1,-1,-1,-1,-1,0,-1],
[-1,-1,-1,-1,-1,-1,0]]

该程序运行结果如下：

```
Solution status:Optimal
-Solution:
City 1:0    0    75    0    0    0    0
City 2:0    0    25    50    0    0    0
City 3:0    0    0    0    50    50    0
City 4:0    0    0    0    0    10    40
City 5:0    0    0    0    0    0    0
City 6:0    0    0    0    0    0    0
City 7:0    0    0    0    0    0    0
Total Cost:1250
Program ended with exit code:0
```

CPLEX 所得最优物资调运方案与 Excel 相同，即城市 1 至机场 3 发运物资 75 吨；城市 2 至机场 3 发运物资 25 吨；城市 2 至机场 4 发运物资 50 吨；机场 3 至地区 5 发运物资 50 吨；机场 3 至地区 6 发运物资 50 吨；机场 4 至地区 6 发运物资 10 吨；机场 4 至地区 7 发运物资 40 吨。总运输成本最小为 1250。

■ 4.5　机组构成问题

航空公司最昂贵的人力资源非飞行员莫属。因此，充分利用飞行员资源，对于航空公司提高飞机的运营效率具有十分重要的意义。目前飞行机组一般由机长和副驾驶两人构成，两人对执行航班的机型以及该条航线的飞行都要有丰富的飞行经验，当其中一人失去对飞机的控制能力时，另一人要能够管控飞机。在符合规定要求的前提下，如果能够组成最多的机组，就能够同时运营最多个航班。

例 4.5　某航空公司的 8 名飞行员对 5 种机型的熟练程度用分值 0（最差）～10（最好）表示，如表 4.8 所示。现要为每种机型安排一名机长和一名副驾驶组成飞行机组，并且要求每名机长和副驾驶对分配到的机型的熟练程度都在 5 分（含）以上。如何安排，能使组成的机组数最多？

表 4.8　8 名飞行员对 5 种机型的熟练程度分值

机型	飞行员							
	甲	乙	丙	丁	戊	己	庚	辛
A	9	6	8	0	0	0	4	0
B	5	0	4	7	8	4	6	7
C	0	9	0	6	7	5	0	0
D	0	0	7	0	0	6	8	0
E	0	0	0	0	6	9	0	9

解:

1）模型建立

首先分析出每名飞行员对各种机型的熟练程度在 5 分（含）以上的情况，如表 4.9 所示。

表 4.9　8 名飞行员对 5 种机型的熟练程度分值在 5 分（含）以上的情况

熟练程度分值	甲	乙	丙	丁	戊	己	庚	辛
A	1	1	1	0	0	0	0	0
B	1	0	0	1	1	0	1	1
C	0	1	0	1	1	1	0	0
D	0	0	1	0	0	1	1	0
E	0	0	0	0	1	1	0	1

在表 4.9 中，"1"代表飞行员对该种机型的熟练程度在 5 分（含）以上，"0"代表飞行员对该种机型的熟练程度在 5 分以下。故建立例 4.5 的数学规划模型如式（4.6）所示。

$$a_{i,k} = \begin{cases} 1, & \text{飞行员 } i \text{ 对机型 } k \text{ 的熟练程度在 5 分（含）以上} \\ 0, & \text{否则} \end{cases}$$

$$x_{i,k} = \begin{cases} 1, & \text{分配飞行员 } i \text{ 执飞机型 } k \\ 0, & \text{否则} \end{cases}$$

$$y_k = \begin{cases} 1, & \text{机型 } k \text{ 能够组成机组} \\ 0, & \text{否则} \end{cases}, \quad i = 1(\text{甲}), \cdots, 8(\text{辛}), k = \text{A}, \cdots, \text{E}$$

z—能够组成的机组数

目标函数：能够组成的机组数最多　　　　　　　　　　　　　　（4.6）

$$\max z = y_A + y_B + y_C + y_D + y_E$$

约束1：每名飞行员至多分配到 1 个机组中

$$\sum_{k=A}^{E} a_{i,k} x_{i,k} \leq 1, \quad i = 1(\text{甲}), \cdots, 8(\text{辛})$$

约束2：每个机组分配飞行员 0 或 2 人

$$\sum_{i=1}^{8} a_{i,k} x_{i,k} = 2 y_k, \quad k = \text{A}, \cdots, \text{E}$$

2）Excel 求解

例 4.5 的 Excel 设置情况如图 4.18 所示。

	A	B	C	D	E	F	G	H	I	J	K
1	飞行员	甲	乙	丙	丁	戊	己	庚	辛	能够组成机组	需要飞行员人数
2	机型										
3	A	9	6	8	0	0	0	4	0	1	=J3*$E$8
4	B	5	0	4	7	8	4	6	7	1	=J4*$E$8
5	C	0	9	0	6	7	5	0	0	1	=J5*$E$8
6	D	0	0	7	0	0	6	8	0	0	=J6*$E$8
7	E	0	0	0	0	6	9	0	9	1	=J7*$E$8
8	限定分值	5	每个机组人数		2	组成机组数		=SUM(J3:J7)		机组总分值	=SUMPRODUCT(B3:I7,B11:I15,B19:I23)
9	熟练程度分值	甲	乙	丙	丁	戊	己	庚	辛		
10											
11	A	=IF(B3<$B$8,0,1)	=IF(C3<$B$8,0,1)	=IF(D3	=IF(E3	=IF(F3	=IF(G3	=IF(H3	=IF(I3<		
12	B	=IF(B4<$B$8,0,1)	=IF(C4<$B$8,0,1)	=IF(D4	=IF(E4	=IF(F4	=IF(G4	=IF(H4	=IF(I4<		
13	C	=IF(B5<$B$8,0,1)	=IF(C5<$B$8,0,1)	=IF(D5	=IF(E5	=IF(F5	=IF(G5	=IF(H5	=IF(I5<		
14	D	=IF(B6<$B$8,0,1)	=IF(C6<$B$8,0,1)	=IF(D6	=IF(E6	=IF(F6	=IF(G6	=IF(H6	=IF(I6<		
15	E	=IF(B7<$B$8,0,1)	=IF(C7<$B$8,0,1)	=IF(D7	=IF(E7	=IF(F7	=IF(G7	=IF(H7	=IF(I7<		
16											
17	分配方案	甲	乙	丙	丁	戊	己	庚	辛	分配飞行员人数	
18											
19	A	1	0	1	0	0	0	0	0	=SUMPRODUCT(B11:I11,B19:I19)	
20	B	0	0	0	0	1	0	1	0	=SUMPRODUCT(B12:I12,B20:I20)	
21	C	0	1	0	1	0	0	0	0	=SUMPRODUCT(B13:I13,B21:I21)	
22	D	0	0	0	0	0	0	0	0	=SUMPRODUCT(B14:I14,B22:I22)	
23	E	0	0	0	0	0	1	0	1	=SUMPRODUCT(B15:I15,B23:I23)	
24	加入机组数	=SUMPRODUCT(B11:B15,B19:B23)	=SUMPRODUCT(C11:C15,C19:C23)	=SUMI	=SUMI	=SUMI	=SUMI	=SUMI	=SUMI		

图 4.18　例 4.5 的 Excel 设置情况

例 4.5 的规划求解参数设置情况如图 4.19 所示。

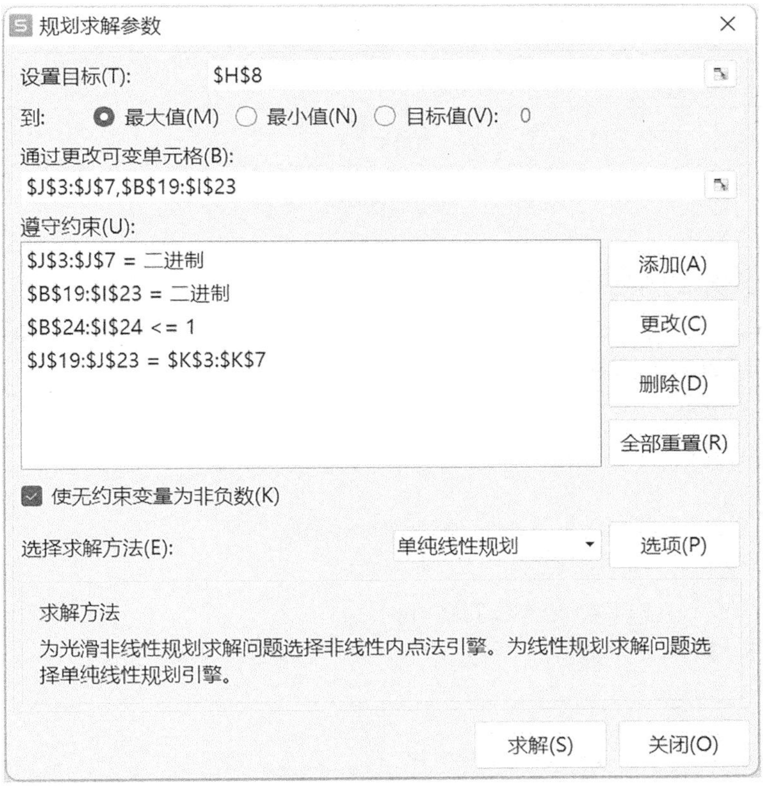
规划求解参数
设置目标(T):
$H$8
到:
最大值(M)
最小值(N)
目标值(V):
0
通过更改可变单元格(B):
$J$3:$J$7,$B$19:$I$23
遵守约束(U):
$J$3:$J$7 = 二进制
$B$19:$I$23 = 二进制
$B$24:$I$24 <= 1
$J$19:$J$23 = $K$3:$K$7
添加(A)
更改(C)
删除(D)
全部重置(R)
使无约束变量为非负数(K)
选择求解方法(E):
单纯线性规划
选项(P)
求解方法
为光滑非线性规划求解问题选择非线性内点法引擎。为线性规划求解问题选择单纯线性规划引擎。
求解(S)
关闭(O)

图 4.19　例 4.5 的规划求解参数设置窗口

例 4.5 的求解结果如图 4.20 所示。

◢	A	B	C	D	E	F	G	H	I	J	K
1	飞行员	甲	乙	丙	丁	戊	己	庚	辛	能够组成机	需要飞行员
2	机型									组	人数
3	A	9	6	8	0	0	0	4	0	1	2
4	B	5	0	4	7	8	4	6	7	1	2
5	C	0	9	0	6	7	5	0	0	1	2
6	D	0	0	7	0	0	6	8	0	0	0
7	E	0	0	0	0	6	9	0	9	1	2
8	限定分值	5	每个机组人数		2	组成机组数		4		机组总分值	60
9	熟练程度分	甲	乙	丙	丁	戊	己	庚	辛		
10	值										
11	A	1	1	1	0	0	0	0	0		
12	B	1	0	0	1	1	0	1	1		
13	C	0	1	0	1	1	1	0	0		
14	D	0	0	1	0	0	1	1	0		
15	E	0	0	0	0	1	1	0	1		
16											
17	分配方案	甲	乙	丙	丁	戊	己	庚	辛	分配飞行员人数	
18											
19	A	1	0	1	0	0	0	0	0	2	
20	B	0	0	0	0	0	0	1	1	2	
21	C	0	1	0	1	0	0	0	0	2	
22	D	0	0	0	0	0	0	0	0	0	
23	E	0	0	0	0	1	1	0	0	2	
24	加入机组数	1	1	1	1	1	1	1	1		

图 4.20　例 4.5 的 Excel 求解结果

例 4.5 的最优飞行员机型分配方案为：飞行员甲和丙加入机型 A 的机组；飞行员庚和辛加入机型 B 的机组；飞行员乙和丁加入机型 C 的机组；飞行员戊和己加入机型 E 的机组。最多能够组成 4 个机组。

3）CPLEX 求解

求解例 4.5 的 C++程序示例代码如下：

```
//crew_scheduling4_5.cpp 机组构成问题

#include<ilCPLEX/iloCPLEX.h>
#include<iostream>

using namespace std;
typedef IloArray<IloNumArray>NumMatrix;
typedef IloArray<IloNumVarArray>NumVarMatrix;
```

```
int main(){
    IloEnv   env;
    try {
        IloInt i,j;
        IloNum nbAircraft;
        IloNum nbPilot;
        NumMatrix skill_matrix(env);
        IloNum skill_threshold;
        const char* filename = ".../4_5_crew_scheduling.dat";
        ifstream file(filename);
        if(! file){
            cerr<<"ERROR:could not open file '"<<filename
            <<"' for reading"<<endl;
            throw(-1);
        }

        file>>skill_threshold;
        file>>skill_matrix;

        nbAircraft = skill_matrix.getSize();
        nbPilot = skill_matrix[0].getSize();

        IloModel model(env);
        NumVarMatrix x(env,nbPilot);
        IloNumVarArray y(env,nbAircraft,0,1,ILOBOOL);

        for(i = 0;i<nbAircraft;i++){
            x[i] = IloNumVarArray(env,nbPilot,0,1,ILOBOOL);
            IloExpr aircrafts_i(env);
            for(j = 0;j<nbPilot;j++){
                if(skill_matrix[i][j]>=skill_threshold){
                    aircrafts_i + = x[i][j];
                }else
                {
                    model.add(x[i][j]==0);
                }
            }
            model.add(2 * y[i]<= aircrafts_i);
```

```
                aircrafts_i.end();
        }

        for(j = 0;j<nbPilot;j++){
            IloExpr pilots_j(env);
            for(i = 0;i<nbAircraft;i++){
                pilots_j+=x[i][j];
            }
            model.add(pilots_j<=1);
            pilots_j.end();
        }

        IloExpr expr_obj(env);
        expr_obj = IloSum(y);
        IloObjective obj(env,expr_obj,IloObjective::Maximize);
        model.add(obj);
        expr_obj.end();

    //求解模型
        IloCPLEX CPLEX(model);
        CPLEX.setOut(env.getNullStream());
        CPLEX.solve();

        env.out()<<"Solution status:"<<CPLEX.getStatus()<<
endl;
        env.out()<<"-Solution:"<<endl;
        for(i = 0;i<nbAircraft;i++){
            env.out()<<"Aircraft "<<i+1<<":";
            for(j = 0;j<nbPilot;j++){
                env.out()<<CPLEX.getValue(x[i][j])<<"\t";
            }
            env.out()<<endl;

        }
        env.out()<<"The number of available aircrafts:"<<
CPLEX.getObjValue()<<endl;
    }
    catch(IloException& e){
```

```
        cerr<<"Concert exception caught:"<<e<<endl;
    }
    catch(...){
        cerr<<"Unknown exception caught"<<endl;
    }

    env.end();
    return 0;
}
```

该程序中数据文件"4_5_crew_scheduling.dat"如下所示：
```
5
[[9,6,8,0,0,0,4,0],
[5,0,4,7,8,4,6,7],
[0,9,0,6,7,5,0,0],
[0,0,7,0,0,6,8,0],
[0,0,0,0,6,9,0,9]]
```

该程序运行结果如下：

```
Solution status:Optimal
-Solution:
  Aircraft 1:0 0 0 0 0 0 0
  Aircraft 2:1 0 0 0 0 0 0 1
  Aircraft 3:0 1 0 1 0 0 0 0
  Aircraft 4:0 0 1 0 0 0 1 0
  Aircraft 5:0 0 0 0 1 1 0 0
  The number of available aircrafts:4
Program ended with exit code:0
```

4）进一步讨论

正如使用计算机编程时需要将数据与程序体分开，以便当数据发生变化时不必修改程序体内容，在图 4.18 中的单元格"$B$8"中设定了限定分值的数值，单元格"$E$8"中设定了每个机组需要飞行员人数的数值，当对限定分值或者每个机组需要飞行员人数的要求发生变化时，直接修改单元格"$B$8"或者单元格"$E$8"的值而不必修改其他单元格的函数设置等，重新求解即可得到新的最优飞行员机型分配方案。

另外，实际中可能还希望在飞行员对机型的熟练程度满足限定分值的要求的前提下，组成的全部机组的总熟练程度分值最高，此时将式（4.6）改成式（4.7）。

$$a_{i,k} = \begin{cases} 1, & \text{飞行员}i\text{对机型}k\text{的熟练程度在5 分（含）以上} \\ 0, & \text{否则} \end{cases}$$

$$x_{i,k} = \begin{cases} 1, & \text{分配飞行员}i\text{执飞机型}k \\ 0, & \text{否则} \end{cases}$$

$$y_k = \begin{cases} 1, & \text{机型}k\text{能够组成机组} \\ 0, & \text{否则} \end{cases}$$

$b_{i,k}$——飞行员i对机型k的熟练程度分值，$i=1(\text{甲}),\cdots 8(\text{辛})$，$k = \text{A},\cdots\text{E}$

ω——组成机组的总分值

目标函数：组成机组的总分值最大

$$\max z = \sum_{i=1}^{8}\sum_{k=\text{A}}^{\text{E}} b_{i,k} a_{i,k} x_{i,k} \tag{4.7}$$

约束1：每名飞行员至多分配到1 个机组中

$$\sum_{k=\text{A}}^{\text{E}} a_{i,k} x_{i,k} \leqslant 1, \quad i=1(\text{甲}),\cdots,8(\text{辛})$$

约束2：每个机组分配飞行员0 或2 人

$$\sum_{i=1}^{8} a_{i,k} x_{i,k} = 2 y_k, \quad k = \text{A},\cdots,\text{E}$$

相应的 Excel 设置情况如图 4.18 所示。

相应的规划求解参数设置情况如图 4.21 所示。

图 4.21　例 4.5 以机组总分值最大为目标时的规划求解参数设置窗口

相应的求解结果如图 4.22 所示。

飞行员/机型	甲	乙	丙	丁	戊	己	庚	辛	能够组成机组	需要飞行员人数
A	9	6	8	0	0	0	4	0	1	2
B	5	0	4	7	8	4	6	7	1	2
C	0	9	0	6	7	5	0	0	1	2
D	0	0	7	0	0	6	8	0	0	0
E	0	0	0	6	9	0	9	1	1	2
限定分值	5	每个机组人数	2	组成机组数		4			机组总分值	64
熟练程度分值	甲	乙	丙	丁	戊	己	庚	辛		
A	1	1	1	0	0	0	0	0		
B	1	0	0	1	1	0	1	1		
C	0	1	0	1	1	1	0	0		
D	0	0	1	0	0	1	1	0		
E	0	0	0	0	1	1	0	1		
分配方案	甲	乙	丙	丁	戊	己	庚	辛	分配飞行员人数	
A	1	0	1	0	0	0	0	0	2	
B	0	0	0	0	1	0	1	0	2	
C	0	1	0	1	0	0	0	0	2	
D	0	0	0	0	0	0	0	0	0	
E	0	0	0	0	0	1	0	1	2	
加入机组数	1	1	1	1	1	1	1	1		

图 4.22　例 4.5 以机组总分值最大为目标时的 Excel 求解结果

以机组总分值最大为目标时的最优飞行员机型分配方案为：飞行员甲和丙加入机型 A 的机组；飞行员戊和庚加入机型 B 的机组；飞行员乙和丁加入机型 C 的机组；飞行员己和辛加入机型 E 的机组。机组总分值最大为 64。

第 4 章图片

第二篇　经营决策模拟

　　第二篇经营决策模拟包括四章，开课导言主要讲述企业经营决策模拟的特点、企业经营决策的思维方式、企业经营决策的逻辑框架、企业经营决策的过程以及如何经营公司；系统功能简介讲述了战略计划、生产运营管理、物流配送、市场营销、财务管理，以及行业、财务报告和竞争对手分析各模块的功能；实战模拟讲述了完整的决策过程和内容，包括如何创建公司、公司经营状况和行业环境分析、公司战略规划和年度计划决策、生产运营决策、市场营销决策、财务管理决策、如何上传决策数据、决策数据处理与公司经营结果查询；实战项目与要求讲述了实验项目的设置和具体要求。

第 5 章

开 课 导 言

5.1 企业经营决策模拟的特点

企业经营决策模拟是"活"的案例，是一定企业经营决策模拟管理情景的连续训练、各期之间相互衔接，相同决策在不同对手策略下的结果有非常大的差异，不仅可以验证决策结果，而且可以提供继续"博弈"的机会。

（1）"集成式"学习过程：完整的经营模拟过程融会贯通了工商管理学的所有课程的核心概念，将有效地把已经学过的管理学、经济学、市场营销、财务管理、金融学、人力资源管理等各学科的知识结合在一起，本课程的 195 个模拟决策输入和 85 个模拟假设变量使学生必须从整个公司的角度出发来思考和应对市场的各种变化。

（2）从直接体验中进行学习：学生随机组成团队或独立接管一家上市公司，持续经营。在商战模拟实验中，学生会犯很多错误，也会为每一个错误付出惨痛的代价，学生在犯错中学到的是宝贵的实战经验，尤其是战略性的内容，在现实中"一叶障目、不见泰山"，在商战模拟中，可以站在全局角度考虑问题，从而历练了学员全局性的眼光。

（3）完整的管理实践循环过程：每一个经营者都是一家虚拟公司的 CEO，全面负责工厂的运作、人力资源的调配、存货的控制、市场推广、价格的制定、网络销售的管理、财务成本的诊断、资本结构和投资组合的优化、股东权益的维护、销售前景的预测，以及正确应对利率、股价的起伏。

"干中学"的决策体验！

5.2 企业经营决策的思维方式

1. 战略思维

战略思维是一种管理决策思维。关于人类的决策思维，诺贝尔经济学奖获得者西蒙教授有三个核心的概念："管理人"假设、"有限理性"命题和"令人满意的决策"的准则。①"管理人"假设。与经济学研究中的理性的经济人假设不同，西蒙认为，现实生活中作为管理者或决策者的人是介于完全理性与非理性之间的"有限理性"的"管理人"。"管理人"的价值取向和目标往往是多元的，且处于变动之中甚至矛盾状态；"管理人"的知识、信息、经验和能力是有限的，不可能也不企望达到绝对的最优解，而只希望找到满意的解决方案。②"有限理性"命题。西蒙认为，受多种因素制约，决策者无法寻找到全部备选方案，也无法完全预测全部备选方案的后果，也不具备一套明确的、一致的偏好体系，从而能在多种多样的决策环境中选择最优的方案。③"管理人"在"有限理性"限定下，管理决策的准则不是寻找一切方案中最优的，而是寻找已知方案中可满足要求的，即"令人满意的决策"。事实上，大多时候连"满意"都很难达到。

战略就是"为达成企业目标而采取的行动方案"，这是一个决策过程。制定战略需要"衡外情"，衡量外部环境中的机会与威胁；需要"量己力"，评估企业内部资源的优势与劣势；需要"定目标"，确立企业长期的发展目标、使命与愿景；需要"择方案"，选择能达成目标的手段与方法，即行动方案。战略思维就是"管理人"挣脱"有限理性"限制，拓展思维空间，寻找"满意"战略目标及行动方案的思维过程。战略思维要求经营者高瞻远瞩、统揽全局，把握企业发展总体趋势和方向。

2. 系统思维

系统思维把企业看成一个整体且还是一个开放的整体。企业是一个系统，是一个由相辅相成、相互关联的各个部分组成的有机整体。企业各部分只有在整体思维下，相互配合，才能实现整体优化；只有树立局部服从全局的思想，才能最终实现企业总体目标。企业达到一个目标，需要完成多层次、多方面、多维度的工作，有战略问题、也有策略问题，有营销问题、也有生产问题，有生存问题、也有发展问题，有竞争力的问题、也有可持续性的问题等，以系统思维来考虑安排这些工作，就能较好地实现活动间的相互配合，以达到系统优化。还要把企业放到一个更大的环境中，即把企业的内外部环境看成一个系统。除了考虑企业内部的资源和能力外，还要考虑企业的外部环境，不仅要考虑宏观环境，还要考虑特定的产业环境。内部环境的分析可以帮助企业发现"我能做什么"，而外部环境的分析可以帮助企业知道"我可以做什么"，企业有能力做的事不一定是环境允许的事，如果硬要做环境不允许的事，则企业能力越强，后果越惨。

在企业经营决策过程中，会遇到诸多如眼前利益和长远利益、经济效益和社会效益、经营者利益和所有者利益、研发投入和生产投入等之间的矛盾和冲突，正确处理这些冲突，可以使企业冲破一个又一个发展瓶颈，成为具有战略眼光和战略思维的能赢得未来的长寿企业。系统思维是一种整体性思维，它能帮助企业从战略的高度全面衡量企业发展中的矛盾和冲突，从长远和大局的角度做正确的取舍，从而有利于创造未来。

3. 博弈思维

事物总是在不断发展变化的，企业的外部环境、内部条件同样也在不断发生变化，也就是说企业内外部一体化的系统也是不断发生变化的，这个系统总是处于动态的不平衡中，平衡是短暂的，不平衡是永恒的。企业要不断以动态博弈的思维来适应外部环境的不断变化，不断调整自己的战略、策略来适应环境、影响环境，以实现系统的平衡。企业面对动态变化的环境,需要学会在选择之间权衡,平衡其中的利弊,然后做出最有利于企业的选择。在企业经营决策过程中,绝不能仅仅考虑自己的策略,而是要时时考虑竞争对手的策略,并在此基础上决定自己下一步的策略。博弈思维的实质就在这里,即在竞争对手所采取的策略基础上决定自己的策略的思维方式。

经济学中的"囚徒困境"给了我们很好的启示,为什么囚犯各自按自身利益最大化的原则选择策略,实现了一个均衡,如图 5.1 所示,但它却不是最优的选择?在博弈中,局中人往往是先考虑别人可能会怎么做,然后再采取行动。但是,要是你的做法是以对手的可能行动为依据,那么,他们在行动时,也同样会考虑到你将会怎么做,所以在某种程度上,你的做法其实是建立在你觉得对手认为你会怎么做的基础上。囚徒困境中,相互合作制定高价对两个企业来讲是最好的方案,但实际上并非这样,在考虑对手可能的选择基础上,最终它们均会制定低价,但这不是想要的最佳方案。可以借助博弈论进行理性分析,最大限度预测其他竞争对手反应,进而规划企业自身合理行动。

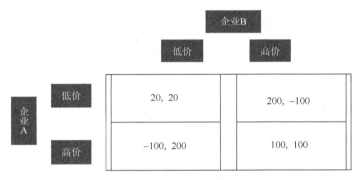

图 5.1 "囚徒困境"

4. 创新思维

创新思维是突破既有经验的局限,打破常规,在前人理论和实践基础上实现超越的思想活动方法。企业生产经营实践是一个不断创新的过程。经济学家熊彼特认为,企业生产经营活动是生产要素组合的过程。企业经营者的职责就是在这个过程中不断寻求要素组合的新方法。创新思维要求追踪经营活动的变化,分析经营活动中遇到的新环境、新问题,探讨解决问题的新方法、新工具,发现经营活动的新规律,以保持企业持续的竞争优势。

5. 底线思维

底线思维是一种典型的后顾性思维取向。与战略计划、绩效管理、效益最大化、激励与反馈等注重前瞻性的思维取向不同的是,底线思维注重的是对危机、风险、底线的重视和防范,管理目标上侧重于防范负面因素、堵塞管理漏洞、防止社会动荡。

底线思维要求做最坏的打算,追求最好的结果,设定最低的目标,争取最大的价值。提高底线思维能力就是要居安思危,增强忧患意识,把形势想得更复杂一点,把挑战看得更严峻一些,做好应对最坏局面的打算,为此就要增强前瞻意识,把工作预案准备得更充分一些、更周详一些,做到心中有数、处变不惊。

5.3 企业经营决策的逻辑框架

企业经营决策模拟是将经济学、管理学、战略管理、财务管理等课程的相关理论知识与企业经营决策过程有机融合在一起，将抽象的企业经营决策具象化，构建了一个解决复杂决策问题的思维逻辑框架，即整体—局部—整体的决策过程，阐释了企业经营决策的实质。

从图 5.2 可见，解决复杂决策问题的逻辑思维框架表现为：战略决策（0 屏）是总经理基于对所处行业和竞争环境全局性的认识基础上制订的年度计划决策。生产决策、市场决策、财务决策（1～9 屏）是各部门对总经理年度计划的执行。各项职能决策完成后，如果总经理对各部门执行结果满意，决策结束；如果不满意，重新调整生产决策、市场决策、财务决策（1～9 屏），执行完成后，再看执行结果是否满意，如此循环往复直到对结果满意为止。决策过程遵循了 ISO 9000 思路，首先是写下你要做的（战略），做你写下的（执行），记下你做的（总结），看看执行的结果是否符合总经理的预期，如果不符合做出调整，直至调整到符合总经理预期。这一思维逻辑框架的形成，有助于学生从战略和全局角度出发创新性地解决问题，从而提升学生解决复杂决策问题的高阶能力。

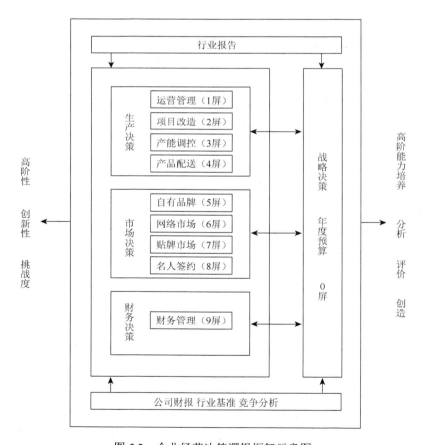

图 5.2　企业经营决策逻辑框架示意图

5.4　企业经营决策的过程

企业经营决策过程包括环境分析、计划制订、决策方法、计划实施与控制四个阶段的工作，见图 5.3。

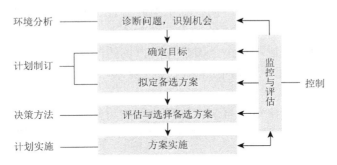

图 5.3　企业经营决策的过程

（1）环境分析：通过分析公司所处行业的发展预期和竞争对手可能采取的经营策略，预计公司未来经营中的机遇和挑战；同时，剖析公司自身经营的优势和劣势。

（2）计划制订：在内外部环境分析基础上，确定公司发展目标和战略，并制订行动方案。

（3）决策方法：评估和选择备选方案，即确定战略计划方案。

（4）计划实施与控制：执行战略计划方案，并基于上一年度的公司经营业绩，调整下一年度的计划方案或调整战略及目标。

5.5　如何经营公司

5.5.1　行业背景

多家公司一同经营，所有公司起点相同；经营的是虚拟产品；每家公司经营者为 1～3 人；经营周期为 N 期。

经营者将加入一个有着 1 亿元销售规模的生产某种产品 E-go 的公司的高级管理团队。E-go 是我们给某种产品的一个代名词，该产品是一种与人们的日常生活息息相关的必需品，比如说时装、衣饰、鞋帽等。全国每年对 E-go 的需求基本稳定，可以将 E-go 按中文谐音理解为"易购"。E-go 的商业过程涉及产、供、销等各个环节，在管理特点上，具有很强的典型性。

全国 E-go 行业在其四个主要的市场——长三角、环渤海、珠三角和中西部有着良好的发展潜力。在此大环境下，公司产品的知名度正在不断上升，新兴的网络销售也有着广阔的发展潜力。

经营者将通过制定和实施一系列的发展战略来确保公司在未来的 N 年内市场占有率和利润率在行业内处于领先地位。在此过程中，公司将会遇到激烈的竞争和严峻的挑战。

5.5.2　公司历史及概况

在十年前长三角的某座中型城市的一个两层仓库里，你的公司开始生产公司的第一件 E-go。经过十年的发展，公司已成为有着 1 亿元销售额的全国性企业。现在，公司在长三角的某座中型城市的工厂拥有每年 100 万件 E-go 的生产能力，最新建设的环渤海流水线则具备了年产 300 万件的能力。公司在长三角、环渤海地区和珠江三角洲分别设立了分销仓库来保证这三个全国最大的市场的产品供应。公司在开业的第 7 年以每股 5 元的价格在上海证券交易所上市，到第十年末，公司的股价达到 15 元/股，流通股为 600 万股。

现在，公司的创业者决定不再亲自管理公司的日常业务，但他们仍将留在董事会并继续持有手中的 300 万股份。你的团队将全权负责公司的经营管理和长期的战略发展大计。

5.5.3　公司经营决策的内容

（1）模拟课程里，你的团队需要处理各种各样的战略及运营方面的具体问题。短期的问题包括：如何使公司的网络销售尽快实现盈利；如何处理公司在长三角工厂的生产成本过高的问题；是否通过直接设厂来进入中西部市场等。长期的问题包括：如何保持公司的竞争优势；如何应对竞争对手的战略变动以及如何从长远的角度增加股东的权益。

（2）你的团队将全权负责公司产品的销售价格、产品质量、客户服务、广告和推广、产品线宽度、销售渠道以及网络销售，并通过实施合理的竞争战略在每一个目标市场确立公司竞争优势。

（3）战略选择——低成本低价格或高质量高价格，集中在一两个市场或在全国范围销售——将完全由你的团队自行决定。可以决定公司产品的价格、质量、服务是定位于低端、中端还是高端；可以决定重点推广自有品牌或加强公司的贴牌代加工生产；可以决定是把销售重心放在 E-go 专卖店还是公司开自己的品牌店；可以固守公司现有的长三角和环渤海工厂或是在珠三角和中西部开设新厂；也可以根据战略来调整公司的资本结构和借贷比例。一切战略和决策的考核标准就在于你的团队是否能实现预定的利润目标，是否使股东的所有权增值及是否能使企业成为行业领先者。

（4）通过销售收入、每股收益、投资回报率、债券等级、股价市值和战略评分这六大指标来评判公司经营的成功与否。

（5）通过开展计划、组织、领导和控制职能有效运用公司资源，完成经营决策的各项活动。

1. 计划：制定目标及目标实施途径——做什么及怎么做？

在不断变化的行业和竞争环境中，你必须准确地分析和预测对手的战略部署，相应地做出你的决策并部署实施你的战略计划，使自己的公司在竞争中始终处于领先的位置。基于内外部环境分析，制定公司战略及目标。可以选择的战略包括：低成本低价格或高质量高价格，集中一两个市场销售或全国销售。明确公司战略后，制定具体的战略目标，包括销售收入的增长、每股收益率的增长、投资回报率、公司市值、债券等级。确定战略目标后，制订计划方案。

2. 组织：实现资源和活动的最佳配置——通过什么来做？

公司核心管理团队 4 人，包括 CEO（或总经理）、市场总监、生产总监、财务总监，见图 5.4。CEO（或总经理）负责整体战略的制定与实施，是公司第一号思想领袖，总揽全局，了解所面临的各种重大挑战，做出正确决策。生产总监、市场总监和财务总监是 CEO（或总经理）实施企业战略时的专业支持者。这种支持主要表现在，在制定和评估战略目标时，提供专业观点，在达成目标的过程中组织与配置资源，对相关风险实施有效控制，并提供及时的意见和防范措施。生产总监的职责主要是负责公司的日常生产管理，组织生产经营，辅助 CEO（或总经理）的工作；市场总监的职责主要是主管公司市场及营销拓展工作，负责制定公司整体的销售策略与政策，协助 CEO（或总经理）制订公司的业务发展计划，并对公司的经营绩效进行考核；财务总监的职责主要是负责财务、会计、投资、融资关系等，保证公司在发展过程中拥有足够的资金、公司的资金得到有效的利用。

图 5.4 公司核心管理团队

3. 领导：激励组织成员完成组织目标——如何做得更好？

组织成员效率主要体现在雇佣生产工人的成本与产量之间的比值，即完成预期生产目标且劳动力成本最小化。

4. 控制：衡量实际工作纠正偏差——到底做得怎么样？

决策提交之前，完成各单项决策优化（1~9 屏决策）和整体决策预测（0 屏决策）；决策提交之后，根据计划执行情况，修正决策偏差（1~9 屏决策）、调整决策思路（0 屏决策）、追踪竞争对手（10~14 屏），系统界面见图 5.5。

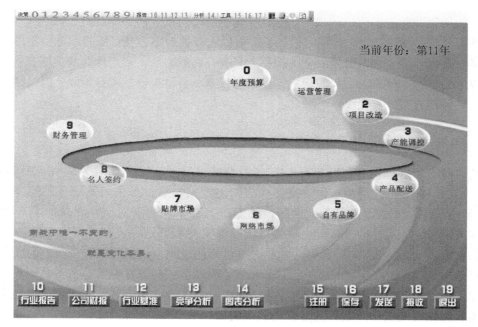

图 5.5 系统界面

5.5.4 公司业绩考核要求

（1）董事会希望新的管理层能够制订并实施一个长期的战略发展计划：提高公司在本行业的知名度和竞争力；通过提高每股收益率来提高股东的投资回报率；通过股价的上升和更多的分红来增加股东的财富；保持公司财务稳定性和现有的信用等级（BBB）。

（2）董事会授予你的团队最大限度的权力来实施新的战略，但有两个限制条件：不能和其他公司合并（保持公司独立性）；各项经营必须遵纪守法。

（3）董事会将以年为考核周期评价和审核公司的经营业绩，具体将由以下六个考核指标来进行评判：销售收入、每股收益、投资回报率、股价市值（股价×流通股数量）、债券等级、战略评分。

■ 5.6 教学目标

1. 加深对收入—成本—利润关系以及各种对利润起作用的因素的理解

课程里的所有假设和数字分析会帮助你掌握在公司财务和经营报表里经常出现的各种数据。通过分析经营统计的数据，来确定成本。对比不同市场的利润率，以及亲自处理公司的财务报表来获取十分有益的实践经验。

2. 提供一个完整的商业实践平台整合知识和技能

你的团队将全面负责工厂的运作、人力资源的调配、存货的控制、市场推广、价格的制定、网络销售的管理、财务成本的诊断、资本结构和投资组合的优化、股东权益的维护、销售前景的预测以及正确应对利率、股价的起伏。这个完整的经营模拟过程将有效地把已经学过的战略、生产运营、营销、财务、金融、人力资源等各种知识结合在一起,见图 5.6。

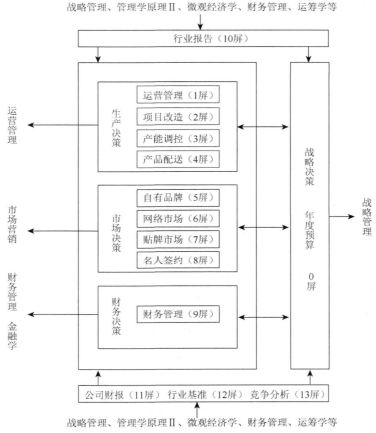

图 5.6 企业经营决策所需知识体系

3. 加强对全国竞争以及网络市场环境的理解和认识

课程带你进入的是一个非常接近现实的全国化竞争市场。公司必然要面对诸如跨地区生产等复杂的经营环境变量,同时你的团队也必须在这个复杂的环境下快速地做出决策。

4. 通过有价值的决策模拟来提高商业判断力

课程所设计的 195 个决策变量和 85 个假设变量不仅加深了对商业运营各环节各要素的理解,同时训练你从战略的、全局的角度去处理运营中遇到的各项问题。

第 5 章图片

第6章

系统功能简介

软件客户端菜单包括了一个放在屏幕顶部的菜单条和一个菜单主界面，见图5.5。

0屏是年度预算屏，是总经理基于对所处行业和竞争环境全局性的认识基础上制订的年度计划决策。此屏填写的数据只是一个预测，保存的数据实际是后面1～9屏执行的结果。1～9屏是各部门对总经理年度计划的执行，1～9屏操作完成后回到0屏点击更新按钮，更新后的数据是各部门实际执行结果。如果总经理对各部门执行结果满意，就可以保存并提交；如果不满意，就重新在0屏调整预期，在1～9屏执行完成后，再回到0屏更新，如此循环往复直到对结果满意为止。这样的设计，遵循了ISO 9000思路，见图6.1。首先是写下你要做的（战略），做你写下的（执行），记下你做的（总结），看看执行的结果是否符合总经理的预期，如果不符合做出调整，直至调整到符合总经理预期。

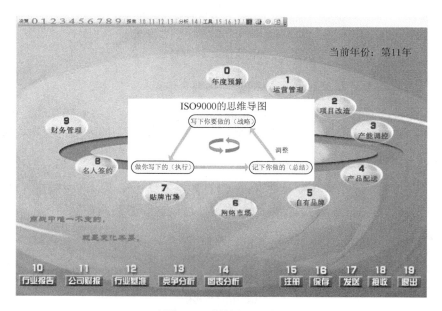

图6.1　系统设计思路

10～14 屏是分析工具栏，包括上一年各公司经营成绩，行业协会各种统计数据以及证券分析师的报告；15～19 屏是功能键，所有按键在页面下面同样可以选择，在不同屏频繁切换时系统会启动自我保护，按钮可能会自动关闭。

系统如何实现经营决策模拟过程，其功能模块如下。

6.1　战略计划

在现阶段，公司没有制定明确的发展战略，公司产品从价格、质量、服务到市场推广都处于行业平均水平。也就是说公司没有明确地决定是走规模销售路线还是走特色经营的路线。你或你们的公司是个"中性"的实体，需要你或你的团队来决定其未来的走向。公司的战略定向是公司取得成功的关键。

在正式开始运营之前，首先必须对公司所处的行业和竞争环境有全局性的认识。根据系统给出的全国 E-go 行业的市场需求预测、沪深 300 指数的波动趋势以及预估竞争对手可能采取的经营策略，确定公司未来的发展战略和目标。选择低成本低价格策略，公司市场份额高于行业平均值，财务表现是低价、薄利；或是选择高质量高价格策略，公司市场份额低于行业平均值，财务表现是高价、高利。

战略及目标制定后，公司的年度计划按其制订，即运用"0 屏"年度预算来实现，见图 6.2。公司年度计划分为自有品牌市场（自有品牌批发市场和网络直销市场）和贴牌市场的生产

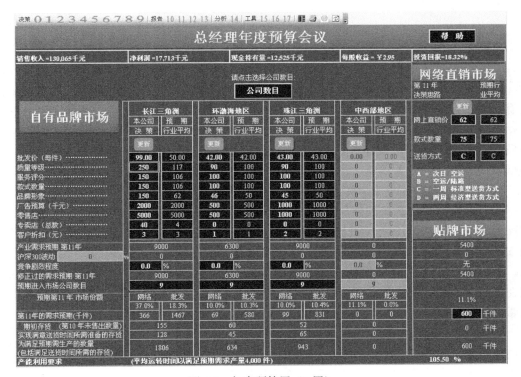

图 6.2　年度预算屏（0 屏）

和销售决策。影响自有品牌批发市场销售额的因素包括批发价、质量等级、服务评分、款式数量、品牌形象、广告预算、零售店、专卖店、客户折扣。影响网络直销市场销售额的因素包括网上售价、款式数量、送货方式。总经理基于公司战略和目标分别给出这些要素的决策值和行业平均预期值，根据输入的数值，系统会自动给出自有品牌批发市场和网络直销市场本年度公司将预期获得的需求数量和份额以及满足预期需求的生产数量。总经理0屏决策依据是使公司产能利用率最大化。每个公司的实际销售情况取决于各自的经营以及同对手的竞争结果。如果公司能制定具有吸引力的价格，采用积极的市场营销手段，公司的销售业绩将高于平均数，反之亦然。

但如果系统给出的公司本年度预期获得的需求数量和份额不准确，就可能造成大量存货或缺货。影响预期需求准确性的原因：一是竞争对手策略的不确定性对实际行业平均值有影响，是不能准确把握整个行业销售规模的主要原因，这进而会影响本公司的销售规模预期；二是沪深300指数波动和竞争激烈程度预期不准，将影响整个行业需求预期，进而影响本公司的销售规模预期。

■ 6.2　生产运营管理

工厂的运营无论从战略上还是具体经营上都是至关重要的。根据目前对E-go市场的展望，公司的运营可能需要更多的产能来满足市场的需求，可以扩展现有工厂的产能，也可以收购同行业其他公司的产能或售出自己多余的产能。生产运营管理的目的是保持工厂运营的高效率、低成本和高利润，包括生产和劳动力决策、工厂决策。

1. 生产和劳动力决策

每个决策期，生产总监均要做出一系列的生产决策，即完成1屏运营管理的各项决策，见图6.3。图的上半部分是生产总监输入的决策值，图的下半部分数据是系统根据所有决策信息自动计算出的公司各工厂产品的单位成本和成本构成。生产和劳动力决策包括产量决策（应该生产多少件E-go）、原材料使用决策、产品多样性的决策、风格特点研发预算和质量控制决策、生产技改的决策、劳动报酬的决策、雇用和解雇工人决策、降低次品率的措施。

1）公司究竟该生产多少件E-go

生产总监需根据总经理的年度计划确定生产总量，生产总量主要由三个方面决定：每个配售中心上一年的库存；预计的本年年底应该有的库存（为了达到满意送货时间所需要的安全库存）；本年计划销售的数量。同时，自有品牌和贴牌生产比例的问题也必须要考虑。就短期来看，贴牌生产是比较具有吸引力的一个销售渠道。市场总监还要确定是否应该在所有四个地区都进行品牌产品的生产还是集中在一两个地区，是否所有工厂生产同一质量的产品还是针对不同工厂生产不同质量的产品。

2）原材料使用决策

所有生产E-go的原材料都可以方便地在公开市场购买到。全国有300多家原材料生产供应商提供所有品种的原材料。不管价格如何波动，原材料的供应都是十分充足的，不

决策 0 1 2 3 4 5 6 7 8 9 ｜报告 10 11 12 13 ｜分析 14 ｜工具 15 16 17

生产部（营运管理）　　　　帮　助

销售收入 =125,403千元	净利润 =17,312千元	现金持有量 =13,289千元	每股收益 =￥2.89	投资回报 =18.03%

为满足预期要求和送货时间并扣除次品后总的生产需求……　　自有品牌(单位:千件) 3,003　　贴牌(单位:千件) 1,000
各地区工厂扣除次品率后的净生产总量……　　2241　　399

	长三角工厂 正常1000千件，最大加班1200千件		环渤海工厂 正常3000千件，最大加班3600千件		珠三角工厂 正常0千件，最大加班0千件		中西部工厂 正常0千件，最大加班0千件	
	贴牌	自有品牌	贴牌	自有品牌	贴牌	自有品牌	贴牌	自有品牌
准备制造数量(千件)	0	800	423	1574				
款式数量(50,100,150,200,250)	0	100	100	100				
风格和特点研发预算(千元)	￥0	￥1000	￥200	￥600	￥	￥	￥	￥
高级原料使用率(0-100%)	0	25 %	25	25 %		%		%
总预算　质量控制 (千元)　生产技改	￥640 / ￥0		￥1600 / ￥0		￥ / ￥		￥ / ￥	
补贴　年工资(千元)	￥20.0		￥15.0		￥0.00		￥0.00	
奖金(元/件)	￥0.75		￥0.33		￥0.00		￥0.00	
第11年生产效率预期(第10年实际效率)	4044 (4000)		2726 (2500)		0 (0)		0 (0)	
需求工人数量(最大/最小以饱和工作时间计算)	198 / 165		733 / 611		0/0		0/0	
雇用工人总数	200		800					
第11年 雇用/解雇工人数量								
生产统计	贴牌	自有品牌	贴牌	自有品牌	贴牌	自有品牌	贴牌	自有品牌
已生产产品的质量等级		100	78	90		0		0
预期废品率(精确到 ±0.5%)	0.00	5.33	5.71	5.71	0.00	0.00	0.00	0.00
净生产量(千件)(扣除废品后)	0.00	757	399	1484	0.00	0.00	0.00	0.00

原材料价格 第11年预期　普通原材料 ￥8.10　高级原材料 ￥13.50

成本	贴牌	自有品牌	贴牌	自有品牌	贴牌	自有品牌	贴牌	自有品牌
可变制造成本　原材料	0.00	9.45	9.45	9.45	0.00	0.00	0.00	0.00
劳动力　正常	0.00	5.71	6.32	6.32	0.00	0.00	0.00	0.00
加班	0.00	0.00	0.00	0.00	0.00	0.00	0.00	0.00
工厂管理	0.00	1.50	0.80	0.80	0.00	0.00	0.00	0.00
其他	0.00	3.48	2.81	2.62	0.00	0.00	0.00	0.00
固定制造成本　生产设备的安装	0.00	2.50	2.36	0.64	0.00	0.00	0.00	0.00
维护费和折旧费	0.00	4.00	5.26	5.26	0.00	0.00	0.00	0.00
合计	0.00	26.64	27.00	25.08	0.00	0.00	0.00	0.00

图 6.3　运营管理屏（1 屏）

会有原材料短缺的问题。运货期一般都在 48 小时之内，这样的公开市场使生产商购买原材料的成本肯定低于自己生产原材料的成本。供应商主要供应两个等级的原料：普通材料和高级材料。使用高级材料可以提高产品的质量和功能，但价格比使用普通材料的产品高 2/3。全部使用高级材料的 E-go 的成本是 15 元，而全部使用普通材料的 E-go 的成本是 9 元。允许生产商用任何比例来混合使用这两种材料。

生产总监面临的唯一原材料决策就是产品使用高级材料和普通材料的比例问题。当你决定了每件 E-go 的材料比例，系统会自动计算出两种材料总的需求量。此外，如果你计划在不同地区销售不同质量的产品，也可以在不同的工厂采用不同的材料搭配比例。如果其他与质量相关的因素保持不变，增加高级材料的比例将提高产品的质量，反之则降低产品质量。改变材料比例会影响质量评分，也会影响原材料的价格和每件 E-go 的成本。根据产能需求、高级材料使用比例和生产技改的投入得出的下一年的预期原材料价格，与下一年原材料的实际市场价格会有一定的出入。

　　3）工厂产品多样性的决策

生产总监需根据总经理的年度计划确定各工厂生产款式的数量，这一决策将对单位成本有很大的影响。生产数量相同的情况下，生产款式越多，单位准备费越高。而且生产款式的增多将增加次品率，这是因为频繁地切换品种会降低工人对一个品种的熟练程度。生产款式的增加还会带来单位款式设计费用的降低，从而降低产品的质量排名，这种负效应可以通过增加风格和特点研发投入或增加高级材料的比例来弥补。

公司在每个地区销售款式的多少直接关系到公司的品牌和销售额,款式越多,品牌吸引力越大。在其他条件相同的情况下,公司的销售市场份额也就越大。

4) 风格和特点研发预算、质量控制的决策

生产总监需确定在每款产品风格和特点上的研发投入,以及在每个工厂的质量控制方面的投入,这一决策会影响 E-go 行业协会对公司产品质量等级的评定。由于质量控制的连续投入有累积效应,对一个工厂的持续投入可能会影响另一工厂生产产品的质量等级评分。产品质量是由四个因素决定的:高级材料使用率;当年在每件制成品上投入的质量控制费用;累计在每件制成品上投入的质量控制费用;在每款产品风格和特点上的研发投入费用。

5) 生产技改的决策

这个决策主要是通过一定的生产技术改造投入来提高工人的劳动技巧和工厂的生产效率,包括员工培训、改进生产线布置及流程等,以提高生产效率。这些技改投入可以带来三个方面的效果:最多可降低 25%的原材料成本;最多减少 25%的管理费用;最多可提高 10%的劳动生产效率。但要达到最高的增效值需要五年或更长时间的不断投入。生产效率的提高是由工厂对员工的投入决定的,原材料成本的降低和管理费用的减少由平均每年在每件 E-go 上的投入决定。要获得最大限度的成本节约,就必须持续地投入。如果工厂扩大生产,投入也需要同比例地增加来保持年平均数。此外,这种投入遵循边际效益递减原理。需要注意的是,必须保证每年都投入才能获得并维持预期的收益。

生产技改的投入决策,会产生如下效果:降低生产制造成本、降低工厂管理成本、提高工人劳动生产率。

6) 劳动报酬的决策

每年需要做两个有关报酬的决策:①是否要改变工人的基本工资以及如何改变;②是否要改变工人的奖励工资以及如何改变。决策效果通过劳动生产率的变化和每件 E-go 劳动力成本的变化来体现。

公司的人力资源部门通过研究发现,工资对生产效率的影响主要表现在:年工资增幅越大,生产效率提高越大。年工资提高 5%~10%,劳动生产率提高 6%。如果年工资在一年内提高超过 12%,其生产率提高效应将趋于平缓;年工资零增长及年工资减少,将对劳动生产率产生负面影响,但可以通过以下方式抵消:诱人的绩效奖金、总额比竞争对手公司高、其他非现金促进生产率的办法;合格产品的计件绩效奖金越高,对劳动生产率的促进越大,一旦绩效奖金超过总额的 25%,生产效率的边际效益将逐渐减小,当绩效奖金达到总额的 50%,生产效率的边际效益将趋近为零;薪水总额高于竞争对手,对本公司的劳动生产率有正面促进作用;如果在一年内改进生产方法的投资能保持不间断,可以提高劳动生产率 10%,获益大小取决于改进生产方法的投资平均到每人的数额的多少;增加员工人数可以提高劳动生产率 2%。然而,雇用新员工人数越多,劳动生产率提高越少,因为新员工的劳动生产率比有经验的员工低;裁员将降低劳动生产率介于 0 到 10%之间,取决于解雇的百分比,裁员一部分员工对生产率有微弱影响,低于 2%。

由于无法知道对手的工资情况,所以在决策时,无法准确地了解工资水平对生产效率的影响,这就需要非常仔细地制订公司的一整套报酬方案并根据年度行业报告不断地加以调整。管理好薪酬的目的是降低每件 E-go 的劳动力成本,而不是为了最大化工人的生产量。

此外,还要决定如何解决长三角工厂的高生产成本问题,以及调整好工资和奖金的比例问题。

7）雇用和解雇工人的决策

一个工厂需要的工人人数是由这个工厂的产量和工人的劳动生产率这两个方面的因素决定的。当公司的生产量决策和劳动报酬决策完成后,系统自动给出所需工人数的上下限,上限是假设没有加班生产所需要的劳动力,而下限是假设加班生产达到120%的产能时所需的劳动力。雇用比上限数少的工人意味着公司需要一部分加班工作来完成公司预计的产量,加班工作可以减少工厂的部分管理费用。降低雇用人数和增加加班时间是否会带来效益,由于不同的劳动力成本和管理费用,不同地区会有不同的结果。通过系统给出的上一年的实际生产率和下一年的估计值,可以观察到雇用人数变化对生产成本的影响。

8）降低次品率的措施

次品率由四个变量决定:每件 E-go 每年投入的质量控制费用;计件奖励工资的多少;生产线生产的产品款式数量的多少;一些其他不可预测的随机因素。质量控制的投入反映了公司通过加强对工人的质量意识培训以减少次品率。增加计件奖金可以使工人生产时的注意力更集中,因为只有合格品才算计件奖金。生产款式数量的增多将增加次品率,这是因为频繁地切换品种会降低工人对一个品种的熟练程度。

2. 工厂决策

每个决策期,生产总监还要做出一系列的工厂决策,即完成 2 屏项目改造和 3 屏产能调控的各项决策,见图 6.4 和图 6.5。工厂决策包括工厂的升级、新建和扩建、暂时性停工、永久关闭全部或部分工厂、工厂的购入和售出。

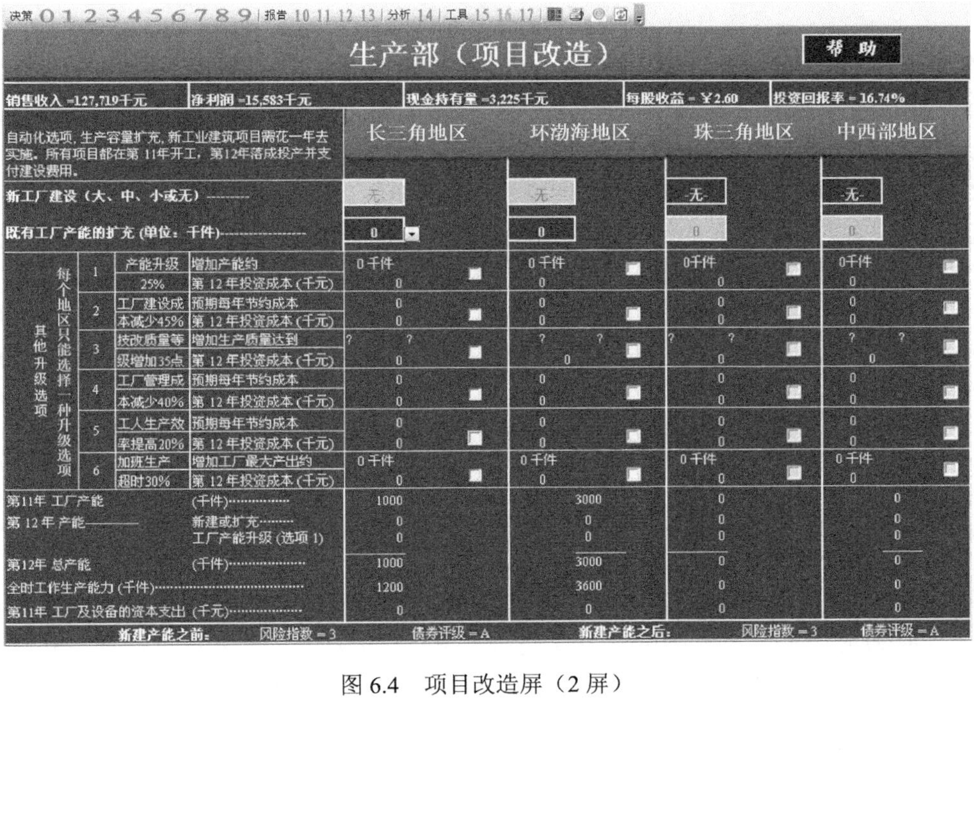

图 6.4　项目改造屏（2 屏）

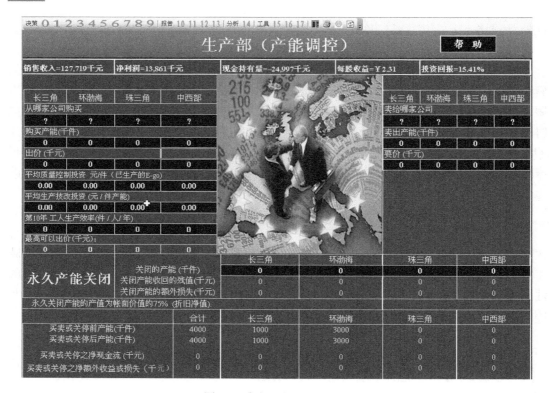

图 6.5　产能调控屏（3 屏）

1）工厂的升级

工厂升级可通过 2 屏项目改造操作实现，系统提供了 6 个工厂升级的方案。方案一：提高产能 25%，每百万件产能需要一次性投资 550 万元（每百万件产能每年增加折旧成本 27.5 万元）；方案二：削减生产线安装成本 45%，每百万件产能需要一次性投资 300 万元（每百万件产能每年增加折旧成本 15 万元）；方案三：使用新设备质量体系，提高质量等级 35 点，每百万件产能需要一次性投资 400 万元（每百万件产能每年增加折旧成本 20 万元）；方案四：削减人均管理成本 40%，每百万件产能需要一次性投资 175 万元（每百万件产能每年增加折旧成本 8.75 万元）；方案五：提高劳动生产率 20%，每百万件产能需要一次性投资 300 万元（每百万件产能每年增加折旧成本 15 万元）；方案六：延长限定的加班时间从 20% 到 30%，每百万件产能需要一次性投资 250 万元（每百万件产能每年增加折旧成本 12.5 万元）。

工厂升级选择的限制条件为每年每个工厂只能采用一个升级方案，一个工厂最多可以实施三种升级方案。工厂升级的投资分 20 年直线折旧，每年 5%，升级的费用计入升级后的运营，新建的工厂同样可以升级，但不可以在建设的同一年升级。

2）工厂的新建和扩建

工厂新建和扩建可通过 2 屏项目改造操作实现。在珠三角和中西部建新工厂可以有大（300 万元产能）、中（200 万元产能）、小（100 万元产能）三种选择，建厂需要一年时间。四个地区的所有工厂，不论大小都可以扩大 100 万元的产能，扩大的产能在决策的第二年实现。对任何工厂没有扩张次数和规模的限制，但一个工厂在一年内最多只能扩展 500 万元产能，且只允许每个公司在各个地区最多拥有一个工厂。

公司是否需要扩大产能，这是需要思考和决策的重要问题。在珠三角建厂可以降低珠三角的销售成本（运输费用）；在中西部建厂不仅可以降低当地的销售费用，而且中西部廉价的劳动力成本还可以降低公司整个的生产成本；在一个地区建一个大厂产生的规模效应可能胜过在四个地区分别建厂。

产能新建和扩充的限制条件：如果全国的产能加上上一年度的存货超过全国总需求的 25%，则任何已建工厂的产能扩充量不能超过 100 万件；如果全国产能超过需求 50%，将不允许新建或扩充产能。但在这种限制条件下，仍然可以通过购买其他公司产能或升级自有工厂来获得需要的新产能。成本问题：建设成本以开始建设的那一年为准，随着企业经营模拟的进行，每年的建设成本会上下波动，这些成本费用的支付将被记录在开始投产的那个年度里。

生产总监必须认真分析是通过加班或升级来扩大生产，还是通过新建或扩展工厂来实现产能的增加。

3）工厂的暂时性停工

工厂的暂时性停工可通过 1 屏运营管理操作实现。某些可能发生的生产波动会导致工厂的产量减少甚至完全停工。当决定暂时停工时，只要在雇用人数栏输入 0 就行了。此时可变成本降为 0，但折旧不变，管理费用为正常的 25%。公司财务会把这部分固定费用转为公司管理费用，在全公司内部摊销。重新开工时，工人的劳动生产率为正常的 90%。

4）永久关闭全部或部分工厂

永久关闭全部或部分工厂可通过 3 屏产能调控操作实现。一旦发现继续经营某个工厂会造成更多损失且又没法出售给其他公司时，可以选择永久关闭全部或部分的工厂（以百万件为单位），但新购入的产能必须在一年以后才能永久关闭。关闭工厂得到相当于原投资 75% 的清算价值。在选择关闭部分工厂时，如决定关闭一个有 400 万元产能的工厂（其账面净值有 4000 万元）的 1/4，公司的账面投资将减少 1000 万元，设备的现金价值为 750 万，额外损失为 250 万元。由于决策都在每年年初做出，所有的会计分录在当年发生，产能也立即相应减少。

5）工厂的购入和售出

工厂的购入和售出可通过 3 屏产能调控操作实现。公司可以从对手手中以百万件为单位购买他们的工厂，或把部分甚至全部工厂卖给对手，交易价格由双方谈判决定，但必须经课程管理员批准以保证交易的公平公正。一旦交易成功，购入的产能可以立即投入使用，这使得购买现有产能比新建产能来得迅速。不能把购入的产能转移到其他地区，并且购入一年之内不能转售。新建的工厂其使用寿命为 20 年，按每年 5% 折旧。如果购买者在该地区有自己的工厂，那么产品质量控制、生产技改投入以及工人劳动生产率将和自有工厂数据加权平均。另外，任何购买都不含升级效益，但如果购买者自己在该地区的工厂已经完成升级，升级效益将可以扩展到购入的新产能。如果出售的工厂价格低于工厂的账面净值会产生非经常性损益项目，这个损失将在出售的那年计入财务损益表。但是为了保证公平，系统关闭了产能交易功能。

■ 6.3　物流配送

如何把生产出来的产品合理地分配到各个仓库,生产总监可通过完成 4 屏产品配送决策来实现,见图 6.6。把产品合理地分配到各个仓库可以满足各个地区预计的销售量和库存,使各仓库的款式和质量处于最优化水平。所有生产的产品都必须运到公司的分销中心,产品不能从一个分销中心转运到另一个分销中心。每个分销中心都有足够的仓储量来满足各个地区独立零售商、网络销售和专卖店的销售需要。仓库工人负责包装、打标牌及打包发运。每个地区的分销中心只负责本地区的销售供应。一个公司销售的款式型号越多,承诺的运输期越短,公司所需要的库存就越多。如果库存数小于该地区的订单数,就会发生短缺现象,一旦发生短缺,公司销售额会下降,独立零售商和网上购物者会立即订购其他公司的产品,公司在该地区服务质量的排名会降低,短缺越多,排名下降越多。为了避免短缺发生,系统会给出每个地区所需要的最少发货量。此外,系统会自动告知目前仓库产品的质量等级以及款式数量。

决策 0 1 2 3 4 5 6 7 8 9 | 报告 10 11 12 13 | 分析 14 | 工具 15 16 17　　　　　帮 助

产 品 配 送

销售收入 =86,278千元　　净利润 =3,729千元　　现金持有量 =21,103千元　　每股收益 = ¥0.62　　投资回报 =6.66%

	贴牌仓库	长三角仓库	环渤海仓库	珠三角仓库	中西部仓库
第11年需求预期（参考年度预算屏）	1000	1590	603	864	0
加上 为实现满意送货时间所需准备的存货	0	159	42	86	0
减去 期初存货（从第10年转过来的存货）	0	155	60	52	0
最少运输数量	1000	1594	585	898	0
可提供的自有品牌数量　长三角工厂　611	0	344	145	44	0
从何处工厂运来　　　　环渤海工厂　1451	399	0	33	0	0
（千件）　　　　　　　珠三角工厂　0	0	0	0	0	0
中西部工厂　0	0	0	0	0	0
总运送数量（满足条件的最少运输数量）	399	344	178	44	0
期初存货（质量等级扣除十分）	0	155	60	52	0
可供销售数量（期初存货 + 运送的数量）	399	893	1855	146	
可供销售产品的质量等级（加权平均值）	78	130	98	121	
可供销售产品的款式数量（加权平均值）	100	141	108	132	
仓储成本　　存货存储成本	0	78	30	26	0
（千元）　　运来货物的装卸费用	499	369	1131	118	0
仓储运营费用	899	2786	2206	1022	0
总仓储成本	1398	3233	3367	1166	0
可供销售产品的单件仓储成本	3.50	3.62	1.82	7.99	0.00

图 6.6　产品配送屏（4 屏）

如果存货数量过少,除了会有短缺风险之外,还可能造成交货期的延长,从而影响到企业的服务评分。当实际次品率和预计次品率不同时,系统会自动按比例调整实际发货数量,所以如果只发送最小需要量时,就可能由于次品率的增加而造成短缺现象的发生。如果存货过多也会造成公司成本的上升。成本的上升体现在仓储费用的上升以及质量等级的下降。由于过多的上一年存货使这些产品由于款式的更新对消费者失去吸引力,从而降低公司产品的质量等级（系统设置:当年未售出的贴牌产品和自有品牌产品,其质量等级在次年将分别下降 5 分和 10 分）,因此,要谨慎地进行存货管理决策。

■ 6.4　市场营销

市场总监需根据总经理的年度计划制定营销策略，并通过完成 5 屏自有品牌、6 屏网络市场、7 屏贴牌市场、8 屏名人签约的各项决策来实现，以达成预期需求量目标。

1. 自有品牌批发市场决策

自有品牌批发市场决策，即 5 屏自有品牌的各项决策，见图 6.7，对公司的竞争力以及公司品牌的确立和产品的销售都有深远影响。特别需要注意的是，必须首先向该地区供货，自有品牌批发市场决策才会是有效的。如果没有向某一区域供货，那么系统将不能接受或识别在该地区做出的任何市场决策。

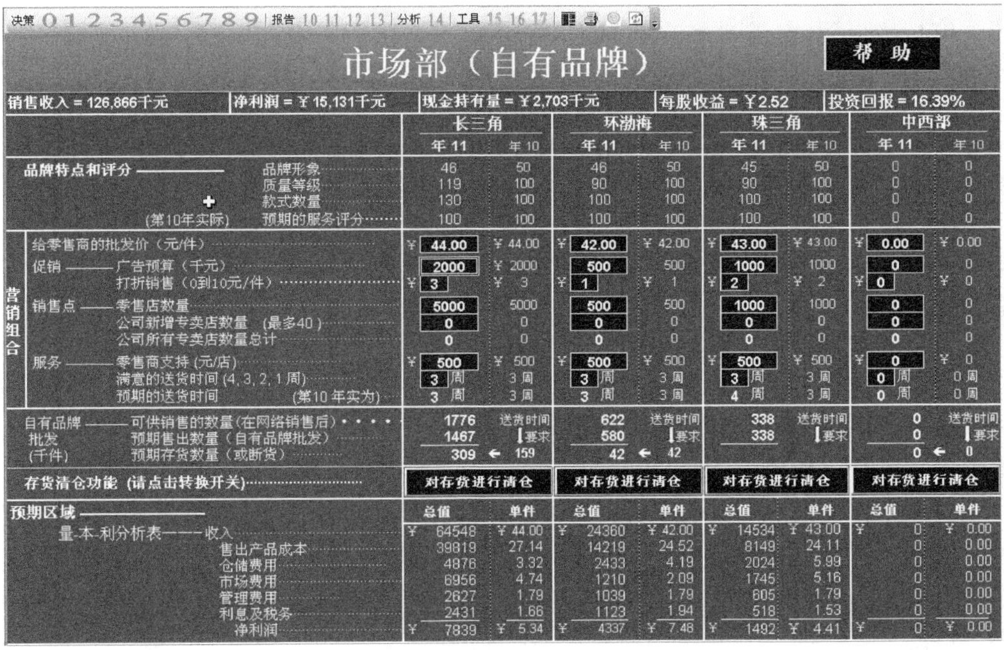

图 6.7　自有品牌批发市场决策（5 屏）

1）价格决策

首先必须具备在各地区定价的判断力。制定的平均价，适用于独立经销商和公司拥有的零售专卖店。价格制定需考虑公司从售出的每件 E-go 中得到的收益。零售商一般会以高出他们采购价一倍的价格卖出产品。而通过公司自己拥有的专卖店销售产品的好处是每件 E-go 的净利润就是每件 E-go 的零售价格减去制造成本，省去了中间商的差价。如果选择在某个地区开设专卖店，其实际获利价格将是在该地区所提供产品的批发价格及零售价格的平均值，即该价格是给零售商的批发价和公司拥有专卖店零售价的混合价格。拥有公司自己的连锁专卖店可以设定一个更高的批发价格，益处很多。

自有品牌每件最高平均价是 99.99 元，每年的价格提高或降低幅度是没有限制的。如果不想继续在某个地区销售产品，只需在该地区销售价格处键入 0，同时将公司在该地区的市场投入也降为 0（或者投入一些市场费用，这完全取决于战略）。

要格外注意的是，在对产品进行定价时，要充分考虑竞争对手，所给出的价格必须具备竞争力。如果公司在某地区给出的价格比平均批发价高出很多，那么很可能会有很多购买者在比较之后选择其他相对便宜的品牌，最终放弃公司的产品。然而，高于平均价格的定价策略的负面影响可以通过以下努力加以抵消，比如，较高的产品质量、对独立零售商更好的服务、额外的广告、更大的顾客折扣、更好的品牌形象、公司产品线上更多的 E-go 款式、更加有效的在线销售模式、更大的零售渠道网络和零售专卖店。需要注意的是，公司的价格越高于该行业的均价，公司的市场份额也就越小。

2）广告决策

通过比竞争对手投入更多的广告费用，公司品牌认知度可以超过对手，从而有可能获取更多的市场份额。广告能够扩大品牌认知度，有助于促进消费者到零售店中去挑选本公司的商品，并且使人们对公司的最新 E-go 款式有所了解。广告带来的竞争优势的大小，取决于公司当年的广告预算。如果年度广告支出超过了该地区企业的平均广告支出，则该公司在本地推广力度就较强；如果比平均广告支出低，那么推广力度就较弱。当然，必须注意更多的广告投入并不能使生产成本降低，同时也不会因为巨额的广告支出而降低盈利能力。在广告上花掉比对手更多的钱，有时候也是不合算的，因为广告支出的边际效益是逐渐递减的。中国 E-go 行业联盟的评判公司品牌形象的标准中，所有年份累计的广告支出总额占 60% 的权重。

3）关于顾客折扣的决策

对购买公司产品的顾客提供折扣，是使公司区别于对手公司，并且创造潜在竞争优势的方式之一。有十种折扣方式供选择，即从 1 元到 10 元十种不同的折扣。所有提供的折扣都必须以整数元为单位，也可以不给折扣。不同的折扣能够在每一个地区市场使用。消费者对折扣所作出的反应取决于：①给予折扣的大小（8～10 元的折扣与 3～5 元的折扣相比，能获得更大的市场份额）；②公司所提供的折扣是高于还是低于在该地理地区的平均折扣。由于不是所有的买家都会邮寄折扣券，所以每件 E-go 实际的折扣是小于折扣券的面值的。

4）与零售渠道相关的决策

一家公司的独立零售店越多，其产品与消费者接触的机会就越多，而对于消费者来说就近购买公司的产品就越容易。在一个地区能够拥有的零售渠道数量的上限是 99 999 个。拥有更多的零售渠道一般来说比只有少量的零售渠道更有优势。但这个数量也不是越多越好，当超过一定数量的时候，零售渠道的边际效益就会下降。拥有比平均水平少的零售店数量，对于占有相当的市场份额来说并不是最重要的因素，也许一个公司能够在一个地理区域内只是靠 100 个左右的零售渠道完成大部分的销售（假设是在大城市），当然同时也会有其他销售方式，如公司的产品对消费者有足够的吸引力，或在线销售提供一个有吸引力的网站，或利用零售专卖店对零售渠道进行补充。在所有其他的竞争因素都是同等的情况下，在特定地理区域内，拥有较多零售渠道的公司将比拥有较少零售渠道的公司销售量更大。

5）与公司拥有的专卖店相关的决策

开设公司自己的专卖店是对独立零售经销商销售渠道的补充，并可在品牌商品销售和市场占有率的竞争中更有作为。市场调查显示，在长三角、环渤海、珠三角或中西部市场的交通繁忙地段、高消费群体集中购物中心和购物商业街中开设两层、1400 平方米的专卖店，会显著增加公司品牌在当地零售市场的知名度，并对销售量有极大的促进作用。此类商店的一个重要的销售优势在于，可以向消费者展示同一品牌不同款式造型，而多数零售店只能展示一部分。第二个销售优势在于一系列的专卖店允许设定一个高于平均水平的批发价。最新的市场调查报告显示，在其他条件相同的情况下，专卖店更多的公司有能力制定高于平均水平的定价；在其他竞争因素（价格、质量、广告等）都是平等的情况下，专卖店更多的公司能卖掉更多的商品，并且能够收取较高的批发价格。市场总监可以使用需求预测模型来进行合理预测，对特定地理区域建立多少个公司拥有的专卖店做出有效预期。每个专卖店能卖掉多少件 E-go，根据公司的整体竞争能力而有所不同（包括各项指标，如平均销售价格、质量、E-go 款式、广告、经销商数量等），并根据竞争对手的综合竞争力而有所不同（他们所拥有的专卖店数量、零售网络的规模、价格、产品质量等）。

根据调查报告，如果一个公司能够在一个特定的地理区域内拥有 25～50 个公司自己的专卖店，就有能力制订出一个零售价，这个价格比单纯拥有零售店的公司的零售价高出 5 元，并且给零售商的价格就是一个平均的批发价格。新公司拥有的专卖店决策将在每年年初的决策中做出。

一旦所有公司的专卖店数量加起来超过 500，再增加更多的专卖店的边际贡献率就会下降。如果所有公司在任何一个地理分区市场中开设零售专卖店总数超过 1000，再开设专卖店对整体的销售和市场份额就不会有任何帮助了，因为市场存在饱和效应。两种类型的零售销售渠道，事实上在互相竞争，以争取更多的顾客来光顾。所以，增加更多的零售经销商的战略和大规模开设专卖店的策略，可能会导致从总量角度看逐渐减少的边际贡献。

开设并经营公司所有的一系列连锁专卖店需要强大的财政资源支持。目前，任何一家公司都被限制在任一地理区域中每年只能开设不多于 20 家的零售专卖店。

在自有品牌决策屏中提供的计算功能和在需求预测屏中的试算按钮，将帮助公司评估开设专卖店的经济效益，并帮助公司判断开设专卖店和零售经销商的比例是多少才会最优。

6）关于零售商支持和线上服务相关的决策

每年自动设定有 100 元的管理成本，是用来对每一个零售渠道作支持和服务的，这 100 元是被自动扣除的。如果公司的竞争策略中有一个策略是提升公司的服务等级，比平均水平高 100 分，从而获得零售商更多的促销支持，那么可以采用的实施方案就是在零售支持和在线销售上加大投入。

提供零售商支持和在线服务而付出的可自由支配的费用是中国 E-go 行业联盟在计算公司的服务等级时考虑的三个因素之一。在零售支持和在线服务增加的花费中产生的服务等级的边际贡献逐渐减少。当对零售支持和在线服务做出决策时，系统将提供有关投入能出效果的评估。

7）与送货时间相关的决策

零售商们认为 4 周的送货时间是"令人满意"的，4 周送货的成本会计入每件 E-go 的仓储运营成本中。较短的送货时间会提高公司的服务等级，但也会产生更高的成本。通常，3 周的送货时间会使每件 E-go 增加 0.5 元的成本，2 周的送货时间会使每件 E-go 增加 1.25 元的成本，1 周则会使每件 E-go 增加 2 元的成本。在生产线上的 E-go 型号越多，试图达到的送货时间越短，那么公司在每个配货中心的存货就会越多，这样才能满足不断变化的 E-go 款式和不同数量的零售订单。系统能够随时告知需要配备多少存货才能实现即时送货，从而让零售商满意。如果估算的存货水平低于要求的水平，将不得不决定是否延长公司的供货时间，或是否增加产量并扩大存货，或是否需要在次年决策中降低服务等级。请注意，存货的仓储成本会随着没有卖出产品的存货的增长而增长。如果不能达到要求的存货水平，将会使零售商的送货时间延迟，导致次年的服务等级水平低于预期。

8）存货清算选项

如果销售情况不理想，有一个选项可以以低于市场价的价格清算不想要的存货。当点击屏幕上的清仓按钮时，一个对话框将跳出从而对选项进行解释，并且显示存货清算者愿意为过剩商品支付的价格。随着清仓数量的变化，每年商品的清算价格也会相应变化。这个对话框还会提供一些数据，包括清仓后可以节省多少钱，以及财务方面的评估。由于清算价钱绝对低于生产这些 E-go 类货品的成本，因此，卖掉所有产品才是最佳方案。

2. 自有品牌网络直销市场决策

自有品牌除了批发市场决策外，还需进行网络直销市场决策，即 6 屏网络市场的各项决策，见图 6.8。每个决策期，市场总监需要做三个在线销售的决策：①确定网络平均零售价（基于可供销售的款式数量）；②提供多少种款式；③送货时间。系统会自动提供关于价格计算的有效信息，协助市场总监做出最佳在线销售决策。

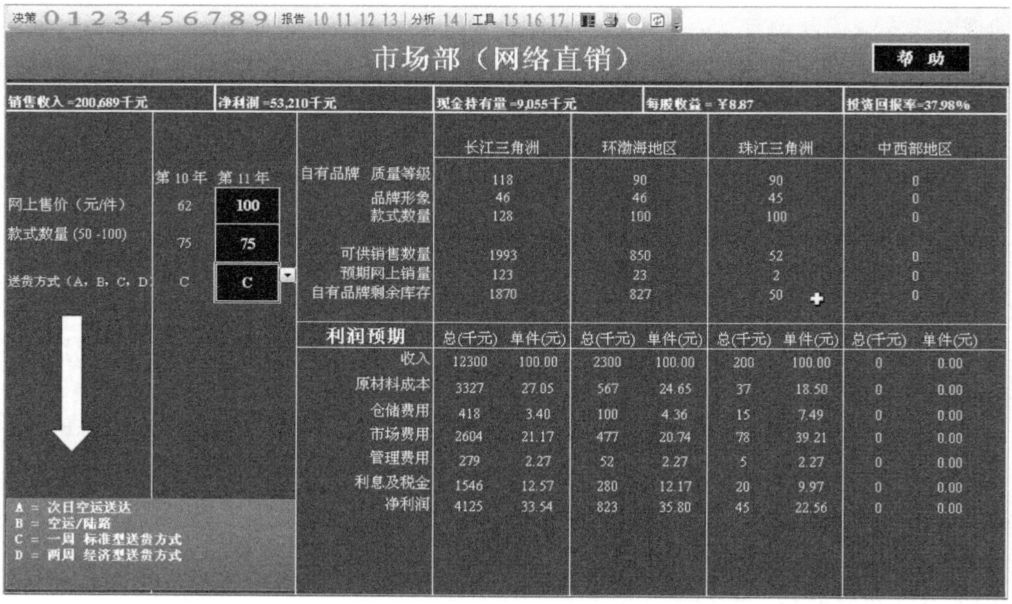

图 6.8　自有品牌网络市场决策屏（6 屏）

公司在每一个区域所能获得的市场份额，是三个全国因素和三个具体地区因素的函数。

三个全国因素是：①公司 Web 站点与竞争者的 Web 站点所能提供的款式数量之比。所能提供的款式数量的最大值等于目前存货的款式数量的最小值。这个数字是由系统进行追踪的，该数字会显示在需要决策的空格的左侧。任一仓库款式数量的最小值是公司网站上所能提供款式数量的最大值，这是因为对在线购买者而言，送货一般是由在线购买者所在的地理区域的仓库来安排的，而且公司从节约成本的角度出发，只可能在全国创建一个网站，而不可能在全国各区来设立多个网站。但是，公司可以选择少提供一些款式，以减少 Web 站点的运营费用。提供较少的款式数量意味着需要较少的图片和商品描述，较少的设计费用等。可以在 6 屏中查看提供较少款式数量所能节省的费用，协助做出合理的决策。如果想要增加款式数量，甚至超过最大限额，可以通过生产更多的 E-go 款式或者调整货运方式，来增加在仓库中存货的款式，从而使网站有更多的款式可供销售。②公司 Web 站点与竞争者的 Web 站点的平均零售价之比。首先决定在公司的 Web 站点上销售产品的平均销售价，其代表了所有款式的平均销售价。网络直销产品的价格与对手的价格的比较是决定网络直销市场中公司所占份额的最重要的因素。研究表明在线购买者中很大一部分人就是要寻求低价商品，并且他们对价格差异都非常敏感，获取价格差异信息是十分容易的。在公司站点上销售产品的最高限价是每件 150 元。③公司送货速度与竞争公司的送货速度之比。送货方式体现了向在线购买者承诺的发货速度。两周经济货运的花费为每件 7 元。这 7 元包括将所定货品从分区仓库货柜中取出、包装、贴标签和对运输商进行相关安排的费用。一周标准货运提高了在线购买满意度，花费上升为每件 10 元。三天航空/陆地送货的花费是每件 13 元，次日航空送货的花费为每件 16 元。

三个具体地区因素是：①公司的产品质量；②品牌形象；③公司与竞争对手投放广告数额的比较。网上订购产品的配送，由当地的配货仓库完成。公司产品的质量、品牌形象、在相应区域所投放的广告与竞争对手相比优势越大，在网络直销市场中占有的份额就会越大。

同时，公司产品的平均在线零售价格、款式数量、发货速度与竞争对手相比越有优势，在网络直销市场中占有的份额也就会越大。一种不大可能发生的情况是，放弃在线 E-go 类市场的销售，如果这样，需在平均销售价一栏中键入 0，系统将默认决策是放弃了通过公司网站去销售产品。

3. 贴牌市场决策

除了自有品牌市场决策外，还可以进行贴牌销售，即 7 屏贴牌市场的各项决策，见图 6.9。贴牌销售的大型连锁店对所有竞标者的要求是：质量等级至少 50 分，款式数量至少有 50 种。当参加贴牌销售连锁店的竞标会时，出价比本公司自有品牌平均批发价至少低 2.5 元，否则会被拒之门外。出价最低的公司首先中标，如果该公司的产品数量无法满足贴牌销售连锁店的总需求数量，则按竞标价由低到高依次中标，直到满足总需求为止。如果在贴牌采购时无法取得较低的价格，贴牌销售的连锁店就无法取得更大收益，因为可以从销售自有品牌中获得很大利益。

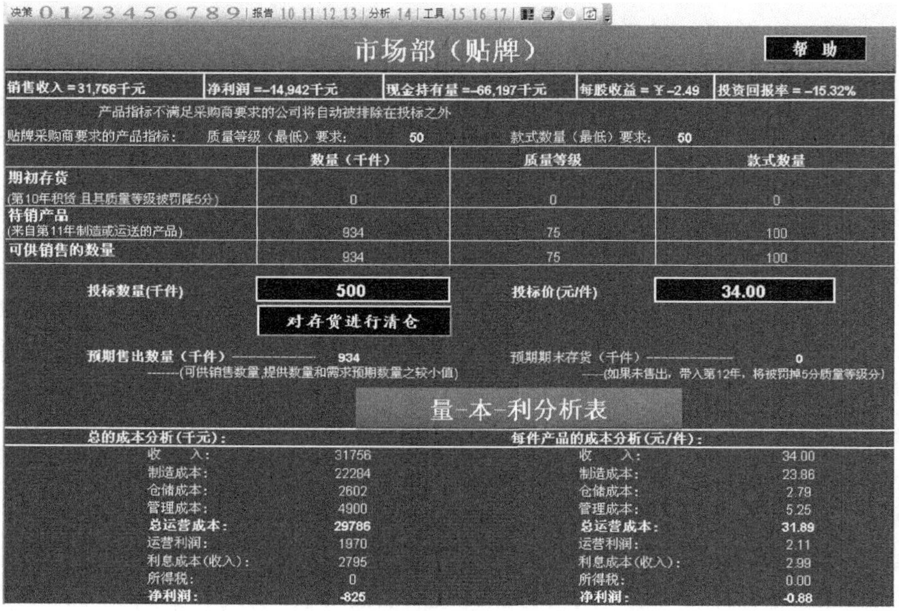

图 6.9　贴牌市场决策屏（7 屏）

如果决定要参加贴牌销售连锁店的竞标，每年需做出两个决策：①确定供应 E-go 产品的数量（以千件为单位）；②确定一个竞标价格（最小单位到分），即 7 屏贴牌市场决策，如图 6.9 所示。公司的产品可能全部中标，可能中标一部分，也可能一件也没卖掉。销售数量的多少，取决于需要购买的数量、竞争对手给出的竞标价格以及各公司能够提供的产品数量。如果竞标价相同，质量等级高的竞标者胜出；如果竞标价和质量等级均相同，款式数量多者胜出。没有卖出的贴牌 E-go 类货品将被保留在存货中，可以在下一年的竞标过程中卖掉它们。但是，在次年，它们的质量等级将被自动扣除 5 分。万一在售出贴牌产品竞标过程中失败，存货清仓功能可以用跳楼价来对剩余货品进行清仓，典型情况下，清仓价会低于制造成本。因此，通过常规渠道卖掉贴牌存货乃上佳之选，而采用存货清仓方式实在是迫不得已的最后手段。

4. 产品形象代言人竞标决策

12 位来自世界各地的明星表示他们愿意宣传 E-go，并且如果该公司出价够高，他们可以签约成为该公司的产品代言人。所有这些明星都雇用了经纪人在竞价过程中代表他们，以决定他们将与哪家公司签约。8 屏名人签约数据显示，所有 12 位明星名人 A 至名人 L 都是世界知名人士，且根据屏幕显示的消费者吸引力指数，每一位名人在各个地理区域中都有着同样的影响力。吸引力指数为 100 的明星比吸引力指数为 50 的明星更具影响力。签约一位有着较高吸引力指数的明星对公司的品牌知名度有着显而易见的巨大提升作用，签约明星在中国 E-go 行业联盟的品牌形象计算中占 40%的权重。与公司签约的名人吸引力指数越高，公司品牌整体的品牌形象分值就越高，能够占有的市场份额就越大（其他情况相同）。

对每一家公司签约名人的数量没有限制。不过,一旦与一家公司签约的名人的吸引力指数之和超过 400,其对市场影响力的边际效益就会迅速下降。名人签约所能带来的利润增长能否覆盖签约名人的成本,将取决于在名人签约竞价中的出价高低。市场调查显示,如果赢得签约的竞价并不是没有道理的天价,那么在 E-go 类市场中名人签约的价值将会得到体现。标准的合约期是依不同名人而异的,能否签约取决于每年支付的费用多少。规则是,名人会与出价最高的公司签约(每年最少为 50 万元)。在最高出价相等的情况下,名人会与总消费者吸引力指数最低的公司签约(如果公司之间有着同样的吸引力指数,名人会与总品牌形象最低的公司签约。名人偏好与有着较弱宣传阵容的公司签约,因为这样他们就会有更大的曝光概率而成为该公司的主要代言人)。公司将为每个竞价付出 10 万元的成本,用来支付竞标的服务费用。

■ 6.5 财务管理

完成了运营决策后,开始做公司财务运作和融资方面的决策。财务总监需根据总经理的年度计划做出各种财务预算,以支持公司的运营和资本运作决策,即 9 屏财务管理的各项决策,见图 6.10。公司有很好的融资渠道,比如通过发行债券(长期债务)和新股替换短期负债。另外一种办法是,公司可以通过冻结或减少派发红利的办法,从公司内部筹得资金,用于公司扩张。如果利息足够便宜,可以考虑在低利率下发行一些新债券。如果没有更多的资本需求而公司财务状况又非常好,可以考虑通过回购公司股票或提前赎回公司债券来使每股收益提高。财务决策对公司债券评级、短期借款利率、投资回报率及股票价格影响巨大。所以,财务总监决策要非常慎重。

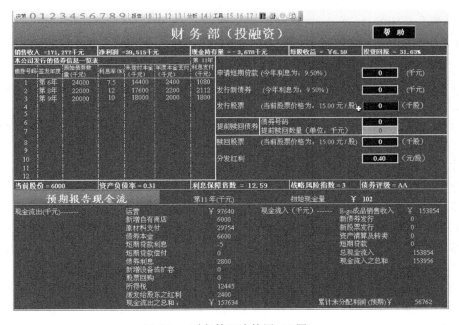

图 6.10 财务管理决策屏(9 屏)

1. 公司债券评级

当前公司的债券评级是 BBB。针对 E-go 行业，共有七个固定评级（AAA，AA，A，BBB，BB，B 和 C），AAA 表示财务稳健企业，C 级债券被视为"垃圾债券"。债券评级取决于三个因素。①资产负债率，资产负债率低于 0.25（或 25%）被债券评级机构视为有足够能力承受风险且信贷状况优秀，若资产负债率达到 0.5（或 50%）或更高，对公司债券评级将有递增的负面影响，资产负债率大于 0.65（或 65%）将导致债券评级降为 BB 或更低（除非公司有非常理想的利息保障倍数，以抵消不佳资产负债率的影响）。②利息保障倍数，是公司税前及息前盈余除以利息总额的比率，对风险敏感的债券持有者或购买者来说，利息保障倍数达到 2.0 是最低要求。因为销售额的突然下降或运营成本的突然提高，会恶化公司现金流，导致公司无力偿还债务。如果某年公司的利息保障倍数低于 2.0，公司将丧失发行新债券的权利，但是可以利用短期贷款来进行融资。如果公司的债券评级跌入 C 级，公司发行新债券的要求将被否决，尽管利息保障倍数高于 2.0。有一种例外情况，那就是发行新股，即股东对公司增资。③战略风险指数，战略风险因素是以下三个因子的函数：公司拥有多大的产能；贴牌销售占总销售的百分比；公司在多少个地区拥有自己的工厂。

2. 财务及现金决策

财务总监需做出决策的项有：短期贷款申请、发行新债券、发行新股、提前赎回债券、回购股票、派发红利、现金账户利息等。

（1）短期贷款申请。公司与全国各大财团的协议表明，如果公司的债券评级和债务状态没有超过警戒线的话，管理层有买最多 1 亿元的短期债券的自主决定权。短期贷款的利息率与当前公司债券评级的利息率相等。这也意味着，如果今年的债券评级是 BBB，那么第 11 年的短期贷款利率将是 9.50%。基本利率每年都在变化，系统有相关提示。债券利率及短期贷款方面，债券评级为 AAA 的公司，得到与基本利率相等的贷款利率，而其他公司的贷款利率则依次增高。公司发行新债券的利率依照当年公司的债券评级计算。所有短期贷款需在次年还清，去年的债务可以通过今年继续短期贷款的方式来还清。需关注长期债券和短期贷款的总额，如果资产负债率高于 50%，公司的债券评级就会恶化，除非利息保障倍数足够高以抵消这种不良影响。

（2）发行新债券。所有债券均为 10 年期。债券本金每年平均偿付。未偿付本金的利息每年支付。新发行债券的利息率基于去年的债券评级确定。在企业经营模拟中，AAA 级债券的利息是有波动的，因为现实中，中央银行经常调整基本利率。公司最多可以发行 12 次新债券（前管理层已经用过 3 次了）。每次最多可发新债券总额为 9999.9 万元。新债券发行的协议要求上年度的利息保障倍数必须大于 2，否则不予发行。因此，为了能够保住发行新债券的能力，管理层必须尽其所能，保证每年的利息保障倍数大于 2。结果会发现过度依赖发行新债券不是融资的最佳途径。在失去了发行新债券的权利后，仍然可以借一些短期贷款。事实上，如果公司债券评级跌至 B 或 C，最好考虑通过短期贷款来融资。因为此时以高利率发行长期债券是比较亏的。尽管日后利息率降低时，可以提前赎回债券，但是提前赎回债券是要交 2%罚金的。所以当公司的债券评级较低时，通过短期贷款融资比较划算。

（3）发行新股。当公司想扩张时，很可能发行新股。如果可以卖掉额外的股份或筹集到新的资本，投资者会对公司非常感兴趣。新股发行价格等于市场价格减去一个折扣价格。例如，新发行 10%的股份将以大约低于每股市场价 10%的价格发行。当输入准备发行的新股数时（千股），发行价将显示在左边的括号里。公司董事对增发新股做了如下限制：任何时候，公司股票总股数不得超过 5000 万股；任何时候，不得以低于每股 7.5 元的价格发行新股，而且，如果在任意一年的年末股票市场价低于 7.5 元，在次年将不得发行新股。上述限制，保障了现有股东的利益。

（4）提前赎回债券。随时可以全部或部分赎回债券，但是如果提前赎回的话要付 2%的罚金。在提前赎回债券决策一栏里输入债券代码和数量（千元），系统会自动计算罚金并把这笔费用打入公司的利息费里。在低利率的时候赎回高利率的债券多数情况下是合理的，因为有时候就算加上罚金，还是能节省不少。

（5）回购股票。从投资者手里回购股票，有时不得不以高于市场价的价格回购，价格的高低取决于回购份额的多少。换句话说，回购股票会把剩余股票的价格抬高，回购越多，回购价就越高。当输入回购股数时，系统会在左边显示一个回购价。回购股份的钱可由现金支付，或来自短期贷款、发行新债券、甚至于削减红利派发。董事会已经颁布规定，总股数不得少于 300 万股，这是回购股份的下限。一旦额外股东资本项目下为 0，公司会计将从所有者权益项下抵扣股票回购成本。股票回购成本不能导致所有者权益为负，一旦资产负债表上的所有者权益累计为负，所有回购决策都将被否决。

（6）派发红利。公司每年的红利对股东来说非常重要，红利的多少直接反映在股价上。可决定是否继续派发每年的红利，也可决定多发还是少发。如果公司派发的红利大于本年度利润，累计未分配利润将会下降。当累计未分配利润为负的时候，禁止派发红利。或当派发红利会导致累计未分配利润为负时，也是不允许的。除此之外的其他情况，董事会一般不干预管理层派发红利的决定。

（7）现金账户利息。公司与银行的协议要求，每年年初，银行将对结存在公司支票账户上的现金支付利息。利息率设定为比基本利率低 3%。如果在任何时候，管理层无法维持年末的现金结存为 0 或正数，银行将自动给公司一笔短期贷款，以维持支票账户现金大于 0。这笔短期贷款的利息将比通常贷款的利息高 2%。从支票账户过度提取现金代价是很高的，应该避免。

3. 影响公司股票价格的因素

公司股票价格的涨跌取决于如下因素。

（1）销售收入的增长：增长率越高，股票价格上涨越快。

（2）每股收益的三年预期：投资者对未来三年平均每股收益趋势的预期将直接反映在股价上，增长趋势对股价有正面影响，下跌趋势对股价有负面影响。

（3）每年的投资回报率：较高的投资回报率意味着股东资本得到了高额回报，对股价有正面影响。

（4）未来三年平均投资回报率的变化趋势：如果未来三年投资回报率预期增长，投资者信心得到提振，对股票价格有正面影响，反之，则有负面影响。

（5）每股收益增长趋势：每股收益增长得越快，股票价格就越高，反之越低，因此，每股收益的变化将会影响股票价格，投资者十分关注每股收益的稳定增长。

（6）每股红利的增长趋势：每股红利增长得越快，股票价格就越高，反之越低，因此，每股红利的变化将会影响股票价格。

（7）红利支付比率（当前每股红利/当前每股收益）是否超过了100%：派发红利如果超过了每股收益将对股票价格有负面影响，因为这种做法会使现金流减少，威胁公司可持续发展。

（8）公司债券评级：较高的债券评级对股票价格有正面影响，因为它显示了公司优良的财务状况。

（9）战略风险指数：低战略风险指数对股票价格有正面影响，因为这意味着较低的商业风险。

这九种因素中，每股收益增长趋势、每年的投资回报率、每股收益的三年预期、未来三年平均投资回报率的变化趋势，对股票价格影响最大。红利支付比率，对股票价格事实上没有影响，除非公司没有赚得红利而红利支付比率却大于100%。其他四个因素对股票价格有间接影响作用。

■ 6.6 行业、财务报告和竞争对手分析

当接收到结果文件 Results.xls，运行后，就可在客户端中看到财务结果和所有竞争者的实际数据，可以获得三个核心报告——E-go 行业报告、行业基准报告和两份竞争分析报告，将能看到各个竞争对手的报告和在这些年的公司运作中实际发生了些什么。一系列的分析和计划工具将帮助总经理诊断行业和竞争环境，从而协助其制订或调整战略计划。

1. E-go 行业报告

点击 10 屏 E-go 行业报告按钮。一般来说，将依据历年累计得分来决定公司表现：第一部分是积分榜；第二部分是行业所有公司的主要信息；第三部分是提供各公司各项运营情况的详细资料。下载并保存每年的 E-go 行业报告，会经常需要查看过去的 E-go 行业报告。每年的行业报告都包括自有品牌和贴牌的五年需求预期。每年的预期都基于各地区当年可供销售的 E-go 总量。需要意识到，尽管需求预期原则上是基于最新的信息和条件，但也不是绝对的。E-go 行业报告的需求预期受沪深 300 指数的波动影响，以及整个行业试图抓住潜在需求的强烈程度的影响。因此，如果沪深 300 指数剧烈波动、整个行业试图抓住潜在需求的强烈程度太强或太弱的话，对某一年实际销售的影响，最大程度可能偏离预期10%～15%。

2. 行业基准报告

行业基准报告是一页纸的统计数据，显示了公司在原材料成本、劳动力成本、废品率、

工厂管理成本和制造成本方面的效率。这份报告比较了公司在各个地区的表现。此外，也给出了 E-go 行业各公司在各地区的成本的最高值、最低值和平均值。使用这份报告，可以清晰地认识到公司成本的高低、成本优势或劣势的大小，从而改进公司的管理。

3. 竞争分析报告

共有两份报告——战略比较报告，比较某年各公司的结果；竞争对手跟踪报告，比较某公司历年的结果。

战略比较报告显示公司在各个区域市场上，与竞争对手的竞争情况。公司能卖掉多少件自有品牌的 E-go，是产品价格、产品质量、广告投入以及竞争对手相关指标的函数。这份报告可以一目了然地比较公司与竞争对手的情况。这种比较能清楚地了解到在不同的市场各方的竞争领先优势有多大，这有助于总经理调整竞争策略，在未来取得更好成绩。

竞争对手跟踪报告提供了各公司历年的经营数据。这份报告强调了公司在各地区历年的经营变化，由此可判断公司在未来的经营趋势。在 3～4 次决策之后，会发现哪些公司的战略会对公司构成直接的威胁。下载这份报告、找到直接的竞争对手是制定未来决策最快最准确的方法。也可以下载历年的公司跟踪报告，分析一下竞争对手曾对公司采取过哪些策略，看看哪里最需要改进。

4. 公司财报

当收到决策反馈结果后，就可以查看公司去年的运营结果。通过公司财报，可以看到公司各个方面的开销以及资金的流动。还可以通过研究成本分析表得知公司在哪方面成本控制得较好，哪方面成本有浪费，然后加以改进。理想情况下，最好能把所有的报告下载下来，发给管理团队的每个成员。

第 6 章图片

第7章

实 战 模 拟

■ 7.1 如何创建公司

1. 注册登录用户名

输入商道教学系统网页，点击注册，填写用户基本信息，见图 7.1 和图 7.2。

图 7.1　系统注册界面图

图 7.2　用户基本信息填写界面

2. 修改行业号

登录商道教学系统，点击页面左侧菜单栏中的修改登录信息按钮，修改行业号，见图 7.1 和图 7.3。

3. 打开商道客户端，完成公司信息注册

（1）双击桌面商道客户端图标，打开商道客户端，见图 7.4 和图 7.5。

（2）点击继续按钮，进入公司信息注册界面，见图 7.6，完成公司创建。按要求填写信息，完成后点击提交按钮，进入客户端主界面，见图 5.5。

图 7.3　修改用户基本信息界面

图 7.4　开启商道客户端

图 7.5　进入商道客户端界面

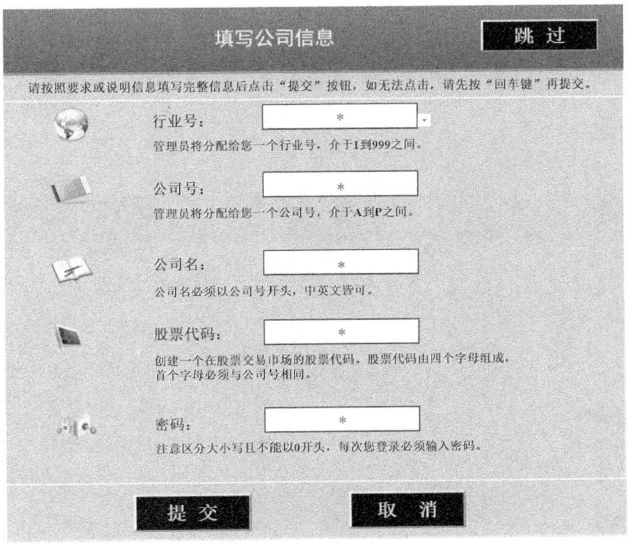

图 7.6　公司信息注册界面图

■ 7.2　公司经营状况和行业环境分析

通过查看 10～13 屏信息，分析行业发展态势、市场供求状态、竞争对手策略和公司经营状况。

7.2.1　公司经营状况分析

1. 公司经营结果分析

（1）点击 10 屏行业报告第一页，查看行业内所有公司得分榜和积分榜，见图 7.7。得分榜显示各公司得分情况，分值由销售收入、每股收益、投资回报率、债券评级、股票市值和战略评分六项累加得出。通过查看公司的得分和排名，可以分析上一年的经营策略实施效果。累计积分榜显示累计成绩，最终的排名由这里获得。通过查看公司的累计积分榜，了解公司的综合实力和市场竞争地位。

图 7.7　得分榜和积分榜

（2）点击 10 屏行业报告第二页，查看行业内所有公司分项得分情况，见图 7.8。通过查看公司各分项数值和评分，分析公司上一年和整体经营状况，并与行业内其他公司进行比较，找出公司经营的薄弱环节，调整公司经营策略，进一步提高其竞争实力。

| | 行业报告 | | 行业 xx, 第 11 年 | | | | | | | | 第2页 |

第11年 得分列表

	销售收入 (最高15分) 收入	得分	每股收益 (最高20分) 净利润	每股收益	得分	投资回报率 (最高25分) 投资回报率	得分	债券评级 (最高10分) 评级	得分	股票市值 股票价格	(最高15分) 资本总额	得分	战略评分 (最高15分) 评分	得分
A	¥ 183,798	13	¥ 59,997	¥ 10.00	20	32.48 %	25	A	9	¥ 175.00	¥ 1,050,000	15	34	3
B	57,636	4	-32,678	-5.45	0	-24.33	0	C	0	5.00	30,000	1	71	6
C	146,620	11	18,596	3.10	6	20.46	16	A	9	52.70	316,200	5	14	1
D	133,985	10	22,658	3.78	8	22.98	18	A	9	62.37	374,220	5	18	2
E	154,101	11	33,664	5.61	11	22.69	17	A	9	95.37	572,220	8	40	4
F	103,323	8	8,104	1.33	3	8.93	7	B	4	9.31	56,605	1	22	2
G	205,691	15	35,479	4.61	9	21.08	16	A	9	78.37	603,449	9	47	4
H	137,317	10	8,651	1.08	2	5.99	5	C	0	9.18	73,440	1	120	11
I	155,453	11	26,736	3.56	7	13.07	10	BB	6	64.08	480,600	7	15	1
J	161,403	12	6,399	1.07	2	6.58	5	C	0	10.70	64,200	1	157	14
K	131,379	10	14,886	2.48	5	17.82	14	A	9	39.68	238,080	3	11	1
L	144,886	11	10,219	1.40	3	6.82	5	C	0	16.10	117,530	2	167	15
M	109,875	8	22,112	3.69	7	17.13	13	BB	6	59.04	354,240	5	13	1
N	178,605	13	23,756	3.96	8	15.16	12	BB	6	67.32	403,920	6	118	11
	¥ 143,148	11	¥ 18,470	¥ 2.87	7	13.00 %	12	BB	5	¥ 53.16	¥ 338,193	5	61	5

累计成绩 得分列表

	销售收入 (最高15分) 收入	得分	每股收益 (最高20分) 净利润	每股收益	得分	投资回报率 (最高25分) 投资回报率	得分	债券评级 (最高10分) 评级	得分	股票市值 股票价格	(最高15分) 资本总额	得分	战略评分 (最高15分) 评分	得分
A	¥ 183,798	13	¥ 59,997	¥ 10.00	20	32.48 %	25	A	9	¥ 175.00	¥ 1,050,000	15	34	3
B	57,636	4	-32,678	-5.45	0	-24.33	0	C	0	5.00	30,000	1	71	6
C	146,620	11	18,596	3.10	6	20.46	16	A	9	52.70	316,200	5	14	1
D	133,985	10	22,658	3.78	8	22.98	18	A	9	62.37	374,220	5	18	2
E	154,101	11	33,664	5.61	11	22.69	17	A	9	95.37	572,220	8	40	4
F	103,323	8	8,104	1.33	3	8.93	7	B	4	9.31	56,605	1	22	2
G	205,691	15	35,479	4.61	9	21.08	16	A	9	78.37	603,449	9	47	4
H	137,317	10	8,651	1.08	2	5.99	5	C	0	9.18	73,440	1	120	11
I	155,453	11	26,736	3.56	7	13.07	10	BB	6	64.08	480,600	7	15	1
J	161,403	12	6,399	1.07	2	6.58	5	C	0	10.70	64,200	1	157	14
K	131,379	10	14,886	2.48	5	17.82	14	A	9	39.68	238,080	3	11	1
L	144,886	11	10,219	1.40	3	6.82	5	C	0	16.10	117,530	2	167	15
M	109,875	8	22,112	3.69	7	17.07	13	BB	6	59.04	354,240	5	13	1
N	178,605	13	23,756	3.96	8	15.16	12	BB	6	67.32	403,920	6	118	11
	¥ 143,148	11	¥ 18,470	¥ 2.87	7	13.00 %	12	BB	5	¥ 53.16	¥ 338,193	5	61	5

图 7.8 得分列表

销售收入满分 15 分，销售收入第一名的公司为满分，其他公司销售收入同第一名相比取相对得分。如 H 公司第 11 年销售收入 137 317，占销售收入第一名 G 公司（205 691）的 66.76%，得分 10 分。

每股收益满分 20 分，但由于净利润不同，造成每股收益有差，得分计算方法同销售收入。如果每股收益为负，该项得分为零。

投资回报率满分 25 分，得分计算方法同销售收入。如果投资回报率为负，该项得分为零。

债券评级满分 10 分，分为七个固定等级，其中 AAA（得分 10 分）表示财务稳健企业，C 级债券（得分 0 分）被视为垃圾债券，债券评级越低时银行认为贷款给公司风险越高，提供给公司的贷款利息也就越高。其他等级得分为 AA 得分 10 分，A 得分 9 分，BBB 得分 8 分，BB 得分 6 分，B 得分 4 分。

股票市值满分 15 分，股票市值＝股票价格×股数，计分方法同销售收入。如 A 公司第 11 年表现良好，优异的销售收入、净利润、每股收益带来很好的投资回报率，股民纷纷看好 A 公司股票，踊跃购入，使得 A 公司股价从第 10 年的每股 15 元上升到每股 175 元。

战略评分最高为 15 分，战略评分越高，意味公司未来竞争潜力越大。第 11 年 L 公司得了 167 分，位列行业第一，所以 L 公司此项得了满分。在 10 屏行业报告第七页显示了 L 公司为什么获得 167 分，见图 7.9，其他公司战略得分计算方法同销售收入。

战略表现测评方法		A	B	C	D	E	F	G	H	I	J	K	L	M	N	O	P
战略评分比较（战略评分得分）																	
生产线 集中程度（款式数量至少 高于或低于地区平均值20%）	长三角	1	·	1	1	·	·	·	3	3	3	3	9	3	10		
	环渤海	·	·	2	·	3	·	·	3	3	3	3	10	3	10		
	珠三角	·	·	2	·	3	·	·	3	3	3	3	10	2	10		
	中西部																
产品质量等级（质量等级至少高于 地区平均值20%）	长三角	2	·	·	·	·	·	·	10	2	10	·	·				
	环渤海	·	·	·	·	3	·	·	10	2	10	·	·				
	珠三角	·	·	·	·	3	·	·	10	2	10	·	·				
	中西部																
良好的客户服务（服务评分至少高于 地区平均值20%）	长三角	·	7	·	·	·	·	·	4	·	7	·	7				
	环渤海	·	·	·	·	·	·	·	·	·	8	·	8				
	珠三角	·	·	·	·	·	·	·	·	·	8	·	8				
	中西部																
良好的品牌形象（品牌分至少高于 地区平均值20%）	长三角																
	环渤海																
	珠三角																
	中西部																
总成本低（售出每件E-go的运营成本 至少低于该地区自有品牌平均值的10% 或贴牌平均值的2%）	贴牌	·	·	7	1	·	·	·	8	·	12	·	·	5	·		
	环渤海	·	·	·	·	·	·	2	·	·	·	·	·	·	4		
	珠三角	·	·	1	·	·	·	1	·	·	·	·	·	·	2		
	中西部																
市场分额领先（销量至少高于 细分市场、区域平均 的15%）	贴牌	·	21	·	·	·	·	·	·	·	21	·	·				
	网络	·	·	1	·	·	·	·	14	·	30	·	30				
	长三角	·	·	·	2	·	3	12	·	·	·	·	·	·	15		
	环渤海	·	·	·	11	·	·	16	·	·	·	2	·	·	15		
	珠三角	7	·	·	5	·	·	14	·	·	·	·	·	·	3		
	中西部																
高性能价格比（质量和款式对价格的比率 至少高于市场或区域 平均值的15%）	网络	·	·	·	·	·	·	·	17	·	24	·	23	·	·		
	长三角	·	·	·	·	·	·	·	11	·	2	·	20	·	15		
	环渤海	·	·	·	·	·	·	·	15	·	4	·	22	·	17		
	珠三角	·	·	·	·	·	·	·	12	·	2	·	20	·	14		
	中西部																
战略定位（每个地区的销量至少 占总销量的10% 或一个地区的销量至少占50%）	全国 区域	24	43	·	14	12	19										
		34	71	14	18	40	22	47	120	15	157	11	167	13	118	0	0

注：每个公司在每个区域的销售量至少要大于10万才能进行此地区的战略评分

图 7.9　战略评分比较

L 公司战略评分获得 167 分：生产线项得了 29 分，因为款式数量至少高于地区平均值的 20%；良好的客户服务项得了 23 分，因为服务评分至少高于地区平均值的 20%；市场份额领先项中网络市场得了 30 分，是因为销量至少高于细分市场、区域平均的 15%；高性能价格比得了 85 分，是因为质量和款式对价格的比率至少高于市场或区域平均值的 15%。值得注意的是性价比高的公司意味着利润薄，财务报表不够完美，但战略评分是考察公司的未来。性价比高、市场份额领先，系统认为公司未来有竞争力，在战略评分时会给公司加分。

（3）点击 10 屏行业报告第八页的收益表和资产负债表，见图 7.10，对比其他公司的财务状况，分析公司财务和经营状况是否良好。重点要查看总所有者权益，因为连续两年公司总所有者权益为负（意味着资不抵债）则判定破产。

行业报告　　行业xx，第 11 年　　第8页

收益表（千元）　　红利

	销售收入	制造成本	仓储费用	市场费用	管理费用	运营收益	利息费用	额外费用	所得税	净利润	派发（千元）	比率（%）
A	153994	78632	13022	36483	5542	20315	4987	0	4599	10729	2400	22.4
B	161862	92169	13301	18773	5618	32001	4987	0	8104	18910	2400	12.7
C	100400	59278	10698	13293	5005	12126	4987	0	2142	4997	2400	48.0
D	156729	84881	13462	16237	5567	36582	4987	0	9479	22116	2410	10.9
E	173263	79861	13205	71144	5733	3320	4987	0	0	-1667	2400	0.0
F	118830	70330	12417	13967	5188	16928	4987	0	3582	8359	2400	28.7
G	236290	68155	12499	89915	7714	58007	4987	0	15906	37114	2400	6.5
H	133837	89685	11273	48014	5336	-20471	4987	0	0	-25458	2400	0.0
I	103217	65415	10479	14427	5032	7864	5007	0	857	2000	2406	120.3
	148714	76490	12262	35806	5637	18519	4989	0	4963	8567	2402	0.0

资产负债表（千元）　　债务等级

	现金	总资产	短期债务	债券债务	总债务	未分配利润	总所有者权益	股票股数	利息保障倍数	资产负债率	战略风险因素	存货周期（注释1）
A	0	143855	27688	43400	82277	25578	61578	6000	4.07	0.49	3	102
B	0	144032	24550	43400	75275	32757	68757	6000	6.42	0.47	3	15
C	0	115067	15737	43400	66222	12845	48845	6000	2.43	0.51	3	100
D	190	163392	45000	43400	97066	29953	66326	6025	7.34	0.54	3	98
E	0	141654	43237	43400	96473	9181	45181	6000	0.67	0.61	4	40
F	0	126587	14406	43400	67356	23231	59231	6000	3.39	0.46	2	119
G	0	241422	97955	43400	152459	52963	88963	6000	11.63	0.59	2	200
H	0	115829	38787	43400	91442	-11613	24387	6000	-4.10	0.71	2	4
I	0	122553	31424	45900	86473	-159	36080	6016	1.57	0.63	3	122
	21	146043	37643	43678	90560	19415	55483	6005	3.71	0.56	3	89

第一页 第二页 第三页 第四页 第五页 第六页 第七页 第八页

图 7.10　收益表和资产负债表

收益表重点查看销售收入、净利润、制造成本、市场费用和利息费用等这些指标的数值，从而分析公司财务状况是否良好。例如，收益表中 A、E、G 公司的市场费用都高于平均水平，因为三家都签约了名人，且 E 公司因高额的市场费用但销售收入并不突出导致公司第 11 年净利润为负。H 公司则因制造成本和市场费用高且销售收入低导致公司第 11 年净利润为负。行业中所有公司的利息费用基本是一样的，说明第 11 年没有公司提前赎回债券。E 和 H 公司的净利润为负、所得税均为零，在公司亏损的情况下，两个公司竟然还坚持派发红利，精神可嘉。

资产负债表重点查看现金、短期债务、总债务、总所有者权益和利息保障倍数这些指标，分析公司经营状况是否良好，是否资不抵债。当公司资金出现断流的时候，开户银行会自动提供短期贷款给公司，使公司现金为0，帮公司平账，但银行会向公司收取高额的利息。公司持续现金流为负，说明公司经营持续亏损，公司短期债务持续增加，会导致公司总所有者权益减少。D公司是第11年唯一有现金的公司。利息保障倍数这个指标用于评价公司运作是否良好，是否有能力及时偿还借贷利息。利息保障倍数影响公司债券评级，第11年G公司利息保障倍数为11.63，意味着公司运营收益足够大，是当年偿还利息总额的11.63倍。资产负债率是借来的资金占公司总资本的比例，影响公司债券评级。在中国，上市公司资产负债率一般在50%左右，G公司59%就比较合适。负债要适度，因为负债率太高风险就很大，负债率低又显得太保守。

2. 公司财务和运营表现分析

查看公司经营的实际结果，分析财务表现和运营表现，真正核心的报告是制造报告、仓储报告、成本分析和区域盈利分析报告。通过分析公司财报，研看公司各个方面的开销以及资金的流动，了解公司的优势和劣势，为做出决策提供依据。

（1）点击11屏公司财报（每家公司只能看到自己的财报），查看财务经理分析表，包括收益表、现金流量表。

从收益表可以分析公司贴牌和自有品牌市场的盈利情况，以及哪个市场对公司的贡献率最大，运营利润最多。以A公司为例，见图7.11，自有品牌四个子市场中珠江三角洲对公司的贡献率最大，运营利润是最多的，而长江三角洲运营利润为负即亏损。公司第10年股价是1.52，经过一年的经营，A公司每股收益有所增长。

图7.11　公司收益表

从现金流量表可以分析公司资金的收支状况。以A公司为例，见图7.12，净现金流动为0，说明A公司第11年支出大于收入，系统自动短期贷款27 688千元，这说明公司第11年获得的收入不足以弥补支出，存在资金缺口。

（2）点击11屏公司财报的资产负债表，大致了解公司所拥有的资产状况、所负担的债务、所有者权益等财务状况，分析公司经营状况是否良好。以A公司为例，见图7.13，资产负债率（总债务/总资产）为57.19%，总流动资产大于总流动负债，说明A公司经营状况较好。

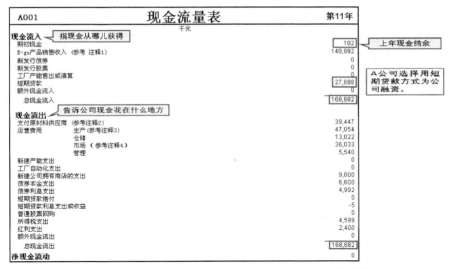

A001	现金流量表		第11年
	千元		

现金流入　指现金从哪儿获得
期初现金	102	← 上年现金结余
E-go产品销售收入（参考 注释1）	140,892	
新发行债券	0	
新发行股票	0	A公司选择用短
工厂产能售出或清算	0	期贷款方式为公
短期贷款	27,688	司融资。
额外现金流入	0	
总现金流入	168,682	

现金流出　告诉公司现金花在什么地方
支付原材料供应商（参考注释2）	39,447
运营费用　生产（参考注释3）	47,054
仓储	13,022
市场（参考注释4）	36,033
管理	5,540
新建产能支出	0
工厂自动化支出	0
新建公司拥有商店的支出	9,000
债券本金支出	6,600
债券利息支出	4,992
短期贷款偿付	0
短期贷款利息支出或收益	-5
普通股票回购	0
所得税支出	4,599
红利支出	2,400
额外现金流出	0
总现金流出	168,682
净现金流动	

注释1：E-go产品销售收入代表75%的第11年销售额和25%的第10年销售额，原因是应收账款有三个月的还款滞后期。
注释2：支付给原材料供应商的钱代表第11年75%的原材料成本和第10年25%的原材料成本，原因是支付原材料供应商时有三个月的滞后期。
注释3：这个数字包括所有生产相关费用，除了折旧。因为工厂和设备折旧是非现金会计账目，因此对当年现金流出没有影响。
注释4：这个数字包括所有市场相关费用，除了折旧。因为公司专卖店的设备和家具的折旧是非现金会计账目，所以不影响当年现金流出。

财务经理分析表 / 资产负债表 / 市场经理分析表 / 生产经理分析表 / 物流经理分析表 / 成本分析 /

图 7.12　公司现金流量表

A001	资产负债表		第11年
	千元		

资产
现金		0
应收账款（参考注释1）		38,499
E-go产品存货		23,306
总流动资产		61,805
财产、工厂及设备———总投资	90,000	
累计折旧	7,950	
（参考注释2）　　　　净投资		82,050
总资产		143,855

债务及所有者权益
应付账款（参考注释3）　账款		11,189
短期应付贷款（参考注释4）		27,688
长期债务之当前部分（参考注释5）		6,600
总流动负债		45,477
长期未付债券（参考注释6）		36,800
总债务		82,277
所有者权益———普通股（参考注释7）	6,000	
额外股东资本（参考注释8）	30,000	
累计未分配利润（参考注释9）	25,578	
总计所有者权益		61,578
债务及所有者权益总和		143,855

注释 1：收益表中收入¥153,994，在第11年年底的时候，其中25%没有从客户处收到。这笔钱将会在第12年收到。
注释 2：财产、工厂及设备代表公司累计在工厂和公司专卖店的设施投资。
注释 3：制造报告里的原材料费用¥44,756，在第11年年底的时候，其中25%没有支付。这笔费用将在第12年支付。
注释 4：短期贷款的利率是9.50%。
注释 5：长期债务的当前部分是第12年所有发行债券应付本金之和。
注释 6：未付清的长期债券。
注释 7：普通股票面值1元/股，总计已发行6,000千股，最多允许发行50,000千股。
注释 8：额外股东资本是一种测量手段，即股东投入的超出股票面值的那部分资本。
注释 9：累计未分配利润是公司这些年来没有以红利形式派发的税后收益的总和。

财务经理分析表 / 资产负债表 / 市场经理分析表 / 生产经理分析表 / 物流经理分析表 / 成本分析 /

图 7.13　公司资产负债表

（3）点击 11 屏公司财报的市场经理分析表，分析公司各地区自有品牌网络和批发市场费用构成和地区盈利情况，从而得出哪个地区对公司贡献率大，哪个地区亏损，哪些成本费用过高等。以 A 公司为例，见图 7.14，A 公司第 11 年在长三角新开设 20 家专卖店、在环渤海新开设 40 家专卖店，专卖店运营费用分别为 12 251 千元和 12 902 千元，导致两个地区市场费用远远高于珠三角地区，使两个地区批发市场的单位产品净利润很低，长江三角洲单位产品净利润为负。这也解释了 11 屏收益表中长三角批发市场净利润为负的原因。公司可以通过调整 5 屏的渠道策略（减少专卖店的投入），降低两个地区的市场费用，提高单位产品净利润。通过对比三个地区的盈利分析，可以得出 A 公司盈利最高的地区是珠三角市场，可以把珠三角作为主要市场。

市场经理分析表

A001 第11年

网络直销市场费用（千元）	长江三角洲	环渤海地区	珠江三角洲	中西部地区	总 计
服务器/域名租用费	333	309	354	0	996
网站维护和支持费用	134	124	142	0	400
订单处理和发送费用	1,110	1,030	1,180	0	3,320
总计	1,577	1,463	1,676	0	4,716
公司拥有的专卖店					
店的数量————第10年末	0	0	0	0	0
第11年新增	20	40	0	0	60
总店数 第11年	20	40	0	0	60
资产和————第10年净投资	0	0	0	0	0
固定设备 在新店的投资	3,000	6,000	0	0	9,000
（千元）第11年折旧	150	300	0	0	450
第11年净投资	2,850	5,700	0	0	8,550
运转————工资	10,000	10,000	0	0	20,000
费用 运营费用（租金、电费、维护费）	2,101	2,602	0	0	4,703
（千元）折旧（资产和固定设备）	150	300	0	0	450
总运营费用	12,251	12,902	0	0	25,153
市场费用（千元）					
网络直销市场费用	1,577	1,463	1,676	0	4,716
专卖店运营费用	12,251	12,902	0	0	25,153
广告投入	1,000	500	1,000	0	2,500
客户折扣和补偿	273	242	275	0	790
零售商支持和在线服务	2,100	550	300	0	2,950
准时送货费用	273				273
名人签约费用	24	53	24	0	101
总市场费用	17,498	15,710	3,275	0	36,483
管理费用（千元）					
经理人员薪水					1,540
其他公司日常费用					4,000
总管理费用					5,540

收入-成本-盈利 分析（元/售出件）	贴牌	长江三角洲 网络	长江三角洲 批发	环渤海地区 网络	环渤海地区 批发	珠江三角洲 网络	珠江三角洲 批发	中西部地区 网络	中西部地区 批发	总 计
销售收入	40.00	60.00	50.00	60.00	52.00	60.00	52.00	0.00	0.00	48.11
运营成本 - 制造	22.35	26.11	26.11	24.75	24.75	24.54	24.54	0.00	0.00	24.56
分销	4.14	5.16	5.16	3.14	3.14	4.76	4.76	0.00	0.00	4.07
市场	0.00	15.77	28.84	14.62	11.73	15.74	2.58	0.00	0.00	11.40
管理	1.73	1.73	1.73	1.73	1.73	1.73	1.73	0.00	0.00	1.73
运营利润	11.78	11.24	-11.84	15.75	4.65	13.23	18.38	0.00	0.00	6.35
额外收益或损失	0.00									0.00
利息收入或费用	-1.56	-1.56	-1.56	-1.56	-1.56	-1.56	-1.56			-1.56
税前收益	10.22	9.68	-13.40	14.20	3.09	11.67	16.82	0.00	0.00	4.79
所得税	3.07	2.90	-4.02	4.26	0.93	3.50	5.05	0.00	0.00	1.44
净利润	7.15	6.78	-9.38	9.94	2.16	8.17	11.78	0.00	0.00	3.35

地区盈利分析

◄ ◄ ► ► 财务经理分析表 / 资产负债表 / 市场经理分析表 / 生产经理分析表 / 物流经理分析表 / 成本分析 /

图 7.14　市场经理分析表

（4）点击 11 屏公司财报的生产经理分析表，见图 7.15，了解公司整个生产过程中原材料、劳动力等的所有成本构成和总制造成本，以及生产量、废品量、工厂投资、产能规模、项目改造等情况。

A001 生产经理分析表 第11年	长江三角洲 贴牌	长江三角洲 自有品牌	环渤海地区 贴牌	环渤海地区 自有品牌	珠江三角洲 贴牌	珠江三角洲 自有品牌	中西部地区 贴牌	中西部地区 自有品牌	总计
制造成本（千元）									
原材料——普通原材料	0	4,936	4,460	12,390	0	0	0	0	21,786
高级原材料	0	6,275	945	15,750	0	0	0	0	22,970
劳动力——年薪	0	4,200	2,903	12,097	0	0	0	0	19,200
奖金	0	515	185	769	0	0	0	0	1,469
加班费	0	1,260	825	3,440	0	0	0	0	5,525
工厂管理	0	1,260	387	1,613	0	0	0	0	3,260
质量控制	0	800	290	1,210	0	0	0	0	2,300
时尚设计	0	1,000	100	1,000	0	0	0	0	2,100
技术改进	0	0	0	0	0	0	0	0	0
批量生产安装	0	2,000	500	1,500	0	0	0	0	4,000
工厂维护	0	2,200	1,355	5,645	0	0	0	0	9,200
折旧	0	1,000	677	2,823	0	0	0	0	4,500
总制造成本	0	25,446	12,627	58,237	0	0	0	0	96,310
制造统计									
规格——质量	0	116	51	108	0	0	0	0	
款式	100	100	50	100	0	0	0	0	
生产量（千件）	0	996	600	2,500	0	0	0	0	4,096
废品量（千件）	0	59	35	173	0	0	0	0	267
净产量（千件）	0	937	565	2,327	0	0	0	0	3,829
废品率（%）	0.00	5.93	5.91	6.91					6.52
平均质量控制（元/件）	0.80		0.72		0.00		0.00		
平均技术改进	0.00		0.00		0.00		0.00		
工人劳动生产率——第11年	3,951		2,606		0		0		
（件/人/年）　上一年	4,000		2,500		0		0		
劳动力统计									
雇员总数——初期	200		800		0		0		1,000
雇用（解雇）	10		200		0		0		210
当前	210		1,000		0		0		1,210
补贴——年薪（千元/人）	20.0		15.0		0.0		0.0		
奖金	2.5（Y0.55/件）		1.0（Y0.33/件）		0.0		0.0		
补贴总额	22.5		16.0		0.0		0.0		
工厂投资（千元）									
资本增值 第11年	0		0		0		0		0
净投资（包括新资本）	15,000		63,000		0		0		78,000
减去第11年折旧	1,000		3,500		0		0		4,500
期末净投资	14,000		59,500		0		0		73,500
产能统计（千件）									
第11年工厂产能	1,000		3,000		0		0		4,000
新厂建设	0		0		0		0		0
产能扩张	0		0		0		0		0
产能 第12年	1,000		3,000		0		0		4,000
最大产能（满负荷）	1,200		3,600		0		0		4,800
工厂自动化——选项1	-----		-----		-----		-----		
选项2	-----		-----		-----		-----		
选项3	-----		-----		-----		-----		
选项4	-----		Y11		-----		-----		
选项5	Y11		-----		-----		-----		
选项6	-----		-----		-----		-----		

财务经理分析表 / 资产负债表 / 市场经理分析表 / 生产经理分析表 / 物流经理分析表 / 成本分析 /

图 7.15　生产经理分析表

（5）查看 11 屏公司财报的物流经理分析表，见图 7.16，了解公司贴牌和自有品牌各地区市场仓储运营和费用情况。

A001 物流经理分析表 第11年	贴牌	自有品牌仓储 长三角	环渤海	珠三角	中西部	总计
仓储运营（千件）						
期初存货	0	155	60	52	0	267
从何处工厂运来　　长三角	0	937	0	0	0	937
环渤海	565	422	1,254	651	0	2,892
珠三角	0	0	0	0	0	0
中西部	0	0	0	0	0	0
可销售数量	565	1,514	1,314	703	0	4,096
售出数量 ———————网络（零售）	0	111	103	118	0	332
批发	563	546	1,211	549	0	2,869
总计	563	657	1,314	667	0	3,201
清仓数量　　（第11年末）	0	0	0	0	0	0
期末存货	2	857	0	36	0	895
仓储脱销费用	0	0	0	0	0	0
期初存货成本	0	3,525	1,141	963	0	5,629
＋ 运入货物成本	12,627	36,007	31,383	16,292	0	96,309
－ 期末存货成本（清仓前）	45	22,377	0	884	0	23,306
售出货物制造成本	12,582	17,155	32,524	16,371	0	78,632
仓储费用（千元）						
存货仓储费用	0	78	30	26	0	134
运入货物运输费用	706	996	627	814	0	3,143
仓库运营	1,626	2,314	3,471	2,334	0	9,745
总仓储费用	2,332	3,388	4,128	3,174	0	13,022
存货清仓						
元/件 ————————清仓价	0.00	0.00	0.00	0.00	0.00	0.00
清仓　　　分配成本（参考注释1）	0.00	0.00	0.00	0.00	0.00	0.00
对税前收益的影响	0.00	0.00	0.00	0.00	0.00	0.00
影响 ————————对税前收益的影响	0	0	0	0	0	0
（千元）　　年度成本节约（参考注释2）	0	0	0	0	0	0

注释 1：清仓每件成本与通过正常销售渠道销售的产品成本一样。清仓产品未摊销任何仓储、市场、管理或利息费用。

注释 2：每年节约的成本是仓储和财务成本的预期值。

◄ ◄ ► ►◄ \财务经理分析表 / 资产负债表 \ 市场经理分析表 \ 生产经理分析表 \ 物流经理分析表 / 成本分析 /

图 7.16　物流经理分析表

（6）点击 11 屏公司财报的成本分析，分析公司各工厂贴牌和自有品牌市场单位产品生产成本构成以及贴牌和各地区自有品牌网络、批发市场的售出单位产品总成本构成情况，从而得出公司在哪方面成本控制得较好，哪方面成本有浪费，需要加以改进。以 A 公司为例，见图 7.17，A 公司第 11 年长三角工厂自有品牌生产成本较高；长三角地区批发市场售出成本过高，主要原因是专卖店成本过高。可通过 1 屏生产决策调整和 5 屏渠道策略调整，降低 A 公司第 12 年长三角工厂单位产品生产成本和长三角地区售出产品总成本。

A001 成本分析 第11年

生产成本（元/件 成品）根据工厂和产品

	长江三角洲		环渤海地区		珠江三角洲		中西部地区		总计
	贴牌	自有	贴牌	自有	贴牌	自有	贴牌	自有	
原材料 ——普通材料	0.00	4.96	7.43	4.96	0.00	0.00	0.00	0.00	5.32
高级材料	0.00	6.30	1.58	6.30	0.00	0.00	0.00	0.00	5.61
总计	0.00	11.26	9.01	11.26	0.00	0.00	0.00	0.00	10.93
劳动力 ——年工资	0.00	4.22	4.84	4.84	0.00	0.00	0.00	0.00	4.69
激励奖	0.00	0.52	0.31	0.31	0.00	0.00	0.00	0.00	0.36
加班费	0.00	1.27	1.38	1.38	0.00	0.00	0.00	0.00	1.35
总计	0.00	6.00	6.52	6.52	0.00	0.00	0.00	0.00	6.40
工厂管理	0.00	1.27	0.65	0.65	0.00	0.00	0.00	0.00	0.80
质量控制	0.00	0.80	0.48	0.48	0.00	0.00	0.00	0.00	0.56
风格/款式	0.00	1.00	0.17	0.40	0.00	0.00	0.00	0.00	0.51
生产方法									
废品成本	0.00	1.61	1.30	1.73	0.00	0.00	0.00	0.00	1.64
生产线安装	0.00	2.01	0.83	0.60	0.00	0.00	0.00	0.00	0.98
工厂维护	0.00	2.21	2.26	2.26	0.00	0.00	0.00	0.00	2.25
折旧	0.00	1.00	1.13	1.13	0.00	0.00	0.00	0.00	1.10
每件成品成本	0.00	27.16	22.35	25.03	0.00	0.00	0.00	0.00	25.15

（扣除废品后调整）

总单位成本（元/每件）售出的贴牌和自有品牌总计

	贴牌	长江三角洲		环渤海地区		珠江三角洲		中西部地区		总计
		网络	批发	网络	批发	网络	批发	网络	批发	
生产（以送货量为准）	22.35	26.50	26.50	25.03	25.03	25.03	25.03	0.00	0.00	25.15
存货成本调整（注释1）	0.00	-0.38	-0.38	-0.27	-0.27	-0.48	-0.48	0.00	0.00	-0.27
售出每件制造成本	22.35	26.11	26.11	24.75	24.75	24.54	24.54	0.00	0.00	24.89
批发成本 -存货仓储	0.00	0.12	0.12	0.02	0.02	0.04	0.04	0.00	0.00	0.04
运输（平均）	1.25	1.52	1.52	0.48	0.48	1.22	1.22	0.00	0.00	0.98
运营	2.89	3.52	3.52	2.64	2.64	3.50	3.50	0.00	0.00	3.04
总计	4.14	5.16	5.16	3.14	3.14	4.76	4.76	0.00	0.00	4.07
市场 网络市场	0.00	14.21	0.00	14.20	0.00	14.20	0.00	0.00	0.00	1.47
专卖店	0.00	0.00	22.44	0.00	10.65	0.00	0.00	0.00	0.00	7.86
广告	0.00	1.52	1.52	0.38	0.38	1.50	1.50	0.00	0.00	0.78
折扣	0.00	0.00	0.50	0.00	0.20	0.00	0.50	0.00	0.00	0.25
零售店支持	0.00	0.00	3.85	0.00	0.45	0.00	0.55	0.00	0.00	0.92
按时送货	0.00	0.00	0.50	0.00	0.00	0.00	0.00	0.00	0.00	0.09
名人签约	0.00	0.04	0.04	0.04	0.04	0.04	0.04	0.00	0.00	0.03
总计	0.00	15.77	28.84	14.62	11.73	15.74	2.58	0.00	0.00	11.40
广告费用	1.73	1.73	1.73	1.73	1.73	1.73	1.73	0.00	0.00	1.73
利息收益或费用	1.56	1.56	1.56	1.56	1.56	1.56	1.56	0.00	0.00	1.56
售出每件总成本	29.78	50.32	63.40	45.81	42.91	48.33	35.18	0.00	0.00	43.64

注释 1：存货成本调整代表运来的每件产品的加权平均值和期初存货的加权平均值不同。负数代表生产成本高于期初成本，正数代表生产成本低于期初成本。由于四舍五入，存货成本精确到±0.01元。

◄ ◄ ► ►◄ \ 财务经理分析表 \ 资产负债表 \ 市场经理分析表 \ 生产经理分析表 \ 物流经理分析表 \ 成本分析 \

图 7.17　成本分析

7.2.2　行业环境分析

1. 行业发展趋势和市场供求状态分析

（1）点击 10 屏行业报告的第三页，查看行业指数、股票指数和原材料价格等信息，分析公司所在行业发展趋势，见图 7.18。

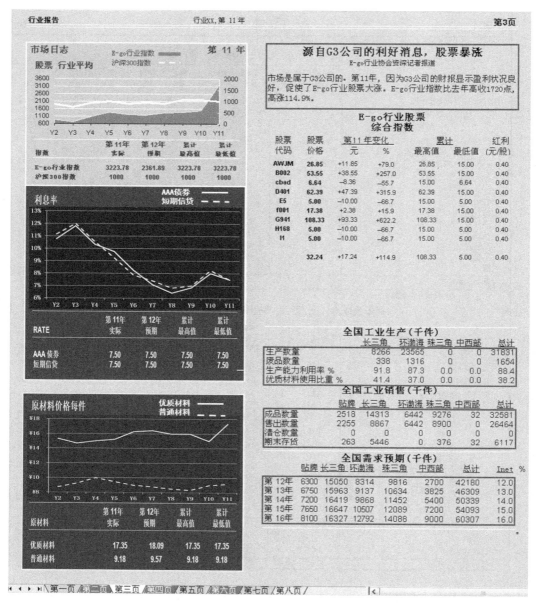

图 7.18　行业发展趋势和市场供求状态

　　源自 G3 公司的利好消息，促使 E-go 行业股票大涨。左边的市场日志图里有两条线，白线代表沪深 300 指数，前三年的沪深 300 指数还是比较平稳的，教学中沪深 300 指数及央行利息等可根据教学目的调整，但在比赛中一般不做调整。灰线代表 E-go 行业指数，如右边新闻所示，在第 11 年有一个暴涨的行情。

　　市场日志图下边是利息率图，实线表示 AAA 债券利息，虚线表示央行短期信贷基准利率利息，央行短期信贷基准利率前面三年也是保持平稳过渡的状态，既没有加息也没有减息，等三年之后央行会有一些宏观调控的举措出现，这对经济发展会产生一定影响。

原材料价格指示图，实线表示优质材料价格，虚线表示普通材料价格，前面三年原材料的价格变化完全是根据供求规律，后面三年的原材料价格系统可能做出相应调整。商道所有参数在后台是可以调节的，这样能带来更多不确定的情况。右边 E-go 股票综合指数是各公司股票波动的行情，股价分别有涨跌，是根据公司前面几年每股收益、投资回报率等来波动的。

公司股票价格的涨跌取决于如下因素：每股收益的三年预期、每年的投资回报率、未来三年平均投资回报率的变化趋势、每股收益增长趋势、销售收入的增长、每股红利的增长趋势、公司债券评级、战略风险指数、红利支付比率，前四个因素对股票价格影响最大，红利支付比率对股票价格影响不大，其他四个因素对股票价格有间接影响作用。前七个因素指标高或增长快，对股票价格有正面影响，反之则有负面影响。战略风险指数低对股票价格有正面影响，反之则有负面影响。

全国工业生产是指 E-go 行业的生产情况：全行业生产数量为 31 831 千件，废品数量为 1654 千件，生产能力利用率为 88.4%，这说明整个行业产能没有得到充分利用，有些公司出现生产线闲置的情况。

优质材料使用比重为 38.2%，相对于去年 25% 是个较大的涨幅，说明在第 11 年有不少公司都选择通过增加高级原材料使用的方式来提高质量等级。但原材料价格波动之一是两种不同材料的相互转换，当全国使用高级材料的比例超过 25% 时，每超过 1%，高级材料价格上升 0.5%，同时普通材料价格下降 0.5%。所以，一旦高级材料的使用超过 25%，两种材料价格的差距将被拉大。公司使用的高级材料比重越高成本就越高。第 12 年进行决策时是否可以考虑减少高级材料的使用，通过其他方式提高或维持质量等级，如减少款式数量、增加风格和特点研发预算、增加质量控制预算。假设所有的供应商都提供相同质量和价格的原材料。原材料价格取决于全国的供求关系。一旦全国 E-go 的生产量低于总产能的 90%，比 90% 每低 1%，原材料价格也将下降 1%。反过来，如果产量超过总产能（100%），每超过 1%，原材料价格将上升 1%。

（2）查看 10 屏行业报告第三页的全国工业销售信息，见图 7.18，分析公司所在行业上一年市场供求情况；查看 10 屏行业报告第四页的工厂生产能力信息，见图 7.19，并结合第三页的全国需求预期信息，见图 7.18，分析公司所在行业当年及未来市场供求趋势。

从全国工业销售情况来看，第 11 年全行业售出数量 26 464 千件，全行业生产数量 31 831 千件，形成库存 6117 千件（有期初库存），整个行业呈现一种供过于求的状态，但市场还是健康的，供给超出本年需求约 23%。在竞争白热化的情况下，有时会出现期末存货占到明年需求的 100%，相当于今年的库存是明年行业的总需求，换句话说，这个行业明年就不需要生产了。

从全国需求预期情况来看，第 12 年全行业需求为 42 180 千件，第 11 年的库存占到第 12 年需求的 14.5%，行业的竞争情况目前还不是很激烈。但从第 12 年产能情况来看，第 12 年全行业的产能将达到 40 500 千件，加上第 11 年期末库存 6117 千件，基本与明年市场需求相差不大，市场竞争比较平稳。从全国需求预期发展趋势来看，市场前景看好。

行业报告　　　　　　　　　行业xx,第11年　　　　　　　　　第4页

工厂生产能力 （千件）

	第11年工厂生产能力					计划中的生产能力增减 第12年					第12年产能	
	长三角	环渤海	珠三角	中西部	总计	长三角	环渤海	珠三角	中西部	总计	总计	百分比
A	1000	3000	0	0	4000	0	0	0	0	0	4000	10 %
B	1000	3000	0	0	4000	0	+1000	0	0	+1000	5000	12
C	1000	3000	0	0	4000	0	0	0	0	0	4000	10
D	1000	3000	0	0	4000	+1250	0	0	0	+1250	5250	13
E	1000	3000	0	0	4000	0	0	0	0	0	4000	10
F	1000	3000	0	0	4000	+250	0	0	0	+250	4250	10
G	1000	3000	0	0	4000	0	0	0	+2000	+2000	6000	15
H	1000	3000	0	0	4000	0	0	0	0	0	4000	10
I	1000	3000	0	0	4000	0	0	0	0	0	4000	10
	9000	27000	0	0	36000	+1500	+1000	0	+2000	+4500	40500	100 %

劳动力统计数据

	工资（千元/人）				绩效奖（元/合格品）				绩效奖占总报酬的百分比			
	长三角	环渤海	珠三角	中西部	长三角	环渤海	珠三角	中西部	长三角	环渤海	珠三角	中西部
A	20.0	15.0	0.0	0.0	0.55	0.33	0.00	0.00	11.1	6.3	0.0	0.0
B	20.0	15.0	0.0	0.0	0.75	0.33	0.00	0.00	14.5	5.7	0.0	0.0
C	20.0	15.0	0.0	0.0	0.75	0.33	0.00	0.00	12.7	5.1	0.0	0.0
D	20.0	18.0	0.0	0.0	0.75	0.50	0.00	0.00	14.2	7.7	0.0	0.0
E	20.0	15.0	0.0	0.0	0.75	0.33	0.00	0.00	13.0	5.7	0.0	0.0
F	20.0	15.0	0.0	0.0	0.75	0.33	0.00	0.00	14.2	5.7	0.0	0.0
G	20.0	15.0	0.0	0.0	0.75	0.33	0.00	0.00	14.2	6.3	0.0	0.0
H	25.0	15.0	0.0	0.0	1.00	0.50	0.00	0.00	16.4	7.0	0.0	0.0
I	20.0	15.0	0.0	0.0	0.75	0.33	0.00	0.00	12.3	5.1	0.0	0.0
	20.6	15.9	0.0	0.0	0.76	0.37	0.00	0.00	13.6	6.0	0.0	0.0

第一页 第二页 第三页 第四页 第五页 第六页 第七页 第八页

图7.19　工厂生产能力

2. 研究和预测竞争对手策略

竞争对手策略的不确定对行业平均值的影响,是不能准确把握整个行业销售规模的最主要原因,从而影响公司预期的经营决策结果。竞争对手每年在不断地做各种经营决策的改变,上一年经营情况最不理想的公司,往往是新的一年里决策变化最大的公司。所以,要密切关注市场的动向,只有把握住了竞争对手的发展策略以及行动,才能做出最有利于公司发展的决策。通过分析 10 屏行业报告、12 屏行业基准和 13 屏竞争分析的相关内容,准确把握竞争对手的策略和动向,为公司决策提供依据。

（1）点击 12 屏行业基准报告,见图 7.20。通过分析行业在原材料成本、劳动力成本、次品率、工厂监管成本、制造总成本方面的生产效率参考值（最高值、平均值、最低值）和在制造成本、仓储费用、市场推广费用、管理费用、运营收益方面的市场效率参考值（最高值、平均值、最低值）,可以清晰地认识到公司成本的高低、成本优势或劣势的大小,从而改进公司的管理。

（2）点击 10 屏行业报告的第五页、第六页和第七页,通过分析贴牌市场、自有品牌网络直销市场和自有品牌批发市场行业内所有公司上一年所做出的决策,把握竞争对手的策略和预测未来的发展动向,在此基础上做出最有利于公司发展的各项经营决策。

行业 XX　　行业生产效率参照值　　年号 11

由行业协会提供，行业内所有公司都能看到

生产参照值			长三角	环渤海	珠三角	中西部
原材料成本	贴牌	最低值	0.00	9.01	0.00	0.00
(元/件 成品)		平均值	0.00	9.89	0.00	0.00
		最高值	0.00	10.14	0.00	0.00
	自有品牌	最低值	7.81	7.81	0.00	0.00
		平均值	10.74	10.78	0.00	0.00
		最高值	13.64	13.64	0.00	0.00
劳动力成本		最低值	5.76	6.02	0.00	0.00
(元/件 成品)		平均值	6.07	6.77	0.00	0.00
		最高值	7.12	8.62	0.00	0.00
工厂监管成本		最低值	5909	1945	0	0
(元/人)		平均值	5983	1993	0	0
		最高值	6000	2000	0	0
平均生产技术改进投资		最低值	0.01	0.01	0.00	0.00
(元/件 生产能力除以工厂寿命)		平均值	0.11	0.13	0.00	0.00
		最高值	0.33	0.50	0.00	0.00
次品率	贴牌	最低值	0.00	4.88	0.00	0.00
(占成品的百分比)		平均值	0.00	5.80	0.00	0.00
		最高值	0.00	7.08	0.00	0.00
	自有品牌	最低值	2.13	3.49	0.00	0.00
		平均值	4.10	5.60	0.00	0.00
		最高值	6.05	7.18	0.00	0.00
制造总成本	贴牌	最低值	n. a.	22.35	n. a.	n. a.
(元/件 成品)		平均值	n. a.	27.56	n. a.	n. a.
		最高值	n. a.	36.48	n. a.	n. a.
	自有品牌	最低值	26.78	24.08	n. a.	n. a.
		平均值	28.61	26.40	n. a.	n. a.
		最高值	34.52	32.27	n. a.	n. a.

细分市场参照值			贴牌	长三角	环渤海	珠三角	中西部
制造成本		最低值	22.35	25.36	23.70	23.89	0.00
(元/件 售出的产品)		平均值	27.53	27.15	25.58	25.95	0.00
		最高值	36.48	31.95	30.70	31.61	0.00
仓储费用		最低值	3.88	3.25	3.14	3.72	0.00
(元/件 售出的产品)		平均值	5.06	4.38	4.16	4.32	0.00
		最高值	8.25	5.22	5.27	4.84	0.00
市场推广费用	网络直销	最低值		14.70	14.35	14.58	0.00
(元/件 售出的产品)		平均值		19.45	18.57	18.44	0.00
		最高值		30.52	26.85	25.21	0.00
	批发	最低值		5.91	0.99	1.60	0.00
		平均值		21.15	8.27	9.55	0.00
		最高值		62.84	24.19	29.23	0.00
管理费用		最低值	1.73	1.54	1.54	1.54	0.00
(元/件 售出的产品)		平均值	1.97	1.96	1.96	1.96	0.00
		最高值	2.32	2.86	2.86	2.86	0.00
运营收益	网络直销	最低值		7.26	10.19	9.65	n. a.
(元/件 售出的产品)		平均值		13.72	16.40	15.99	n. a.
		最高值		23.63	30.96	31.80	n. a.
	批发	最低值	-12.57	-21.88	-5.12	-9.75	n. a.
		平均值	3.04	-4.08	9.36	8.21	n. a.
		最高值	15.68	5.21	35.95	26.78	n. a.

n. a.=不适用　如果所在区域的生产厂不足四个时，每件成品的制造成本数据将无法提供。
如果所在销售区域的竞争厂家少于四个时，售出产品的运营收益将无法提供。

图 7.20　行业基准报告

A. 贴牌市场

点击 10 屏行业报告第五页，见图 7.21，查看行业内各公司在贴牌市场的经营决策结果，分析竞争对手的策略，判断公司在贴牌市场的竞争优势或劣势，在此基础上调整公司贴牌市场决策。

行业报告　　行业XX, 第 11 年　　第5页

贴牌市场

	款式 (最低 50)	质量 (最低 50)	投标价 下年投标最高价 (47.23元)	投标数量	可供销售数量	售出数量	清仓数量	期末存货	市场份额	收入 (千元)
A	50	51	40.00	563	565	563	0	2	25.0 %	22520
B	0	0	40.00	500	0	0	0	0	0.0	0
C	100	78	34.00	500	399	399	0	0	17.7	13566
D	0	0	34.00	500	0	0	0	0	0.0	0
E	50	72	45.00	800	803	800	0	3	35.5	36000
F	100	75	34.00	500	93	93	0	0	4.1	3162
G	100	84	34.00	0	256	0	0	256	0.0	0
H	0	0	34.00	500	0	0	0	0	0.0	0
I	100	81	35.00	400	402	400	0	2	17.7	14000
	63	55	41.25	4263	2518	2255	0	0	16.7 %	89248

第一页 / 第二页 / 第三页 / 第四页 / 第五页 / 第六页 / 第七页 / 第八页

图 7.21　贴牌市场经营决策结果

　　第 11 年的贴牌产品基本都卖出了。其中最精明的是 A 公司，款式完全按照招标方的规定，满足最基本要求 50 即可；最大的赢家是 E 公司，以 45 元的高价售出贴牌产品，获得丰厚收入，但质量等级方面疏忽了，做到了 72，投标数量少投了 3 千件，说明 E 公司管理层比较粗心。值得注意的是唯一还有大量库存的 G 公司，投标失败是没有填写投标数量。

　　B. 网络直销市场

　　点击 10 屏行业报告第五页，见图 7.22，查看行业内各公司在网络直销市场的经营决策结果，分析竞争对手的策略，判断公司在网络直销市场的竞争优势或劣势，在此基础上调整公司网络直销市场决策。

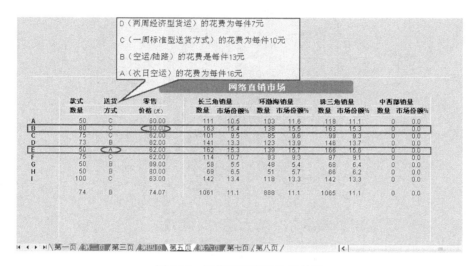

图 7.22　网络直销市场决策结果

　　图 7.22 显示了第 11 年各公司的网络直销销售概况。其中，E 公司送货方式选择了 A 次日空运，大幅度提高了送货时效，但忽略了高额的成本支出，没有及时提高定价，因此可以得出 E 公司在网络直销市场所付出的高额成本是它净利润为负的一个原因。但是网络直销市场并不是企业的主要市场，在第 11 年占据的市场份额约为 11%。B 公司的网络直销市场是比较成功的。"E-go"行业在线购买者中很大一部分人就是寻求低价商品，对价格差异非常敏感，B 公司较多的款式、较低的价格带来较高的市场份额，这样的组合能在获得较高市场份额情况下获得一定利润。

　　C. 自有品牌批发市场

　　点击 10 屏行业报告第五页和第六页，见图 7.23 和图 7.24，查看行业内各公司在自有品牌批发市场的经营决策结果，分析竞争对手的策略，判断公司在自有品牌批发市场的竞争优势或劣势，在此基础上调整公司自有品牌批发市场决策。

　　图 7.23 和图 7.24 显示了第 11 年各公司自有品牌批发市场经营决策和销售概况。以 B 公司为例，从其第 11 年各项决策来看，该公司选择的是低成本战略，各项决策（低价、较多款、较低质量、高零售商数量）与战略相匹配，与竞争对手相比具有较大优势，因此，

图 7.23 自有品牌批发市场经营决策结果（一）

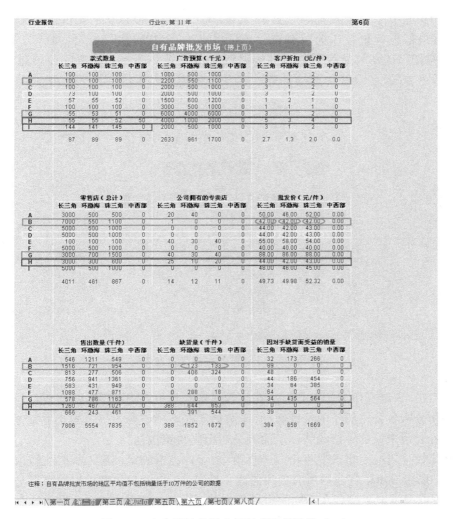

图 7.24 自有品牌批发市场经营决策结果（二）

B 公司获得了较高的销售量。而与其战略选择相同的 H 公司，由于各项决策（低价、款式少、高质量、较高零售商数量、高专卖店数量）与战略不匹配，虽然 H 公司也获得较高的销售量，但是市场费用成本过高导致其净利润却是负的。再以 G 公司为例，从其第 11 年各项决策来看，该公司选择的是高质量战略，各项决策（高价、款式少、高质、高专卖店数量、高品牌形象、高广告预算）与战略匹配，与竞争对手相比具有较大优势，因此，G 公司获得了较高的销售量，并因竞争对手缺货而受益，增加了销售量，且因为高定价 G 公司销售收入和净利润都非常的高。G 公司为取得较高的市场竞争力，选择了签约名人和提高广告预算的营销组合，取得了很好的营销效果。再看 B 公司和 D 公司：两家公司的自有品牌市场决策基本一致，但是由于 B 公司质量等级更高，定价又比 D 公司低 1～2 元，所以 B 公司的销售量高于 D 公司。但是由于 B 公司低估了自己的销量，存货没有备足，以至于环渤海和珠三角两个地区出现了断货，而 D 公司由于货源充足利用竞争对手断货销售出一定数量产品。

点击 10 屏第七页名人签约，见图 7.25，G 公司以 10 000 千元价格签约成功名人 F，但是看最低投标价，G 公司有点亏，价格出少点也是可以的。但是一方面 G 公司是走高端路线，良好的品牌形象是高端路线必备的条件之一，所以 G 公司破釜沉舟重金下注；另一方面名人签约如同贴牌一样是一场博弈，永远需要揣测竞争对手会出什么牌。

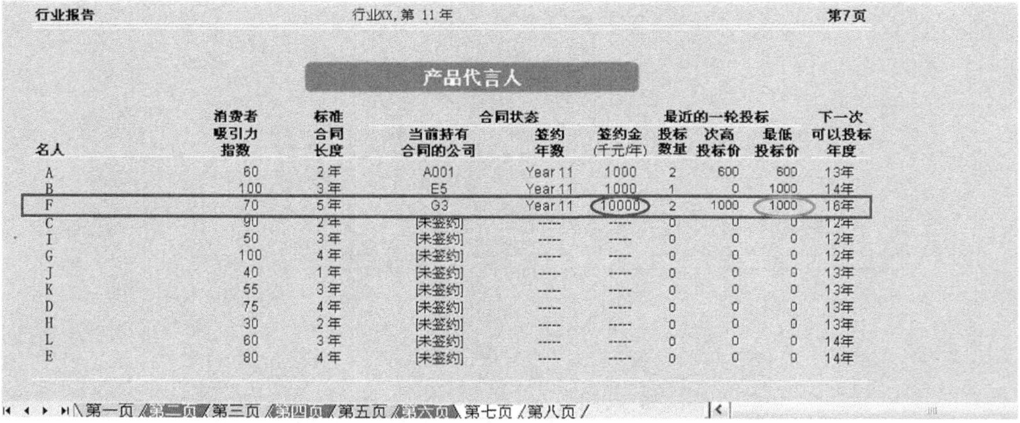

行业报告　　行业XX，第 11 年　　第7页

产品代言人

名人	消费者吸引力指数	标准合同长度	合同状态：当前持有合同的公司	合同状态：签约年数	合同状态：签约金(千元/年)	最近的一轮投标：投标数量	最近的一轮投标：次高投标价	最近的一轮投标：最低投标价	下一次可以投标年度
A	60	2 年	A001	Year 11	1000	2	600	600	13年
B	100	3 年	E5	Year 11	1000	1	0	1000	14年
F	70	5 年	G3	Year 11	10000	2	1000	1000	16年
C	90	2 年	[未签约]	-----	-----	0	0	0	12年
I	50	3 年	[未签约]	-----	-----	0	0	0	12年
G	100	4 年	[未签约]	-----	-----	0	0	0	12年
J	40	1 年	[未签约]	-----	-----	0	0	0	13年
K	55	3 年	[未签约]	-----	-----	0	0	0	13年
D	75	4 年	[未签约]	-----	-----	0	0	0	13年
H	30	2 年	[未签约]	-----	-----	0	0	0	13年
L	60	3 年	[未签约]	-----	-----	0	0	0	14年
E	80	4 年	[未签约]	-----	-----	0	0	0	14年

第一页 / 第二页 / 第三页 / 第四页 / 第五页 / 第六页 / 第七页 / 第八页

图 7.25　各公司签约产品代言人情况

（3）点击 13 屏竞争分析，查看战略比较报告和竞争者跟踪报告，比较公司与竞争对手的策略和分析各公司历年的经营数据，了解历年在不同市场各公司的竞争领先优势有多大和判断各公司未来的经营趋势，从而为公司提供决策依据。

战略比较报告：点击改变年份，选择第 11 年，点击确定，进入战略比较报告界面，见图 7.26。报告显示了行业内所有公司的竞争情况，可以一目了然地比较公司与竞争对手的情况，可以清楚地了解到在不同的市场各方的竞争领先优势有多大，有助于公司管理层调整竞争策略，在未来取得更好成绩。

| 改变年份 | 按此按钮显示不同年份的战略比较数据 | 打印 | 按此按钮打印不同年份的战略比较报 |

第11年　战略比较--贴牌市场　行业XX

贴牌市场

	A	B	C	D	E	F	G	H	I	J	K	L	M	N	O	P	平均
款式数量	50	0	100	0	50	100	100	0	100								63
质量等级	51	0	78	0	72	75	84	0	81								55
投标价格（元/件）	40.00	40.00	34.00	34.00	45.00	34.00	34.00	34.00	35.00								41.25
投标数量（千件）	563	500	500	500	800	500	0	500	400								533
售出数量（千件）	563	0	399	0	800	93	0	0	400								282
市场份额（%）	25.0	0.0	17.7	0.0	35.5	4.1	0.0	0.0	17.7								12.5

第11年　战略比较--自有品牌网络市场　行业XX

网络市场

		A	B	C	D	E	F	G	H	I	J	K	L	M	N	O	P	平均
零售价（元/件）		60	60	62	62	62	62	89	80	63								67
款式数量		50	80	75	73	50	75	50	50	100								67
送货方式		C	C	C	B	A	C	B	C	B								B
长三角	质量等级	111	117	94	108	120	96	159	171	130								123
	品牌形象	42	46	46	46	42	50	58	50	46								47
	广告投放（千元）	1000	2200	2000	2000	1500	3000	6000	4000	2000								2633
	售出数量（千件）	111	163	101	141	162	114	58	69	142								118
	市场份额（%）	10.5	15.4	9.5	13.3	15.3	10.7	5.5	6.5	13.4								11.1
环渤海	质量等级	107	116	90	110	110	87	161	163	123								119
	品牌形象	46	46	46	46	46	46	53	46	46								47
	广告投放（千元）	500	550	500	500	600	500	4000	1000	500								961
	售出数量（千件）	103	138	85	123	139	83	54	51	118								99
	市场份额（%）	11.6	15.5	9.6	13.9	15.7	9.3	5.4	5.7	13.3								11.1
珠三角	质量等级	106	117	90	111	111	87	164	169	126								120
	品牌形象	45	45	45	45	45	45	75	51	45								49
	广告投放（千元）	1000	1100	1000	1000	1200	1000	6000	2000	1000								1700
	售出数量（千件）	118	163	99	146	166	97	68	66	142								118
	市场份额（%）	11.1	15.3	9.3	13.7	15.6	9.1	6.4	6.2	13.3								11.1
中西部	质量等级	0	0	0	0	0	0	0	0	0								0
	品牌形象	0	0	0	0	0	0	0	0	0								0
	广告投放（千元）	0	0	0	0	0	0	0	0	0								0
	售出数量（千件）	0	0	0	0	0	0	0	0	0								0
	市场份额（%）	0.0	0.0	0.0	0.0	0.0	0.0	0.0	0.0	0.0								0.0

第11年　战略比较--自有品牌批发市场　行业XX

自有品牌批发市场

		A	B	C	D	E	F	G	H	I	J	K	L	M	N	O	P	平均
长三角	质量等级	111	117	94	108	120	96	159	171	130								123
	服务质量指数	109	100	100	100	100	100	160	114	100								109
	品牌形象	42	46	46	46	42	50	58	50	46								47
	款式数量	100	100	100	73	57	100	55	55	144								87
	广告投放（千元）	1000	2200	2000	2000	1500	3000	6000	4000	2000								2633
	折扣（元/件）	2	3	3	3	1	5	3	5	3								2.7
	零售店个数	3000	7000	5000	5000	100	5000	3000	3000	5000								4011
	专卖店个数	20	0	0	40	0	40	25	0									14
	批发价（元/件）	50.00	42.00	44.00	44.00	55.00	40.00	88.00	44.00	48.00								49.73
	需求量（千件）	514	1427	765	712	549	1024	544	1648	627								868
	初始市场份额（%）	6.6	18.3	9.8	9.1	7.0	13.1	7.0	21.1	8.0								11.1
环渤海	质量等级	107	116	90	110	118	87	161	163	123								119
	服务质量指数	127	100	100	100	100	100	160	114	100								111
	品牌形象	46	46	46	46	46	46	53	46	46								47
	款式数量	100	100	100	100	55	100	53	55	141								89
	广告投放（千元）	500	550	500	500	600	500	4000	1000	500								961
	折扣（元/件）	1	1	1	1	2	1	3	1	1								1.3
	零售店个数	500	550	500	500	100	500	700	300	500								461
	专卖店个数	40	0	0	30	0	30	10	0									12
	批发价（元/件）	46.00	42.00	42.00	42.00	58.00	40.00	86.00	42.00	46.00								49.98
	需求量（千件）	1038	844	683	755	367	765	351	1111	634								728
	初始市场份额（%）	15.9	12.9	10.4	11.5	5.6	11.7	5.4	17.0	9.7								11.1
珠三角	质量等级	106	117	90	111	111	87	164	169	126								120
	服务质量指数	100	100	100	100	100	100	160	114	100								108
	品牌形象	45	45	45	45	45	45	75	51	45								49
	款式数量	100	100	100	100	52	100	54	55	145								89
	广告投放（千元）	1000	1100	1000	1000	1200	1000	6000	2000	1000								1700
	折扣（元/件）	2	2	2	2	1	2	4	2	2								2.0
	零售店个数	500	1100	1000	1000	100	1000	600	500	1000								867
	专卖店个数	40	0	0	40	0	40	20	0									11
	批发价（元/件）	52.00	42.00	43.00	43.00	54.00	40.00	88.00	43.00	45.00								52.32
	需求量（千件）	283	1087	830	907	564	889	599	1674	1005								871
	初始市场份额（%）	3.6	13.9	10.6	11.6	7.2	11.3	7.6	21.4	12.8								11.1
中西部	质量等级	0	0	0	0	0	0	0	173	0								0
	服务质量指数	0	0	0	0	0	0	0	63	0								0
	品牌形象	0	0	0	0	0	0	0	0	0								0
	款式数量	0	0	0	0	0	0	0	50	0								0
	广告投放（千元）	0	0	0	0	0	0	0	0	0								0
	折扣（元/件）	0	0	0	0	0	0	0	0	0								0.0
	零售店个数	0	0	0	0	0	0	0	0	0								0
	专卖店个数	0	0	0	0	0	0	0	0	0								0
	批发价（元/件）	0.00	0.00	0.00	0.00	0.00	0.00	0.00	0.00	0.00								0.00
	需求量（千件）	0	0	0	0	0	0	0	0	0								0
	初始市场份额（%）	0.0	0.0	0.0	0.0	0.0	0.0	0.0	0.0	0.0								0.0

图7.26　战略比较报告

　　竞争者跟踪报告：提供了各公司历年的经营数据，强调各公司在各地区历年的经营变化，由此可判断公司在未来的经营趋势。经过 3～4 轮决策之后，会发现哪些公司的战略会对公司构成直接的威胁，找到直接的竞争对手是制定未来决策最快最准确的方法。分析公司历年的经营变化，可查找不足，看看哪里需要改进。例如，对于 A 公司来说，E 公司与它有相似的战术，选择 E 公司为直接竞争对手。点击改变公司，选择 E 公司，点击确定，进入竞争者跟踪界面，见图 7.27。能够看到 E 公司历年的经营数据，由此得出 E 公司的经营轨迹。由于只经营了一年，所以只能看到第 11 年 E 公司经营情况。

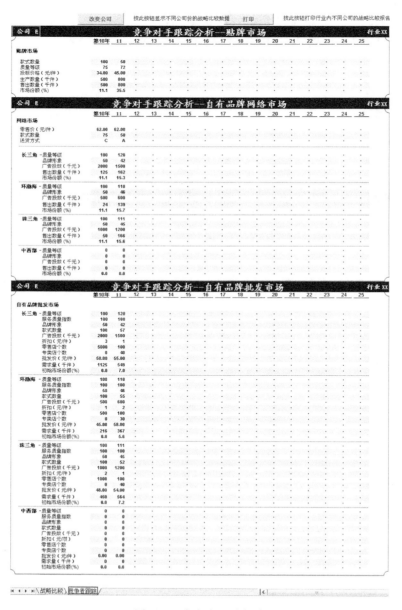

图 7.27　竞争者跟踪报告

7.3　公司战略规划和年度计划决策

公司数据包括决策信息文件（每年的生产、人力资源、配送、市场和财务决策信息）、公司的报告文件（收益表、资产负债表和现金流量表等）和行业数据文件等。

使用主界面中的 10 个按钮来预测公司产品的需求，同时决定公司在各方面的决策。在每年的决策过程中，可以使用屏幕上"行业报告""行业基准""竞争分析"和"公司财报"这四个按钮来查看或下载上期决策的所有结果。这些报表所提供的信息是很必要的，它可以帮助分析已发生的事情，而且还有利于做下一年的决策。

确定公司战略前，一是点击 10 屏行业报告第三页，见图 7.18，首先，查看行业行情，包括行业资讯、行业指数、股票指数、利息率、原材料价格和使用情况，分析变化趋势，预期未来行业发展态势；其次，查看上年度的行业销售情况，通过观察全国工业销售表格中的成品数量和售出数量，分析行业的整体供求状态，如果成品数量大于售出数量，即期末存货不为零，表明市场供过于求，同时，如果期末库存占售出数量的比例不高，则说明市场还是健康的，但如果出现期末存货占到下一年度行业需求的 100%，相当于今年的库存是明年行业的总需求，表明市场竞争异常白热化、竞争十分惨烈，换句话说，这个行业明年就不需要生产了。二是点击 10 屏行业报告第四页，图 7.19，查看上年度和本年度各公司和行业整体生产能力，并结合10 屏行业报告第三页中显示的本年度市场需求预期，判断本年度行业市场供求状态。

根据预期的行业发展态势和市场供求趋势，做出公司的战略选择，即低成本战略（低质、高款、低价、大产能）或高质量战略（高质、低款、高价、小产能）。

确定公司战略后，点击 0 屏进入总经理年度预算，结合 10～13 屏竞争对手策略和公司经营状况分析，完成公司的年度计划，见图 7.28，包括自有品牌的批发市场、网络直销市场和贴牌市场的决策。

（1）自有品牌批发市场决策：首先，根据已经确定的公司战略、预期的竞争对手策略和公司当前的经营状况，分别制定长江三角洲、环渤海地区、珠江三角洲和中西部地区（第一年未开放）市场的批发价、质量等级、服务评分、款式数量、品牌形象、广告预算、零售商、专卖店、客户折扣九个变量本公司的年度预期决策；其次，根据行业发展态势、市场供求趋势和各公司经营数据，分别预判长江三角洲、环渤海地区、珠江三角洲和中西部地区（第一年未开放）市场的批发价、质量等级、服务评分、款式数量、品牌形象、广告预算、零售商、专卖店、客户折扣九个变量本行业预期平均水平。

（2）自有品牌的网络直销市场决策：首先，制定网上售价、款式数量和送货方式三个变量本公司的年度预期决策；其次，预判网上售价、款式数量和送货方式三个变量本行业预期平均水平。

（3）贴牌市场决策：根据贴牌市场需求、行业的供求趋势、预期的竞争对手策略和公司预计生产能力，确定贴牌市场的供给数量。

完成上述决策后，系统根据本公司的决策和对行业平均水平的预期自动生成本公司自有品牌网络和批发市场的份额、需求量、需要生产数量以及本公司产能利用情况，同时，系统根据决策结果自动给出公司预计的年度销售收入、净利润、现金持有量、每股收益和投资回报。

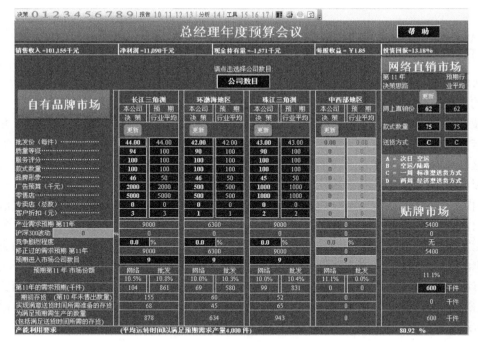

图 7.28　总经理年度预算决策

制定公司战略和年度计划时，需要注意以下问题。

（1）公司战略要与各市场的决策相匹配。例如，如果选择低成本战略，相应的批发价、质量等级的决策值就应相对低，款式数量和零售店的决策值就应该相对高，利用规模效应，获得更大的市场份额，从而实现薄利多销。

（2）0 屏年度预算中系统自动生成的预期市场份额、预期需求量、产能利用情况以及五个财务指标是基于对行业平均水平预期准确的情况下才会实现，因此预期市场份额、预期需求量、产能利用情况以及五个财务指标仅供参考，并不是公司年度决策的真实结果。对行业平均水平预期越准确，预期市场份额、预期需求量、产能利用情况以及五个财务指标越接近决策的真实结果。

（3）0 屏年度预算的所有公司决策都是一个期望值，各项决策的实际值是在完成 1～9 屏决策后回到 0 屏点击各市场更新按钮后的值，如果决策结果未达到计划预期，则调整 1～9 屏决策，直到满意为止。

■ 7.4　生产运营决策

7.4.1　运营管理

点击 1 屏进入运营管理模块，根据公司年度决策预期目标，完成产品生产决策，并做到以下几点：①净生产量达到或尽可能达到预期生产需求；②质量等级满足 0 屏决策预期目标；③款式数量满足 0 屏决策预期目标；④在满足上述条件下，尽量控制生产成本。

　　自有品牌和贴牌产品生产决策需要对现有工厂的准备制造数量、款式数量、风格和特点研发预算、高级原料使用率、质量控制、生产技改、年工资、奖金、雇用工人总数九个变量进行组合决策，见图 7.29。

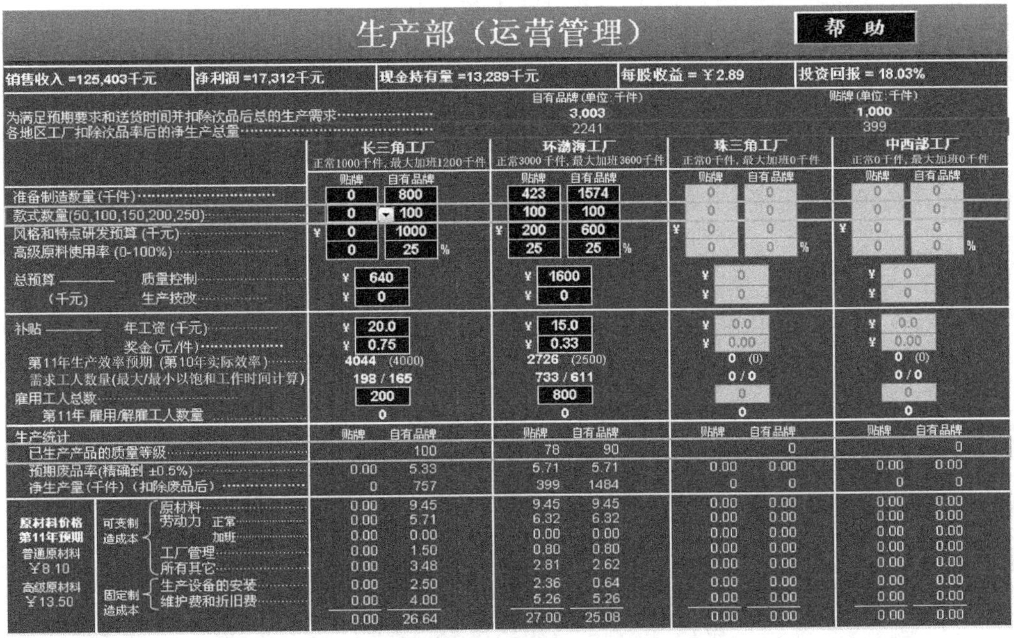

图 7.29　自有品牌和贴牌产品生产决策

　　准备制造数量决策：现有工厂尽量做到满负荷生产，即按最大加班量生产，实现规模效应，降低单位制造成本。如果选择小产能战略，可以某个工厂不生产（1 屏）或关闭某个工厂（如成本高的长三角工厂）（3 屏）来调整产能；如果选择大产能，可以选择扩充现有工厂产能或新建工厂（2 屏）来增加产能。当净生产量达不到预期生产需求时，可以提高下单生产数量，也可以降低次品率。提高下单生产数量，会提高次品率。因为加班生产，工人的效率就会相应地降低，次品率提高。降低废品率的方法包括提高工人合格产品的绩效奖，增加质量控制投入，降低产品的款式数量，但会增加单位制造成本。

　　款式数量决策：款式数量要满足 0 屏决策预期目标，与公司战略相匹配。增加款式数量，会增加模具种类，工人对新的模具生产线熟练程度不够，造成废品率升高、质量等级下降，同时单位成本也会上升。

　　风格和特点研发预算、高级原料使用率、质量控制决策：这三个决策变量影响质量等级，即增加研发预算投入、增加高级原材料使用比率和增加质量控制投入可以提高质量等级，但单位制造成本也会上升。增加质量控制投入，除可以提高质量等级外，还可以降低废品率。除此之外，公司所有工厂历年累计在质量控制上的平均投入也会影响质量等级，这考察了公司在质量控制上的长期努力，反映了公司在各工厂之间的交流技术诀窍的潜力。计分规则：高级原材料的使用率，0～90 分；在每个款式风格特点的投资，0～90 分；每个年度在每件 E-go 质量控制上的花费，0～33 分，公司所有工厂历年累计在质量控制上的平均投入，0～37 分。

生产技改决策：生产技改可以优化产品的成本结构，降低单位制造成本；生产技改需累计投入，即持续不断地投入，才会有更好的效果。

年工资、奖金决策：工人工资高于行业平均水平可以提高工人士气，提高工人生产率，降低废品率，提高净生产量，但单位制造成本会上升。

雇用工人总数决策：雇用工人数量影响净生产量，雇用工人数量不足，净生产量降低，且需要加班，增加加班工资和奖金，增加单位制造成本；雇用工人数量充足，净生产量提高，但雇用工人数量超出需求工人数量过大，也会增加单位制造成本。

以上九个决策变量需要优化组合，既要满足产出的净生产量、质量等级、款式数量达到 0 屏公司决策预期目标，又要尽量控制生产成本。

7.4.2 项目改造

点击 2 屏进入项目改造模块，选择与公司战略相匹配的产能扩充和改造项目，见图 7.30，以达到公司预期的产能目标和提高效能。

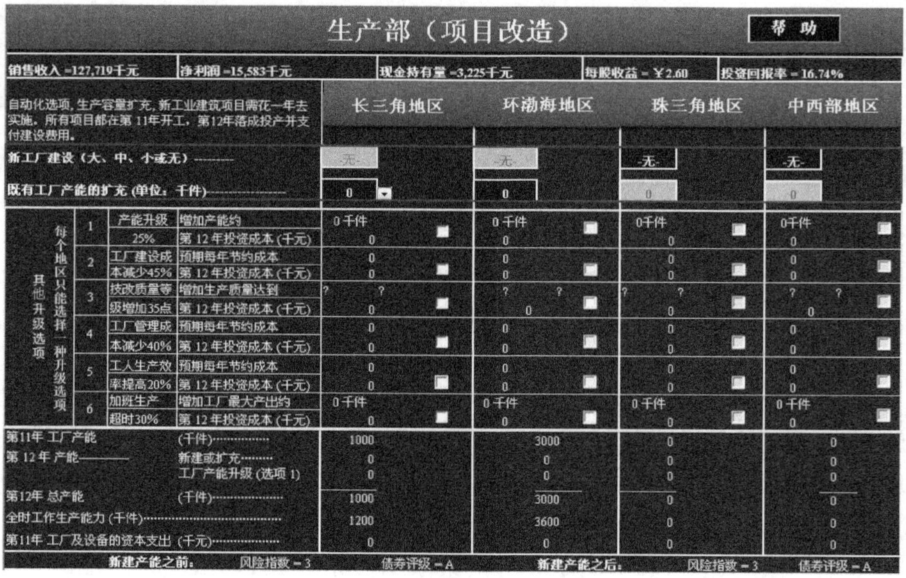

图 7.30 产能扩充和项目改造决策

产能扩充：综合考虑预期产能要求和成本投入，选择与公司战略相匹配的建设项目。例如，低成本大产能战略，则可以选择直接新建成本相对低且规模大的工厂，而不是建多个规模不大的小厂，或者把现有工厂产能扩充到最大，从而实现规模效益，还可以相应地减少研发投入、质量控制等生产投入，提高有限资金的使用效率。

项目改造：基于公司的战略，选择与之相适应的升级项目，提高工厂的效能。例如，公司选择高质量战略，可以选择第 3 个升级选项，技改质量等级增加 35 点；公司选择低成本战略，可以选择第 5 个升级选项，工人生产效率提高 20%，预计每年节约成本 1738.2 千元。

7.4.3　产能调控

点击 3 屏进入产能调控模块，可根据公司的战略选择和实际经营情况，调整产能。首先要输入密码，密码为 Sellit（首字母必须大写），见图 7.31；进入产能调控界面后，下面是永久关闭产能选项，见图 7.32，可根据公司战略调整需要决定是否永久关闭产能，系统自动计算出来的数据（白色字体）是公司买卖后的新产能和相应的损益。

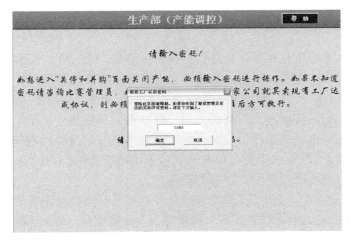

图 7.31　产能调控界面

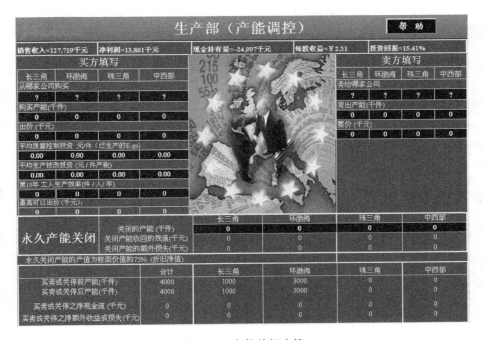

图 7.32　产能关闭决策

该模块还为后两三年各公司之间进行产能买卖提供了一个平台。有的公司需要去买别人的工厂，有的公司则需要砸锅卖铁把公司卖掉套取现金。在填写之前买卖双方必须谈好买卖产能的数量、价格以及购买或卖出哪个地区的产能，形成合同，到管理员处备案并得到交易密码才能完成交易。购入的产能不能转移到其他地区，并且购入一年之内不能转售。买方填写左边的部分，卖方填写右边的部分。其中买方填写的平均质量控制投资、平均生产技改投资和第10年工人生产效率等都需要卖方提供，同时在合同中必须写明相应情况。但这个功能已被关闭，目的是确保比赛公平公正。

7.4.4 产品配送

点击4屏进入产品配送模块，完成长三角、环渤海、珠三角、中西部仓库产品配送数量决策。系统根据公司需求预期、实现满意送货时间所需要的存货、期初存货，自动计算出长三角、环渤海、珠三角、中西部仓库需要的最小运输量。根据各市场仓库需要的最小运输量，完成长三角、环渤海工厂向长三角、环渤海、珠三角仓库配送产品数量的决策。但各市场仓库应配送产品数量不仅取决于各市场仓库需要的最少运输量，还应基于公司上年度各市场的销售量、行业供需变化以及竞争对手策略变化综合分析各市场仓库的最少运输量，从而确定各市场仓库应配送产品的数量。

4屏页面左边是工厂，上边是仓库，最少运输数量表示需要运送多少产品以满足当地市场需求，见图7.33。左边显示的各工厂可提供的自有品牌数量，是1屏净生产量。每个市场的最少运输数量就是各市场需要满足的最小存货数量，各市场有多少需求就需要配多少货。

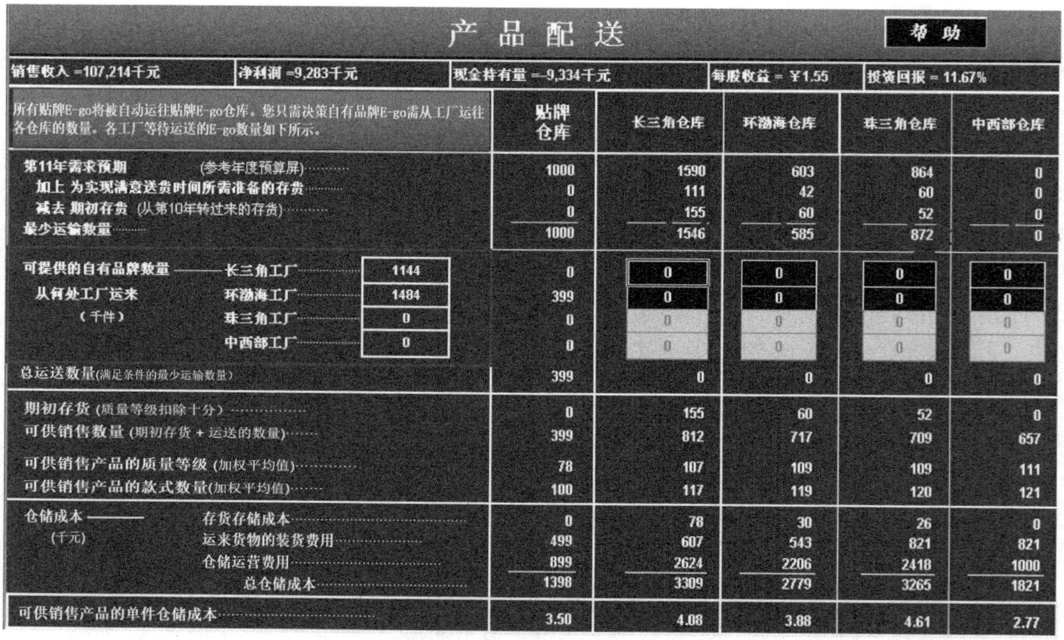

图 7.33　产品配送决策

产品配送规律：同区域工厂生产的产品优先配送至同区域仓库，因为同区域内物流运输成本最低，即长三角工厂生产的产品优先配送至长三角仓库。

以长三角市场为例，见图 7.33，长三角仓库需要的最少运输数量是 1546 千件，长三角工厂生产的 1144 千件产品全部配送至长三角仓库，还差 402 千件，这就需要从环渤海工厂向长三角仓库至少再配送 402 千件。

制定产品配送决策时，在产能约束条件下和尽可能满足各市场产品需求量的基础上，产品配送数量组合还要实现各市场可供销售产品单件仓储成本最小化。可参考页面最后一行数据，即可供销售产品的单件仓储成本，见图 7.33。

7.5　市场营销决策

7.5.1　市场策略——竞争力来源

市场就是企业奋斗的战场，谁的市场策略好，谁就会占据更大的市场份额，开疆拓土，稳定已有市场板块。基于行业发展态势、市场供求趋势、竞争对手策略和自身经营状况，制定与公司战略相匹配的市场决策，对公司竞争力提升、公司品牌确立和产品销售有着深远的影响，提升竞争力，可从两个方面入手。

1. 增加销售收入

尽可能把产品销售出去，把产品变为收入，使公司拥有更充沛的资金流；产品销售不出去，成为存货，不仅增加成本，还会使公司的资金越来越紧张，最终导致公司破产。而把产品最大限度地销售出去，增加销售收入，则需要通过优化影响销售量和市场份额变量的决策来实现，尽可能做到供求平衡，减少或消灭库存。

影响自有品牌批发市场销售量和份额的因素包括价格、折扣、广告、零售店数量、零售店支持、专卖店、送货周期。其中，价格是决定销售量和市场份额的最重要因素，价格越高于该行业的均价，公司的市场份额也就越小。高于平均价格的定价策略的负面影响可以通过以较高的产品质量、对独立零售商更好的服务、额外的广告、更大的顾客折扣、更好的品牌形象、更多的款式、更加有效的在线销售模式、更大的零售渠道网络和零售专卖店等努力加以抵消。

影响自有品牌网络市场销售量和份额的因素包括产品的质量、品牌形象、在相应区域所投放的广告、产品的平均在线零售价格、款式数量、发货速度。这些决策变量与竞争对手相比越有优势，公司在网络直销市场中占有的份额就会越大。

影响贴牌市场销售量和份额的因素主要是投标价格。在产品质量和款式数量符合要求的基础上，公司的投标价格与竞争对手相比越低，其在贴牌市场的竞争力越强。

但在制定销售策略时，需要注意以下问题。

（1）公司获得市场份额的多少，取决于多变量的优化组合，并与公司战略相匹配。例如，公司战略是大产能低成本战略，应采取低价格、高款式数量（250）、高零售商数量的组合，尤其是价格优势，但同时要综合考虑自身的产能、单位产品利润和竞争对手的价格策略。同时，过度的营销投入可能会使销售量大大超出产能，导致严重缺货。另外，价格也不是越低越好，如果一味降低价格，而其他营销因素不具优势，会使销售量增长幅度无法达到预期，反而降低了销售收入，使单位产品利润为负。

（2）要充分考虑竞争对手的策略。通过分析 10 屏行业报告中第五页和第六页竞争对手在贴牌市场、网络直销市场、批发市场的各项决策和获得的相应市场份额以及预估竞争对手可能采取的决策调整制定公司的各项市场决策。

（3）当市场竞争非常激烈的情况下，即产能远远大于市场需求，同时公司在市场中又缺乏竞争力，可以考虑适当调减产能，如减少生产或关闭部分工厂，一方面可以消化掉以往的库存，另一方面不产生新的库存。

2. 降低成本

影响利润的因素不仅仅是销售收入，还有成本。提高销售数量和市场份额，可以降低单位产品费用，提高单位产品利润。但当销售数量和市场份额不能进一步提高的情况下，则需要通过降低成本来提高利润。成本包括制造成本、仓储费用、市场费用、管理费用、利息费用。可以通过优化生产决策、市场决策、财务决策等途径，降低成本，提高利润。

优化生产决策，可降低单位产品制造成本，如调整雇用工人数量、持续进行生产技改、最大化工厂产能等。优化市场决策主要体现在各项决策与公司战略相匹配，避免不必要的营销投入，降低市场费用支出。例如，低成本战略相对应的销售渠道应选择零售商，而不需要开设专卖店。优化财务决策，有助于减少不必要的财务支出，尤其是利息费用支出。尽可能使利润为正，减少银行贷款，利润为负则系统会自动短贷。另外，通过发行股票获取资金，偿还贷款，从而减少负债。这一方面可以降低利息费用支出，另一方面有助于增加所有者权益，降低破产的风险。

7.5.2　自有品牌市场

点击 5 屏进入自有品牌批发市场模块，根据公司决策预期目标，确定公司长三角、环渤海、珠三角、中西部自有品牌批发市场营销组合策略，即产品、价格、渠道、促销策略，包括给零售商的批发价、广告预算、打折销售、零售店数量、公司新增专卖店数量（最多40 家）、零售商支持、满意的送货时间七个决策变量，见图 7.34。

产品策略主要体现为质量等级、款式数量、服务评分等决策变量。质量等级和款式数量来自 1 屏决策。预期服务评分受两个因素影响：零售商支持和满意的送货时间。增加对零售商的支持和减少送货时间，有助于提高预期服务评分，从而提高市场份额。产品策略要与公司战略相匹配，低成本战略是低质低价，则零售商支持投入低、送货周期长有助于降低市场费用；高质量战略是高质高价，则零售商支持投入高、送货周期短有助于提高服务评分和扩大市场份额。计分规则：断货少于 100 千件得分 50 分，从 50～

市场部（自有品牌）　　帮助

销售收入 = 126,866千元　｜　净利润 = ￥15,131千元　｜　现金持有量 = ￥2,703千元　｜　每股收益 = ￥2.52　｜　投资回报 16.39%

		长三角 年11	长三角 年10	环渤海 年11	环渤海 年10	珠三角 年11	珠三角 年10	中西部 年11	中西部 年10
品牌特点和评分	品牌形象	46	50	46	50	45	50	0	0
	质量等级	119	100	90	100	90	100	0	0
	款式数量	130	100	100	100	100	100	0	0
（第10年实际）	预期的服务评分	100	100	100	100	100	100	0	0
营销组合 给零售商的批发价(元/件)		￥44.00	￥44.00	￥42.00	￥42.00	￥43.00	￥43.00	￥0.00	￥0.00
促销	广告预算(千元)	2000	2000	500	500	1000	1000	0	0
	打折销售(0到10元/件)	￥3	￥3	￥1	￥1	￥2	￥2	￥0	￥0
销售点	零售店数量	5000	5000	500	500	1000	1000	0	0
	公司新增专卖店数量（最多40）	0	0	0	0	0	0	0	0
	公司所有专卖店数量总计	0	0	0	0	0	0	0	0
服务	零售商支持(元/店)	￥500	￥500	￥500	￥500	￥500	￥500	￥0	￥0
	满意的送货时间(4,3,2,1周)	3周	3周	3周	3周	3周	3周	0周	0周
	预期的送货时间（第10年实为）	3周	3周	3周	3周	4周	3周	0周	0周

自有品牌批发(千件)	长三角		环渤海		珠三角		中西部	
可供销售的数量(在网络销售后)	1776	送货时间	622	送货时间	338	送货时间	0	送货时间
预期售出数量(自有品牌批发)	1467	要求	580	要求	338	要求	0	要求
预期存货数量(或断货)	309 ← 159		42 ← 42				0 ←	
存货清仓功能（请点击转换开关）	对存货进行清仓		对存货进行清仓		对存货进行清仓		对存货进行清仓	

预期区域　量-本-利分析表

	长三角 总值	长三角 单件	环渤海 总值	环渤海 单件	珠三角 总值	珠三角 单件	中西部 总值	中西部 单件
收入	64548	￥44.00	24360	￥42.00	14534	￥43.00		0.00
售出产品成本	39819	27.14	14219	24.52	8149	24.11		0.00
仓储费用	4878	3.32	2433	4.19	2024	5.99		0.00
市场费用	6956	4.74	1210	2.09	1745	5.16		0.00
管理费用	2627	1.79	1039	1.79	605	1.79		0.00
利息及税务	2431	1.66	1123	1.94	518	1.53		0.00
净利润	￥7839	￥5.34	￥4337	￥7.46	￥1492	￥4.41	￥	0.00

图 7.34　自有品牌批发市场决策

128 分，取决于断货量占公司自有品牌在当地总销售量的百分比。断货量超过 100 千件或公司自有品牌总销售量的 100%，将得到最高的惩罚，服务评分降至 0 分。送货时间的得分：4 周得 0 分；3 周得 24 分；2 周得 52 分；1 周得 80 分。满意送货时间的得分：4 周得 0 分；3 周得 12 分；2 周得 26 分；1 周得 40 分。服务评分的评定是依据在各地区对零售商支持和在线服务的不同资源投入数量。

价格策略主要是合理定价，定价应与公司战略相匹配。如果选择低成本战略则定价应低于竞争对手，有助于提高市场份额；如果选择高质量战略则可以制定高价，有助于提高利润。

渠道策略主要是销售渠道的选择，应与公司战略相匹配。如果选择低成本战略则应选择零售店为销售渠道，零售店数量越多销售量越大；如果选择高质量战略则零售店数量不宜过多，可适当开设专卖店，有助于提升销售量，但专卖店成本很高，不宜开设过多。

促销策略主要是提升品牌影响力。品牌形象由两个因素决定：广告预算和名人代言。在各地区做广告的累计投入和公司产品代言人的影响决定公司品牌形象的得分，累计广告和名人投标在 E-go 行业协会的品牌形象公式中最高各占 125 分。一方面，增加广告预算有助于提高市场份额，且较高的广告投入使产品代言人的市场影响飙升。另一方面，通过打折返利亦可以提高销售量。打折返利是每件 0 至 10 元，返利越高，销售量越大，但成本也大幅度上升、利润下降。

产品、价格、渠道、促销策略组合决策产生的预期售出数量应达到 0 屏预期需求量目标值，同时要兼顾成本和利润之间的平衡，即达到预期销售量目标的同时尽可能提高净利润，可参考 5 屏页面下方量-本-利分析表中的数据。根据量-本-利分析表，可以判断出哪个区域更赚钱，是公司利润中心。

图 7.35 显示，根据市场预期销售情况、实际生产数量和可供销售数量（4 屏决策）得出的预期存货数量应恰好等于为满足送货时间要求所需要的存货数量时是最优决策方案，但现实中几乎没有公司能够做到这么精准。如果预期存货数量小于为满足送货时间要求所需要的存货数量，可能会出现缺货。当缺货时，竞争对手因此获益，同时给公司的零售商留下不良印象，也将降低公司下一年的服务评分。但如果预期存货数量大于为满足送货时间要求所需要的存货数量，则会产生多余库存。多余的存货放在仓库里有存货成本而且自有品牌产品质量等级会下降 10 分、贴牌产品质量等级下降 5 分。

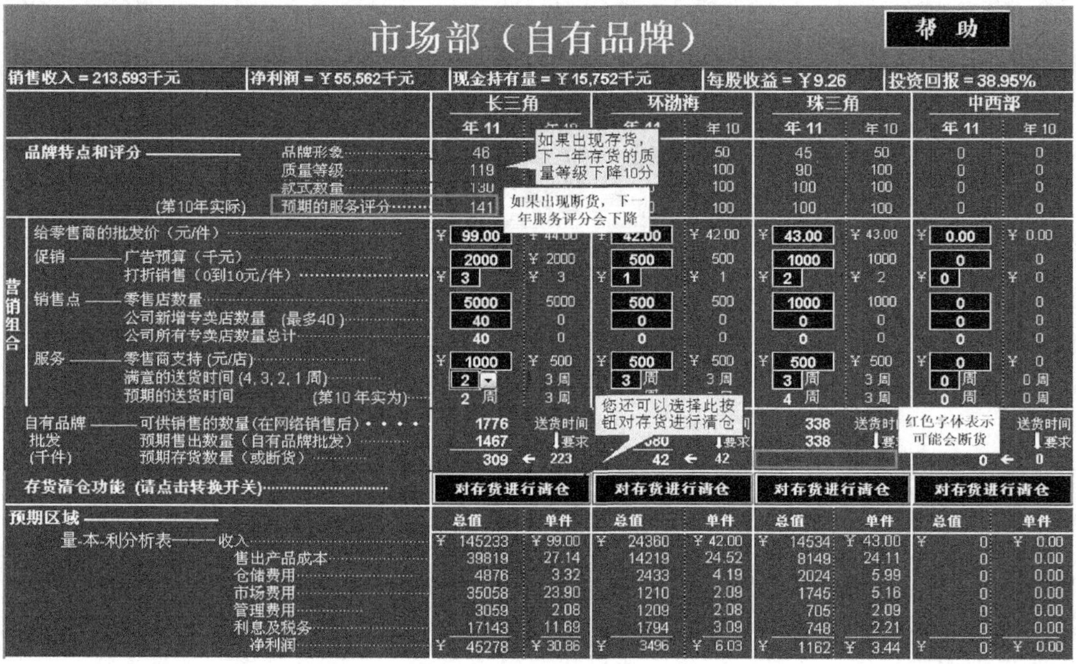

图 7.35　预期存货数量分析

7.5.3　网络市场

点击 6 屏进入网络直销市场模块，根据 0 屏网络直销市场的决策预期值，完成网上售价、款式数量和送货方式三个变量的决策，见图 7.36。公司产品的质量、品牌形象、在相应区域所投放的广告、网上售价、款式数量、发货速度与竞争对手相比越有优势，在网络直销市场中占有的份额就会越大。网上售价、款式数量和送货方式的决策，要综合考虑预期网上销售量和净利润，即三个变量的决策组合尽可能提高预期网上销售数量并能获得较高的净利润（至少净利润不能为负）。

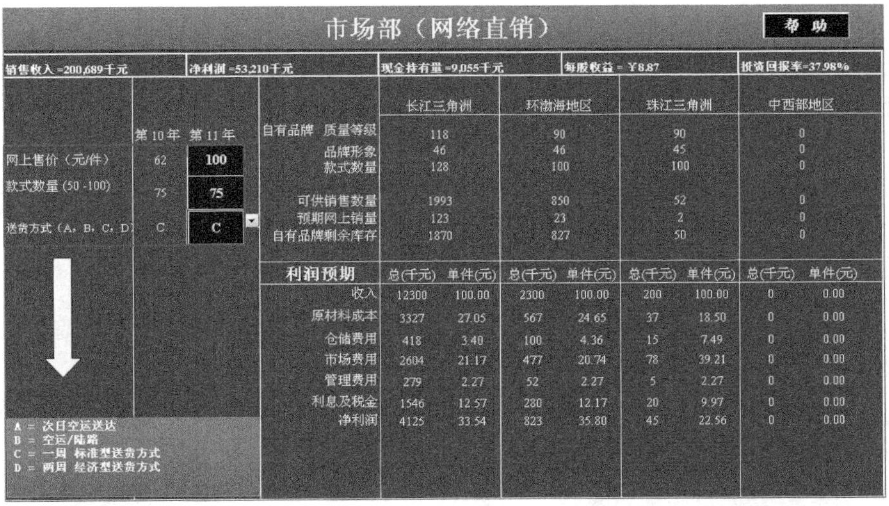

图 7.36 自有品牌网络直销决策

7.5.4 贴牌市场

点击 7 屏进入贴牌市场模块，根据公司贴牌市场预期目标，完成贴牌市场投标决策，包括投标数量和投标价格，见图 7.37。贴牌市场中标规则是价格最低者优先中标。如果质量等级和款式数量低于 50，价格再低也不会中标；但质量等级和款式数量大于 50，无论是 51 还是 101 对于公司是否中标没有影响，影响中标的唯一因素就是投标价。投标价应尽可能接近和低于竞争对手投标价，同时要综合考虑净利润（至少净利润不能为负），从而获得最大收益。如图 7.38 所示，国外进口商总需求为 5400 千件，第一家公司投标价

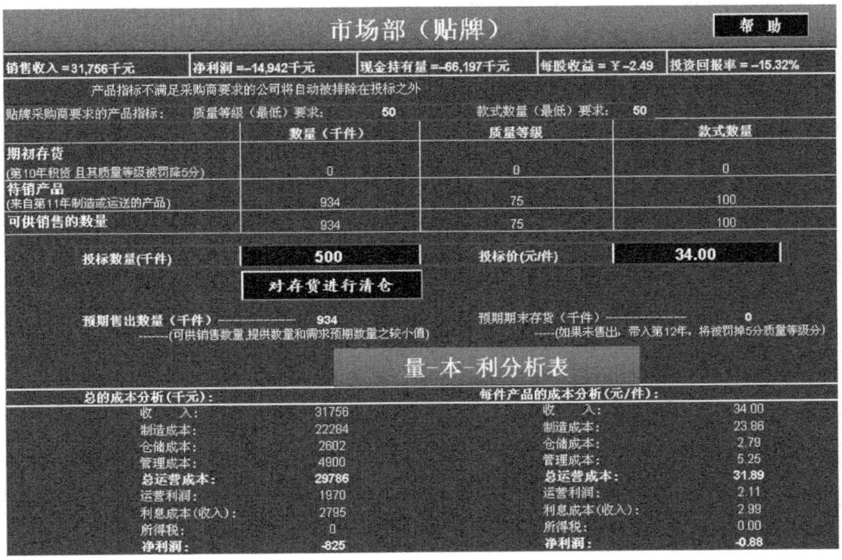

图 7.37 贴牌市场决策

为 28.9，提供数量 1000 千件；第二家公司投标价为 29.1，提供数量 4000 千件；第三家公司投标价为 30，提供数量 3000 千件；价格最低的优先中标，再是价格次低者中标，依次直到满足需求总量为止，多出来的竞标产品（2600 千件）变为存货。

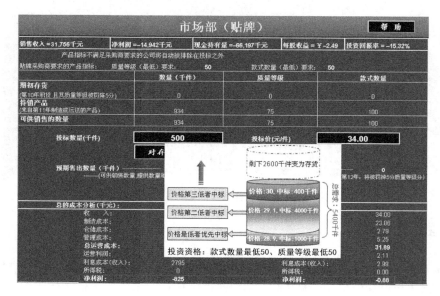

图 7.38　贴牌市场中标规则

7.5.5　名人签约

点击 8 屏进入名人签约模块，根据公司品牌形象预期目标值，完成名人签约决策，即确定签约人选和投标价。是否签约名人要与公司战略相匹配，且较高的广告投入有助于产品代言人的市场影响力快速提升。如公司选择高质高价战略，则可通过签约名人的方式扩大市场影响力、提高市场份额。与贴牌市场不同，名人签约中标规则是出价最高的公司中标。每位名人最低竞标金额是 50 万元，每次参与竞标的费用是 10 万元，无论是否中标10 万元的费用都是要支付的。假设有 9 家公司竞争名人 B，一家公司出 10 000 千元竞标名人 B 为公司代言人，而其他公司都低于该公司的竞标价格，名人 B 就与该公司签约了。名人 B 签约期是 3 年，3 年后自动解约，重新参与竞标。

■ 7.6　财务管理决策

点击 9 屏进入财务管理模块，完成财务运作和融资决策，以支持公司的运营及实现价值增值，包括申请短期贷款、发行新债券、发行股票、提前赎回债券、赎回股票和分发红利六个决策变量，见图 7.39。财务决策对公司债券评级、短期借款利率、投资回报率及股票价格影响巨大。公司的融资渠道包括短期贷款、发行债券和发行股票。9 屏页面上的现金持有量是前面决策执行的结果，即使现金持有量为负，公司可能还是盈利的，只是没有现金流。

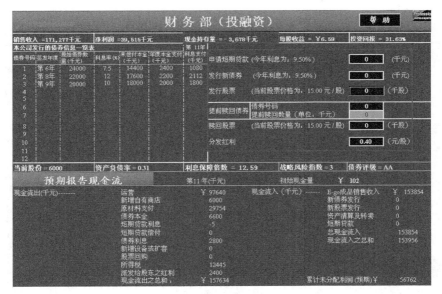

图 7.39　投融资决策

当公司财务状况不好（资金短缺）或有更多资本需求时，公司可以通过申请短期贷款进行融资，也可以发行 10 年期的债券，主要看哪个融资途径利息费用更低。此外还可以发行股票，选择高价位发行。如果明年股价跌了，现在发行股票是正确的；如果明年股价涨了，现在发行股票就亏了。但明年股价是涨还是跌谁也不知道，要看公司的经营实力和对宏观环境判断是否准确。

当没有更多资本需求而公司财务状况又非常好时，可以考虑提前赎回债券、赎回股票或分发红利。公司可提前赎回利息率高的未偿还债券，直接输入对应的债券号，系统自动给出提前赎回债券金额，从而降低负债和利息费用。公司还可以赎回股票，选择低价位赎回。赎回股票可以降低股份数量，提高每股收益，但会减少总所有者权益。公司亦可选择分发红利。美国上市的公司，90%都是不分红的。中国投资人大多看中资本利得以及股价的涨跌，因此中国上市公司很少分红。

7.7　如何上传决策数据

1. 保存决策数据

本年度公司所有决策完成后返回主界面，点击 16 功能键保存决策数据，将决策数据保存到 C 盘根目录下的 PKData 文件夹中，见图 7.40。

2. 上传决策数据

打开商道教学系统网页，输入用户名和密码，登录学生用户界面。点击左侧功能栏的上传决策数据按钮，右上方选择参加的比赛，依次上传 C：\PKData\目录下的 Decision.txt 和 Status.txt 文件，点击确定，完成决策数据文件上传，见图 7.41。

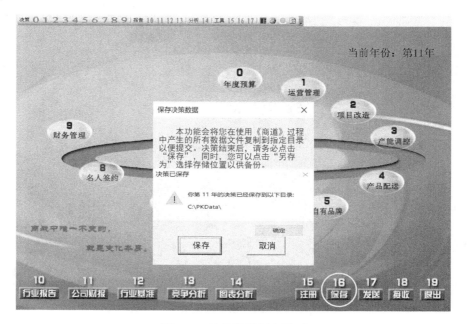

图 7.40 决策数据保存界面

图 7.41 上传决策数据界面

7.8 决策数据处理与公司经营结果查询

1. 决策数据处理

打开商道教学系统网页，输入用户名和密码，登录到教师用户界面。点击左侧功能栏的查看学生决策提交按钮，并依次选择设置的比赛和比赛年份，查看学生决策提交情况，见图 7.42。根据学生决策提交情况，点击参数设定栏的决策处理时间点按钮，设置数据处理时间点，见图 7.43。

2. 公司经营结果查询

（1）打开商道教学系统网页，登录到学生用户界面，点击左侧功能栏的下载处理结果按钮，依次选择参加的比赛、行业号、公司号和下载数据年份，弹出对话框，选择保存路径，点击下载，完成决策处理结果数据文件（Y**-Results.xls）下载，见图 7.44。

图 7.42 查看学生决策提交情况界面

图 7.43 决策处理时间点设置界面

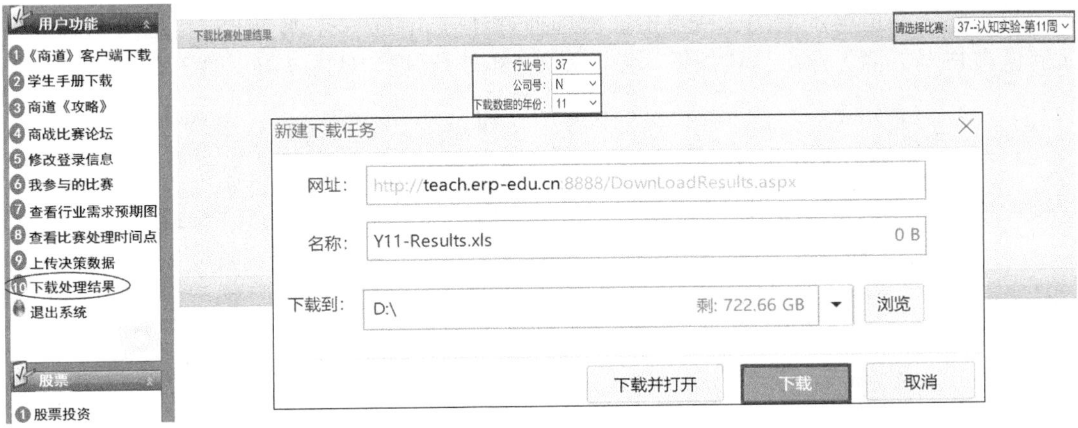

图 7.44 下载处理结果界面

（2）双击 Y**-Results.xls 文件或点击右键选择打开方式（Excel 或 WPS），打开决策处理结果数据文件，见图 7.45，并选择启用宏和启用内容。弹出对话框，见图 7.46，输入客户端设置的密码，如果第一年未提交数据，密码是公司号大写；密码输入正确后，"下载文件"按钮变为可点击状态；点击"下载文件"按钮，下载完毕后，程序自动关闭，完成决策处理结果数据加载。

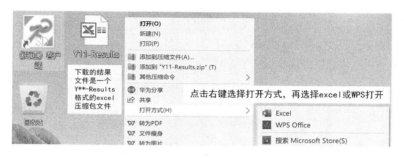

图 7.45　决策处理结果数据加载（一）

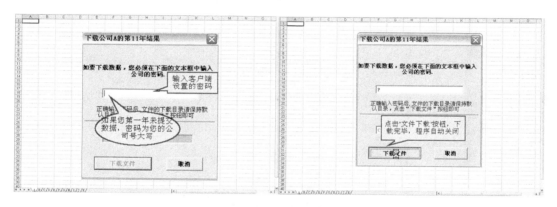

图 7.46　决策处理结果数据加载（二）

（3）双击商道客户端图标或点击右键选择打开方式（Excel 或 WPS），见图 7.47，进入商道客户端界面。点击继续按钮，弹出输入密码对话框，见图 7.48；输入正确客户端密

图 7.47　开启商道客户端

码后，进入新一年度商道客户端主界面，见图 7.49。查看 10～13 屏，可查询本公司和行业内其他公司上一年度的经营结果。

图 7.48　进入商道客户端界面

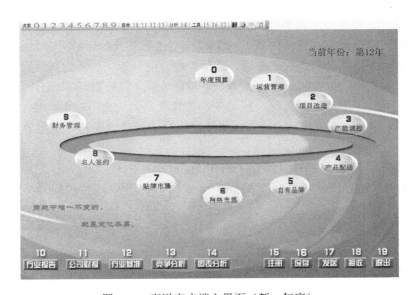

图 7.49　商道客户端主界面（新一年度）

第 7 章图片

第8章

实战项目与要求

■ 8.1　认知实验项目

8.1.1　实验要求

经营周期为 2 年（即 2 轮），练习和体验实验软件。要求学生初步掌握软件操作，理解软件设计的思路以及各个模块的数据的关联性，初步掌握如何做出企业经营决策。

要求学生具备战略管理、生产管理、营销管理、财务管理、人力资源管理、金融学的基本理论知识和方法，能够根据市场和竞争环境的变化，进行市场需求分析、销售决策优化、生产决策优化、库存决策优化、投融资决策优化、人力成本控制、盈利情况分析等，从而制订出适合公司发展的战略规划，并能够根据企业经营状况和市场竞争情况及时做出相应调整。

实验环境要求：系统，Windows；CPU，600MHz；内存，256M；光驱，4 倍 CD；显示，32 位 800×600；硬盘，至少 350M；Microsoft Office，推荐使用 Microsoft Office 2003。

8.1.2　实验目的

通过认知实验的开设，使学生熟悉"商道"企业经营决策模拟系统的各模块功能，了解决策因素如何影响决策结果。

8.1.3　实验步骤及注意事项

1. 创建认知实验

（1）打开商道教学系统网页，登录教师用户界面，点击左侧功能栏的比赛管理按钮，添加认知实验，见图 8.1。

图 8.1　创建比赛界面

（2）教师发布行业号和公司号分配表，学生打开商道教学系统网页，点击注册，填写用户基本信息，注册成功后重新登录，完成行业号的修改。

注意事项：①填写用户基本信息时，务必填写真实姓名，并正确选择所在学校，否则无法加入比赛。②牢记登录用户名和密码，因为整个课程学习期间会一直使用。③行业号务必填写正确，如果行业号填写不正确，教师将无法看到你的相关信息和分配比赛。

（3）教师完成公司号分配后，学生登录商道教学系统，点击左侧功能栏的我参与的比赛按钮，就可以看到认知实验，见图 8.2。

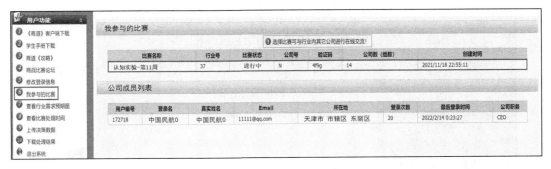

图 8.2　查看参与的比赛情况

2. 实战第一轮

1）打开商道客户端，完成公司信息注册

双击商道客户端图标或点击右键选择打开方式（Excel 或 WPS），打开商道客户端。点击继续按钮，进入公司信息注册界面，按要求填写信息，完成后点击提交按钮，进入客户端主界面。

注意事项：①正确填写行业号和公司号，要与教师分配的行业号和公司号一致；②公司名必须以公司号开头；③股票代码首字母必须与公司号相同；④如果点击提交按钮无反应，可能是光标停留在某个单元格，按回车键，再点击提交。

常见问题：①打开商道客户端后，需要启用宏和启用内容；②点击加载项，数字按钮就会出现在客户端上方；③打开商道客户端后，显示已完成的实验界面，则需要将商道客户端进行重新模拟，重新打开商道客户端，完成公司信息注册，方可进入新开设的实验界面。

2）查看行业需求预测图和 10～13 屏信息，制定公司战略

查看行业需求预测图，评估市场发展前景；查看 10 屏行业报告、11 屏公司财报、12 屏行业基准和 13 屏竞争分析，分析行业发展态势、竞争对手经营策略和自身经营状况。依据对市场发展前景、行业发展态势和竞争对手策略的研判，结合自身的实力，制定公司总体战略。

注意事项：①所有公司起点都是相同的，因此，所有公司查看到的第 10 年行业报告、公司财报、行业基准和竞争分析数据均是相同的。②针对竞争对手可能采取的策略可凭借经验预估或基于对公司总经理偏好的了解进行研判。

3）完成第 11 年 0～9 屏的决策

可通过改变一个或多个决策输入，分析各种产出的可能性以做出最终决策。运用系统提供的各项工具，尽可能多地去尝试不同的输入组合。在发送决策数据前，可以任意改变公司的决策组合。对课程和对课本知识的理解将在不断尝试中获得巩固和提高。

A. 完成第 11 年 0 屏年度预算决策

进入 0 屏年度预算模块，首先要正确选择行业内的公司数目，见图 8.3。公司数目填写是否准确，将影响完成 0 屏所有决策后系统自动给出的预计公司各市场份额、需求量、需要生产数量和本公司产能利用情况以及年度销售收入、净利润、现金持有量、每股收益和投资回报数值的准确性。

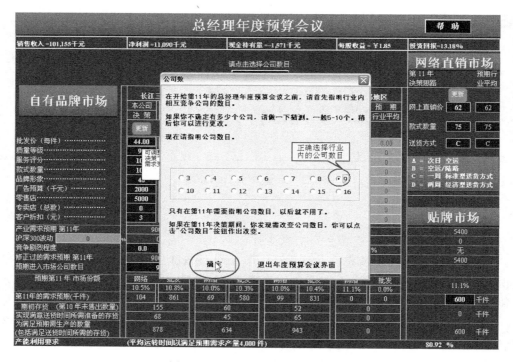

图 8.3　行业内公司数目选择界面

完成自有品牌批发市场、网络直销市场和贴牌市场各要素的本公司决策和行业平均水平预期，预判公司第 11 年在各市场的预期需求和产能利用情况，见图 8.4。要做到各项决策与公司制定的战略相匹配，并达到市场份额和产能利用的预期决策目标。

总经理年度预算会议　[帮助]

销售收入=95,355千元	净利润=-8,647千元	现金持有量=-8,687千元	每股收益=￥1.44	投资回报=11.12%

请点击选择公司数目　[公司数目]

网络直销市场
第11年　预期行业决策思路　业平均

	本公司决策	预期行业平均
网上直销价	62	62
款式数量	75	75
送货方式	C	C

A = 次日　空运
B = 空运/陆路
C = 一周　标准型送货方式
D = 两周　经济型送货方式

自有品牌市场

	长江三角洲 本公司决策	长江三角洲 预期行业平均	环渤海地区 本公司决策	环渤海地区 预期行业平均	珠江三角洲 本公司决策	珠江三角洲 预期行业平均	中西部地区 本公司决策	中西部地区 预期行业平均
	更新		更新		更新		更新	
批发价（每件）	99.00	50.00	42.00	42.00	43.00	43.00	0.00	0.00
质量等级	250	117	90	100	90	100		
服务评分	150	106	100	100	100	100		
款式数量	150	106	100	100	100	100		
品牌形象	150	62	46	50	45	50		
广告预算（千元）	2000	2000	1000	1000	1000	1000		
零售店（总数）	5000	5000	500	500	500	500		
专卖店（总数）	0	0	0	0	0	0		
客户折扣（元）	3	3	0	0	0	0		

贴牌市场

	长江三角洲	环渤海地区	珠江三角洲	中西部地区	贴牌市场
产业需求预期 第11年	9000	6300	9000	0	5400
沪深300波动　0	0	0	0		无
竞争剧烈程度	0.0 %	0.0 %	0.0 %	0 %	无
修正过的需求预期 第11年	9000	6300	9000	0	5400
预期进入市场公司数目	9	9	9	0	
预期第11年市场份额	网络 37.0% 批发 4.5%	网络 10.0% 批发 10.3%	网络 10.0% 批发 10.4%	网络 11.1% 批发 0.0%	11.1%
第11年的需求预期（千件）	366　360	69　580	99　831		600 千件
期初存货（第10年未售出数量）	155	60	52		0 千件
实现满意送货时间所需准备的存货	51	45	65		
头两旬预期需要生产的数量	622	634	943		600 千件
（包括满足送货时间所需的存货）					
产能利用要求	（平均运转时间以满足预期需求产量4,000件）				74.14 %

图 8.4　总经理年度预算决策

自有品牌批发市场决策：根据已确定的公司战略、市场发展前景、行业发展态势和各公司总经理偏好，分别制定长江三角洲、环渤海地区、珠江三角洲市场的批发价、质量等级、服务评分、款式数量、品牌形象、广告预算、零售店、专卖店、客户折扣九个变量本公司的年度预期决策和本行业预期平均水平。

自有品牌的网络直销市场决策：基于公司战略和竞争对手偏好，制定网上售价、款式数量和送货方式三个变量本公司年度预期决策和本行业预期平均水平。

贴牌市场决策：根据贴牌市场需求、行业的供求趋势和公司预计生产能力，确定贴牌市场的供给数量。

注意事项：①各市场的决策要素与公司战略相匹配；②系统自动生成的市场份额、预期需求量、产能利用情况以及五个财务指标只是一个预期值，并不是公司年度决策的真实结果，对行业平均水平预期越准确，上述指标值越接近决策的真实结果；③0 屏年度预算的所有本公司决策都是一个期望值，各项决策的实际值是在完成 1～9 屏决策后回到 0 屏更新后的值，如果决策结果未达到计划预期，则调整 1～9 屏决策，直到满意为止。

B. 完成第 11 年 1 屏运营管理决策

进入 1 屏运营管理模块，根据公司第 11 年决策预期目标，完成自有品牌和贴牌市场生产决策，包括长三角和环渤海工厂的准备制造数量、款式数量、风格和特点研发预算、高级原料使用率、质量控制、生产技改、年工资、奖金、雇用工人总数九个变量的组合决策。九个决策变量需要优化组合，既要满足产出的净生产量、质量等级、款式数量符合 0 屏公司决策预期目标，又要尽量控制生产成本。

注意事项：①屏幕上方的销售收入、净利润、现金持有量、每股收益和投资回报五个指标每屏都一样，任意变量调整，这些数都会发生变化，只是预期值，供决策参考；②工人加班最多可以增加 20%的产能；③长三角工厂单位制造成本最高，中西部工厂单位制造成本最低；④对屏幕右侧工厂持续做生产技改，效果最好，可联动降低屏幕左侧工厂的单位制造成本；⑤调整雇用工人数量，直至单位可变制造成本劳动力加班项数值为 0 时，单位制造成本最低。

C. 完成第 11 年 2 屏项目改造决策

进入 2 屏项目改造模块，选择与公司战略相匹配的产能扩充和改造项目，以达到公司预期的产能目标和提高效能。

注意事项：每个工厂每年只能选一个升级选项，每个升级选项只能选一次，最多能选三个升级选项。

D. 完成第 11 年 3 屏产能调控决策

进入 3 屏产能调控模块，根据公司战略需要决定是否永久关闭现有工厂产能。

注意事项：如果市场竞争白热化，供给远远大于需求，公司产生大量存货，资金缺口大，则可以调整公司战略，降低生产规模，选择关闭部分产能，这样可以减少存货或避免出现新的存货，减少成本压力，缓解财务状况。一般，运营的前几年该模块可能用不上。

E. 完成第 11 年 4 屏产品配送决策

进入 4 屏产品配送模块，完成长三角、环渤海、珠三角仓库产品配送数量决策。综合考虑各市场仓库需要的最小运输量和各工厂的可供销售产品数量以及仓储成本，确定长三角、环渤海工厂向长三角、环渤海、珠三角仓库配送产品数量。

注意事项：5 屏要完成在各地区市场定价，需要 4 屏各地区仓库至少有 1 千件产品可供销售。

F. 完成第 11 年 5 屏自有品牌批发市场决策

进入 5 屏自有品牌批发市场模块，根据公司 11 年决策预期目标，完成公司长三角、环渤海、珠三角自有品牌批发市场营销组合决策，包括给零售商的批发价、广告预算、打折销售、零售店数量、公司新增专卖店数量、零售商支持、满意的送货时间七个决策变量。产品、价格、渠道、促销策略组合决策产生的预期售出数量应达到 0 屏公司第 11 年预期需求量目标值，同时要兼顾成本和利润之间的平衡。

注意事项：①批发给零售商的价格不能低于生产制造成本，不能高于网络市场的定价，且最高值不能超过 99.99 元；②严重缺货情况下，服务评分 250 时则服务评分降低一半，服务评分不到 200 时服务评分直接降为 0，且本年度很难通过增加对零售商的支持和缩短送货时间来提升服务评分；③较高的广告投入有助于产品代言人的市场影响大幅度提升。

G. 完成第 11 年 6 屏网络直销市场决策

进入 6 屏网络直销市场模块，根据公司第 11 年决策预期目标，完成网上售价、款式数量和送货方式三个变量的决策。

注意事项：网上售价最低不能低于四个地区中的最高批发价，不能高于 150。

H. 完成第 11 年 7 屏贴牌市场决策

进入 7 屏贴牌市场模块，根据公司第 11 年贴牌市场预期目标，完成贴牌市场投标决策，包括投标数量和投标价格。

注意事项：贴牌市场主要是消化剩余产能，利润低，因此，公司应以自有品牌市场销售为主。

I. 完成第 11 年 8 屏名人签约决策

进入 8 屏名人签约模块，根据公司第 11 年品牌形象预期目标值，完成名人签约决策，即确定签约人选和投标价。第 11 年没有合约的品牌代言人只有名人 A、名人 B 和名人 F，其他名人都有合约在身。

注意事项：①名人签约会提高市场费用，应最大限度利用名人效应提高自有品牌市场份额，这样才能降低因名人签约投入增加的单位成本；②投标金额必须在 500 千元至 99 999 千元区间。

J. 完成第 11 年 9 屏财务管理决策

进入 9 屏财务管理模块，完成财务运作和融资决策，包括申请短期贷款、发行新债券、发行股票、提前赎回债券、赎回股票和分发红利六个决策变量。

注意事项：①高价位发行股票、低价位赎回股票。最大发行股票数量为本年度现有股票数，超出这个数字属于违规发股，不可强行操作，即现在股票数是 6000 千股，就只能最多再发 6000 千股。股价低于 7.5 元，发行股票属于违规发股；如果高于 7.5 元但发股后股票价格低于 7.5 元，也属于违规发股，也就是说，如果公司股票价格不高且利润很低或为负的情况下，发行股票则容易导致价格降到 7.5 元之下，造成违规发股。违规发股处理：删除 C 盘下 PKData 文件，重新安装商道客户端、下载数据文件。②派发红利：系统有限制要求，须按要求填写，不能强行填写，否则会违规，不能继续实验。③现金持有量为负，系统就会自动短期贷款，提高利息费用成本。现金持有量为负说明支出大于收入，如果现金持有量缺口很大，负债将大幅度上升，所有者权益大幅度降低；如果缺口不大，对所有者权益的影响不大。可通过提高销售收入和净利润来提高现金持有量，提高销售收入和净利润的路径可从提高销售量和降低成本（制造成本、市场费用和利息费用）入手。

K. 完成第 11 年 0 屏年度预算更新

1～9 屏决策执行完成，回到 0 屏点击各市场更新按钮，见图 8.5，更新后的各市场决策值、需求预期和产能利用要求未达到计划预期值，则继续调整 1～9 屏决策，直到满意为止。

注意事项：一定要 0～9 屏决策都做完以后再点击更新按钮，请勿每做完一屏决策就回到 0 屏点击更新按钮。

4）上传决策数据文件

第 11 年公司 0～9 屏决策全部完成后返回主界面，点击 16 功能键保存决策数据。登录商道教学系统，进入学生用户界面，点击上传决策数据按钮，右上方选择参加的比赛，依次上传 C:\PKData\ 目录下的 Decision.txt 和 Status.txt 文件，点击确定，完成决策数据文件上传。

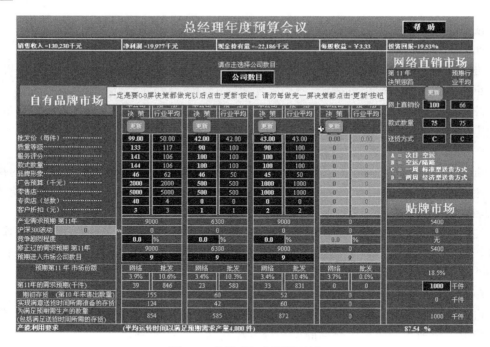

图 8.5　总经理年度预算更新

注意事项：一定要严格按照文件保存路径选择正确文件上传，上传文件选择错误则显示数据无法上传。

5）决策数据处理

登录商道教学系统，进入教师用户界面，点击查看学生决策提交按钮，依次选择设置的比赛和比赛年份（第 11 年），查看学生决策提交情况。根据第 11 年学生决策提交情况，点击决策处理时间点按钮，设置第 11 年数据处理时间点。

3. 实战第二轮

1）下载和打开第 11 年决策处理结果数据文件

（1）登录商道教学系统，进入学生用户界面，点击下载处理结果按钮，依次选择参加的比赛、行业号、公司号和下载数据年份（第 11 年），弹出对话框，选择保存路径，点击下载，完成第 11 年决策处理结果数据文件（Y11-Results.xls）下载。

（2）双击 Y11-Results.xls 文件或点击右键选择打开方式（Excel 或 WPS），打开决策处理结果数据文件，选择启用宏和启用内容，弹出对话框，输入客户端设置的密码。密码输入正确后，"下载文件"按钮变为可点击状态，点击"下载文件"按钮，完成第 11 年决策处理结果数据加载。

2）打开商道客户端，进入第 12 年决策界面

双击商道客户端图标或点击右键选择打开方式（Excel 或 WPS），进入商道客户端界面，点击继续按钮，弹出输入密码对话框，输入正确的客户端密码后，进入第 12 年决策界面。

注意事项：输入客户端密码后，进入的界面是第 12 年，说明客户端数据加载成功。

3）查看 10～13 屏信息，分析行业发展态势、市场供求状态、竞争对手策略、公司第 11 年经营决策结果和表现，调整公司第 12 年决策

A. 查看第 11 年公司经营决策结果

（1）查看 10 屏行业报告第一页第 11 年行业内所有公司得分榜，根据公司第 11 年的得分和排名，研判公司第 11 年经营决策实施效果。累计积分榜显示累计成绩，由于目前只完成了第 11 年的公司决策，所以第 11 年的得分榜和累计积分榜相同。通过查看公司第 11 年累计积分榜的得分和排名，初步判定公司的市场竞争地位。

（2）查看 10 屏行业报告第二页得分列表中公司第 11 年各分项数值和评分情况，分析公司第 11 年的经营状况，与行业内其他公司进行比较，找出公司经营的不足之处，调整公司第 12 年的经营策略。由于当前年份为第 11 年，所以第 11 年的得分列表和累计得分列表相同。

（3）查看 10 屏行业报告第八页的收益表和资产负债表，对比其他公司的财务和经营状况，分析公司第 11 年财务和经营状况是否良好。收益表重点查看销售收入、净利润、制造成本、市场费用和利息费用这些指标数值，分析公司财务状况的好坏。资产负债表重点查看现金、短期债务、总债务、总所有者权益和利息保障倍数这些指标，分析公司经营状况的好坏，是否资不抵债。

B. 查看第 11 年公司财务和运营表现

（1）查看 11 屏公司财报的财务经理分析表，包括收益表、现金流量表。查看收益表，分析公司贴牌和自有品牌市场的盈利情况，以及哪个市场对公司的贡献率最大，运营利润最多。查看现金流量表，分析公司资金的收支状况。

注意事项：E-go 产品销售收入代表 75% 的第 11 年销售额和 25% 的第 10 年销售额，原因是应收账款有三个月的还款期滞后。因此，现金流量表中 E-go 产品销售收入值和收益表中的收入值（来自 E-go 产品销售）不相同。

（2）查看 11 屏公司财报的资产负债表，大致了解公司第 11 年的资产、债务以及所有者权益的构成情况，分析公司经营的稳定性、收益性以及偿债能力等。

（3）查看 11 屏公司财报的市场经理分析表，分析公司第 11 年各地区自有品牌网络和批发市场费用构成和地区盈利情况，探查哪个地区对公司贡献率大、哪个地区亏损、哪些地区成本费用过高等，为调整第 12 年公司决策提供依据。

（4）查看 11 屏公司财报的生产经理分析表，了解公司第 11 年整个生产过程中原材料、劳动力等项目的所有成本构成和总制造成本，以及生产量、废品量、工厂投资、产能规模、项目改造等情况。

（5）查看 11 屏公司财报的物流经理分析表，了解公司第 11 年贴牌和自有品牌各地区市场仓储运营和费用情况。

（6）查看 11 屏公司财报的成本分析，分析公司第 11 年各工厂贴牌和自有品牌市场单位产品生产成本构成以及贴牌和各地区自有品牌网络、批发市场的售出单位产品总成本构成情况，指出公司在哪方面成本控制得较好，哪方面成本有浪费，需要加以改进。

C. 分析行业发展趋势和市场供求状态

（1）点击 10 屏行业报告的第三页，查看行业指数、股票指数和原材料价格等信息，分析公司所在行业发展趋势。

（2）查看 10 屏行业报告第三页的全国工业销售信息，分析公司所在行业第 11 年市场供求情况；查看 10 屏行业报告第四页的工厂生产能力信息，并结合第三页的全国需求预期信息，分析公司所在行业第 12 年及未来市场供求状态。

D. 研究和预测竞争对手策略

通过分析 10 屏行业报告、12 屏行业基准和 13 屏竞争分析的相关内容，准确把握竞争对手的策略和动向，为公司第 12 年决策提供依据。

（1）点击 12 屏行业基准报告，通过对照行业在材料成本、劳动力成本、废品率、工厂管理成本、制造成本方面的生产效率参考值和在制造成本、仓储费用、市场推广费用、管理费用、运营收益方面的市场效率参考值，分析公司成本的高低、成本优势或劣势的大小，调整第 12 年公司经营策略。

（2）点击 10 屏行业报告的第五页、第六页和第七页，通过分析贴牌市场、自有品牌网络直销市场和自有品牌批发市场行业内所有公司第 11 年所做出的决策，判断公司在各市场的竞争优势或劣势，并结合对竞争对手未来发展动向的预判，调整公司第 12 年各市场决策。

注意事项：并不是简单地说价格低就一定取胜。战略无所谓对错，关键是制定了战略后的执行力度。也许价格定得很高，但相应的质量、款式、服务、品牌、销售渠道、专卖店都跟上了，形成了正确的营销组合，也会取胜。

（3）点击 13 屏竞争分析，查看战略比较报告和竞争者跟踪报告，比较公司与竞争对手的策略，分析各公司第 11 年的经营数据，了解第 11 年在不同市场各公司的领先优势以及预测各公司第 12 年经营策略的变化，为公司第 12 年决策提供依据。

4）完成第 12 年 0~9 屏的决策

基于对行业发展趋势、市场供求态势和竞争对手策略的分析，确定公司第 12 年的经营策略。

首先，完成 0 屏年度预算决策，即自有品牌批发市场、网络直销市场和贴牌市场各要素的本公司决策和行业平均水平预期，预判公司第 12 年在各市场的预期需求和产能利用情况。要做到各项决策与公司制定的战略相匹配，并达到市场份额和产能利用的预期决策目标。

其次，为确保获得预期的市场需求，基于竞争对手的动向和公司的经营策略，调整 5 屏自有品牌批发市场、6 屏网络直销市场和 8 屏名人签约决策的营销组合，从而实现销售量的提升和市场费用的优化。

再次，根据调整后的预期售出数量，调整 1 屏运营管理决策，通过提高下单生产数量和降低废品率（包括提高工人合格产品的绩效奖、增加质量控制的投入、降低产品的款式数）来提高净生产总量。同时要兼顾成本，可通过调整生产技改和雇用工人数量来降低单位制造成本。如果目前工厂产能不足以满足预期市场需求，可通过调整 2 屏项目改造决策，选择与公司战略相匹配的产能扩充和改造项目。如果工厂产能过剩，可生产贴牌产品消耗过剩产能，并基于第 11 年竞争对手的出价，合理调整或制定 7 屏贴牌市场价格决策，将贴牌产品全部售出。如果由于市场竞争过于激烈，过剩的产能确实无法消化掉，为了不产生更多库存，可以调整 1 屏运营管理决策，选择某工厂（如成本高的长三角工厂）减少下单生产数量或干脆不生产，或调整 3 屏产能调控决策，直接关闭某工厂的产能。完成生产决策后，调整 4 屏产品配送决策，根据各市场仓库需要的最少运输量和基于竞争对手策略预测与第 11 年公司销售量预计的第 12 年公司各市场预期售出量，完成现有工厂向长三角、环渤海、珠三角和中西部仓库配送产品数量的决策，在满足各市场产品需求量的基础上，兼顾仓储成本。

最后，调整 9 屏财务管理决策，如果公司资金充裕，可以考虑提前赎回债券或股票；如果公司资金缺口大，或有资本运作需要，可以考虑发行长期债券或股票。

1～9 屏决策执行完成，回到 0 屏点击各市场更新按钮，更新后的各市场决策值、需求预期和产能利用要求未达到计划预期值，则继续调整 1～9 屏决策，直到满意为止。

5）上传决策数据文件

第 12 年公司 0～9 屏决策全部完成后返回主界面，点击 16 功能键保存决策数据。登录商道教学系统，进入学生用户界面，点击上传决策数据按钮，右上方选择参加的比赛，依次上传 C:\PKData\ 目录下的 Decision.txt 和 Status.txt 文件，点击确定，完成决策数据文件上传。

6）决策数据处理

登录商道教学系统，进入教师用户界面，点击查看学生决策提交按钮，依次选择设置的比赛和比赛年份（第 12 年），查看学生决策提交情况。根据第 12 年学生决策提交情况，点击决策处理时间点按钮，设置第 12 年数据处理时间点。

■ 8.2 综合实验项目

8.2.1 实验要求

经营 6 年（即 6 轮），各公司完成每一年 0～9 屏的决策后提交服务器终端，汇总和处理各公司数据后给出宏观经济参数，形成宏观产业环境以及"行业报告"和每个公司"管理报告"，各公司根据"管理报告"对下年度的经营做出决策。

要求学生具备战略管理、生产管理、营销管理、财务管理、人力资源管理、金融学的基本理论知识和方法，能够根据市场和竞争环境的变化，进行市场需求分析、销售决策优化、生产决策优化、库存决策优化、投融资决策优化、人力成本控制、盈利情况分析等，从而制订适合公司发展的战略规划，并能够根据企业经营状况和市场竞争情况及时做出相应调整。

实验环境要求：系统，Windows；CPU，600MHz；内存，256M；光驱，4 倍 CD；显示，32 位 800×600；硬盘，至少 350M；Microsoft Office，推荐使用 Microsoft Office 2003。

8.2.2 实验目的

通过综合实验的开设，使学生能够熟练地根据市场和竞争环境的变化，制订适合公司发展的战略规划和与之相匹配的市场、销售、生产、库存、投融资等决策策略，并能够根据企业经营状况和市场竞争情况及时做出相应调整，加深对竞争战略、市场营销策略、生产策略、财务策略的理解和把握。

8.2.3　实验步骤

1. 创建综合实验

（1）登录商道教学系统，进入教师用户界面，点击比赛管理按钮，添加综合实验。

（2）教师发布行业号和公司号分配表，学生登录商道教学系统，进入学生用户界面，点击修改登录信息，完成行业号的修改。

（3）教师完成公司号分配后，学生登录商道教学系统，点击我参与的比赛按钮，就可以看到综合实验，可以开始参与比赛。

2. 实战第一轮至第六轮

完成 6 年的经营决策。实战第一轮，制订公司战略目标和计划，完成第 11 年 0～9 屏的决策，保存并提交第 11 年公司经营决策，在设定的时间点系统后台汇总和处理各公司数据。实战第二轮，下载第 11 年决策处理结果数据文件（Y11-Results.xls）并将第 11 年决策处理结果数据加载到商道客户端，点击 10～13 屏查看和分析宏观产业环境以及"行业报告"和每个公司"管理报告"，总结经验教训，保持或调整公司战略目标和计划，完成第 12 年 0～9 屏的决策，保存并提交第 12 年公司经营决策，在设定的时间点系统后台汇总和处理各公司数据。依次完成实战第三轮至第六轮，即第 13 年至第 16 年的经营决策。

3. 公布实验结果和点评

（1）教师下载第 16 年决策处理结果数据文件（Y16-Results.xls），公布各公司排名、得分以及公司破产情况。

（2）教师结合第 11 年至第 16 年 10 屏行业报告显示的行业内各公司经营数据，从三个方面点评：一是各公司的决策是否与战略相匹配；二是各公司能否基于对行业发展趋势、市场供求态势和竞争对手动向的把握来调整公司经营策略；三是各公司是否能够合理获取和使用资金。

■ 8.3　考核实验项目

8.3.1　实验要求

要求学生在规定的时限内完成 1～6 年的经营决策。

要求学生具备战略管理、生产管理、营销管理、财务管理、人力资源管理、金融学的基本理论知识和方法，能够根据市场和竞争环境的变化，进行市场需求分析、销售决策优化、生产决策优化、库存决策优化、投融资决策优化、人力成本控制、盈利情况分析等，从而制订适合公司发展的战略规划，并能够根据企业经营状况和市场竞争情况及时做出相应调整。

实验环境要求：系统，Windows；CPU，600MHz；内存，256M；光驱，4 倍 CD；显示，32 位 800×600；硬盘，至少 350M；Microsoft Office，推荐使用 Microsoft Office 2003。

8.3.2 实验目的

通过考核实验的开设，考核学生能否对行业发展趋势和竞争对手策略准确预测并正确制订公司的战略规划及与之相适应的策略，以及能否根据自身的经营情况和市场竞争态势变化做出相应的调整。

8.3.3 实验步骤

1. 创建考核实验

（1）登录商道教学系统，进入教师用户界面，点击比赛管理按钮，添加考核实验。

（2）教师发布行业号和公司号分配表，学生登录商道教学系统，进入学生用户界面，点击修改登录信息，完成行业号的修改。

（3）教师完成公司号分配后，学生登录商道教学系统，点击我参与的比赛按钮，就可以看到考核实验，可以开始参与比赛。

2. 考核第一轮至第六轮

在教师规定的时限内完成 6 年的经营决策。考核第一轮，制订公司战略目标和计划，完成第 11 年 0~9 屏的决策，保存并提交第 11 年公司的经营决策，在规定的时间点系统后台汇总和处理各公司数据。考核第二轮，下载第 11 年决策处理结果数据文件（Y11-Results.xls）并将第 11 年决策处理结果数据加载到商道客户端，点击 10~13 屏查看和分析宏观产业环境以及"行业报告"和每个公司"管理报告"，总结经验教训，保持或调整公司战略目标和计划，完成第 12 年 0~9 屏的决策，保存并提交第 12 年公司的经营决策，在规定的时间点系统后台汇总和处理各公司数据。依次完成考核第三轮至第六轮，即第 13 年至第 16 年的经营决策。

3. 公布考核结果

教师下载第 16 年决策处理结果数据文件（Y16-Results.xls），公布各公司排名、得分以及公司破产情况。

4. 撰写实验报告

总结公司经营决策的总体情况和战略规划实施效果，分析自己在经营决策过程中的成功与失败，反思课程的收获和体会，撰写实验报告。

第 8 章图片

第三篇　订座系统上机实践

　　本部分主要介绍计算机订座系统的发展及其在民航运输生产系统中的地位、与其他系统之间的关系；订座系统的功能与操作环境、订座以及相应客票处理的操作指令及操作流程等。具体包括订座系统中信息查询、订座、退票、客票变更等具体的客票处理指令、不同情景下进行相关的客票处理业务流程及指令等。

第9章

民航旅客订座系统介绍

计算机订座系统（computer reservation system，CRS）是指能够为销售代理提供包括航空承运人的航班班期时刻、座位、票价和定价规则信息，并可通过该系统进行客票预订或出票的计算机系统。据统计，航空公司约40%至70%的客票由销售代理通过在CRS终端的操作售出。

■ 9.1 计算机订座系统的发展

9.1.1 库存控制系统的出现与发展

计算机订座系统出现之前，航空公司的客票销售过程主要依靠手工完成，机票预订手工记录在卡片上，然后保存在卡片盒内。同时，在这种处理方式下，航空公司只能知道飞机上预订的座位数量和剩余座位数量，而不能记录是谁预订了这些座位。随着业务量的增多，这种方式不能满足航空公司经营管理的需要。在这种现实需求下，美国航空公司与 IBM 开展了合作，创建了计算机预订系统，这个系统就是大家熟悉的Sabre 系统。Sabre 预订系统在 1960 年建成，最初，Sabre 仅在一个地点运行，即纽约的 Briarcliff Manor（布赖尔克利夫马诺），并配备了两台IBM计算机。到1964年底，这个新系统每小时处理的订票交易量达到 7500 个。在旧有的手动卡片系统中，处理一个预订交易的平均时间是 90 分钟，Sabre 将这一时间缩短至几秒钟，同时实现了记录旅客姓名、路线、联系方式等信息的功能。

到 20 世纪 60 年代中期，Sabre 成为最大的私有实时数据处理系统。《财富》杂志在1964 年的一篇文章中报道了 Sabre 的惊人能力。文章写道："对于致电或前往美国航空公司订票柜台进行订票的洛杉矶乘客，情况几乎没有变化。然而，在乘客请求预订座位的最后一个字和代理答复的第一个字之间的 2/5 秒内，他已经成为这套价值 3000 万美元的计算机装置的受益人，不仅提前一年预订了正确的航班，而且一旦系统登记了他的姓名，就将追踪他在旅程中的每一步，包括订餐、租车或者转机预订，直到他到达目的地。"

Sabre 为美国航空公司带来了巨大的竞争优势，迫使其他航空公司也纷纷建立自己的预订系统。

应该说，20 世纪 60 年代建立的预订系统主要是为满足航空公司自身的要求建立起了以旅客订座记录（passenger name record，PNR）为原理的计算机订座系统。而通过计算机大容量的信息存储、高速数据处理、跨地区的联网能力，将分布于各地的售票终端和主机连接起来，使得各营业部门能及时共享系统内所有信息，这不仅提高了售票员的工作效率、方便了旅客，还增加了座位的销售机会，提高了航班座位控制能力，严格了座位管理，提高了座位利用率，很大程度上推动了航空公司经营效率的提高。

在预订系统的基础上，美国主流航空公司陆续建立了各自机票库存管理系统，也就是今天的航班库存控制系统（inventory control system，ICS），该系统以订座控制和销售为主，极大地提高了航班库存管理效率。

9.1.2　CRS 系统的出现与发展

20 世纪 80 年代初，各大航空公司都推出了自己的机票销售终端，互不兼容。在这一阶段，每个机票代理人为了能够代理销售各个航空公司的机票，必须安装不同航空公司的代理终端，航空公司也要在各地建立自己的销售代理网络，导致重复建设和系统冗余。对于代理人来说，订座系统范围越广、收益越大，但投资也就越大，他们希望尽快寻找到能够降低投资而保证收益不致减少的新的解决方案。为了解决这个问题，统一的代理人机票分销系统——CRS 应运而生，ICS + CRS 的模式出现了。

最初，全世界出现过多家 CRS 服务提供商，经过激烈的竞争，目前市场份额最大的CRS 提供商主要有：Sabre、Amadeus、Travelport 和 TravelSky。

总部在美国的 Sabre 作为老牌的 CRS 提供商，最初与美国航空公司合作开发了美国航空公司内部使用的 ICS，而后拓展到销售代理，1985 年 Sabre 率先实现了其消费者能够通过互联网在线访问，并开始向海外开拓机票分销市场，业务覆盖约 200 个国家、440 家航司。1987 年，法国航空、西班牙航空、德国汉莎航空和北欧航空等公司牵头，联合研发针对欧洲市场的 Amadeus，在主要面向欧洲市场的同时，拓展全球业务，目前业务覆盖200 多个国家、超过 450 家航司，总部坐落在西班牙。Travelport 的历史可以追溯到 1971 年，陆续整合了老牌的 Galileo、Worlds pan 和 Apollo，并获得在美国和欧洲市场的优势，业务覆盖约 180 个国家、250 多家航司，目前总部设在英国。中国民航也是世界上较早发展 CRS的国家，1986 年，由中国民航局计算机中心牵头引进海外技术，针对中国民航市场研发的中国民航计算机订座系统（TravelSky）投入使用，这是唯一在中国注册的 CRS，其用户涵盖了国内绝大部分航空公司和销售代理，CRS 实现直接连接的外国及地区商营航空公司超过了 150 家。

CRS 具有与 ICS 同样的功能，即可以实现客票的预订与销售，同时，CRS 可以通过不同的技术方式与 ICS 进行连接。从结构上看，CRS 的出现实现了产品销售功能从航空公司订座系统分离并独立出来。

9.1.3　全球分销系统的出现与发展

随着 CRS 的不断发展，多家 CRS 形成联盟关系，产生了以运输、旅游相关服务一体化、全球化的全球分销系统（global distribution system，GDS）。

GDS 通过复杂的计算机系统将航空、旅游产品与代理商连接在一起，使代理商可以实时销售各类组合产品，从而使最终消费者（旅行者）拥有更透明的信息、更广泛的选择范围、更强的议价能力和更低的购买成本。

GDS 最初是由航空公司借助计算机信息系统将航空运输的航班计划、航线座位、票价、旅游产品（如饭店、旅游、租车等）及其他销售代理商等分销渠道连接在一起，整合市场上不同的需求，形成各种各样的组合产品，从而使全球不同地区的消费者一旦使用或进入该系统能够得到及时、透明、准确、范围广泛的信息，并提供选择和购买服务，从而降低了选择和购置成本，为消费者（用户）的旅行及其他所需提供最大便利。

GDS 源于 CRS，但不同于 CRS，航空公司借助于计算机信息化手段，用于本公司的航班座位管理，包括座位预订，控制与管理，并输入了订座、订票与票务的相关信息，用于旅客的航班与座位及票价的选择与确定，业务流程并不向单一客户（消费者）提供服务而是通过中间环节向客户提供服务。通过 GDS，遍及全球的旅游机构可以及时地从航空公司、酒店、汽车租赁公司、旅行团获取大量与旅游有关的信息，从而为顾客提供快速、方便、可靠的服务，而且旅行者还可以通过互联网登录 GDS 去获取信息和做出相关的选择。

客票销售功能采用 ICS + CRS 组合模式，初步构造了当今航空 GDS 的核心模块；而后，针对航班的进出港业务，GDS 模块中增加了值机配载系统；为提高机票清算结算效率，GDS 研发了统一结算系统；为实现个性化机票运价，GDS 研发了航班运价系统；为提高航空公司座公里收益，GDS 研发了收益管理系统；为应对互联网时代的急迫需求，GDS 研发了电子客票系统、航空电商模块和辅助产品模块。目前，GDS 的功能模块主要包括：ICS、代理人计算机分销系统 CRS、离港控制系统、统一结算系统、航班运价系统、收益管理系统、电子客票系统、机票电子商务支持模块（查询系统、预订系统、支付系统、出票系统、其他服务）、非航辅助产品销售模块等。从功能上，形成了以运输、旅游相关服务一体化、全球化的多功能系统。

在互联网问世前，GDS 是全球最早通过电脑进行机票、酒店预订的系统，也是全球旅游行业主要的预订系统。经历了旅游业的迅速发展、GDS 全球性联盟等激烈的竞争过后，市场最终留下了如今的四大 GDS 巨头：北美地区的 Sabre、Travelport；欧洲的 Amadeus；以及我国的 TravelSky。这四大 GDS 巨头占据了绝大多数市场份额。

不过，值得注意的是，近些年出现的 OTA（在线旅游代理商，online travel agency）给 GDS 带来了一定的冲击。互联网技术的发展，使得流量和入口都在从传统 GDS 的线下代理人入口向 OTA 转移。因为 OTA 的数据来源最终还是 GDS，为了提高自身对数据资源的掌控能力以及丰富数据资源，有些 OTA 开始积极与 GDS 合作，如 2015 年携程用海外收购的方式控股了 TravelFusion（一家欧美低成本航空公司的在线"GDS"服务商），2016 年末又收购了具备 GDS 航班搜索和比价属性的搜索公司 SkyScanner，2016 年 12 月基于 XML（extensible markup language，可扩展置标语言）的 Direct Connect（直连）外航模式与汉莎航空合作等。与传统的 GDS 相比，OTA 具备如下优势：更便捷的入口；更大的流量；广泛的全球性航班、旅游产品的搜索比价能力；同供应商直连的能力等。更为重要的是，与传统 GDS 的 BTOB（business to business，企业对企业的电子商务）模式不同，OTA 拥有对 C 端（customer，用户端）用户更强的掌控力和影响力，通过对数据的分析和运营，更有利于实现精准营销或开发更符合用户出行习惯的产品。

面对激烈的竞争，传统的 GDS 在稳固发展原有业务外，也在不断调整策略，如围绕航空公司、酒店等行业需求开发一揽子 IT 解决方案；开发涵盖酒店、铁路、汽车租赁、邮轮公司的产品线等。应该说，不断满足航空公司扩大销售、提高经营管理水平的需求，是 GDS 演变的内在动力；IT 技术的发展则为 GDS 的发展提供了技术保证；中性化、一体化、全球化的发展环境为 GDS 的发展提供了土壤；各 GDS 之间相互结盟、规模化经营、降低成本、提高自身的服务水平则是 GDS 的生存之道。

总体来说，订座系统从最初的单一销售系统（ICS）发展到可以实现多家航空公司产品销售的系统（CRS），而后又发展为具备全球航空公司座位预订及销售旅游相关产品的系统（GDS），系统功能的焦点也由最初的库存管理发展为旅客服务。

■ 9.2　计算机订座系统在民航运输信息系统中的作用

9.2.1　CRS 网络的主要特征

从组成上来说，CRS 是一个覆盖广大地域范围的计算机网络。该网络具有如下特征。

（1）实时性：网络上的终端从提交命令到得到结果应答，响应时间一般不超过 3 秒钟。

（2）不间断性：由于 CRS 覆盖的地域十分广泛，一天 24 小时内，任何时间网络上都有终端在工作，因此，系统运行在任何时间都不会中断。

（3）高可靠性：系统中的数据在任何意外情况下都不能被破坏，为此，系统实行了多套主机、随时备份等措施。

9.2.2　CRS 与 ICS 的技术连接方式

CRS 如何销售航空公司的座位是由 CRS 与 ICS 的技术连接方式及商务协议决定的。ICS 加入 CRS 的协议等级主要有如下几种方式：无协议级、AVS 级、直接存取级、直接销售级。

（1）无协议级：CRS 无法知道 ICS 中的航班状况，只能通过拍发电报用 NN 向 ICS 申请座位。

（2）AVS 级：CRS 根据 ICS 的 AVS 报（航班可利用状态报）修改系统中航班可利用状态信息，故 CRS 中航班座位状况显示（指令代号为 AV）的是 CRS 中的状态，而不是到 ICS 中直接提取，这样，AV 显示的信息不与 ICS 中一致，即该显示信息不是实时的、准确的，所以在 CRS 中的订座有可能被拒绝。

（3）直接存取级（direct access）：CRS 通过 ICS 发来的电报或直接从 ICS 中存取信息得到准确的 ICS 座位可利用状态，据此订座，所订座位 ICS 予以保证。

（4）直接销售级（direct sell）：CRS 通过 ICS 发来的电报或直接从 ICS 中存取信息得到准确的座位可利用信息，据此订座，每订一个新航段，CRS 都会将信息传给 ICS，ICS 根据当时航班的实际情况决定是否证实，一旦证实，ICS 系统会将此座位保留，等待 CRS 完成全部 PNR。因此，直接销售不会造成超订。

9.2.3　CRS 与 ICS 的关系

CRS 与 ICS 两个系统的主机硬件和数据库相互独立，由于使用了先进的技术手段，故系统连接极其紧密，随时进行数据交换（实时性）。航空公司的航班信息传送到代理人系统，代理人建立的订座记录也会传给航空公司系统。先进的技术手段，保证了系统间联系的准确性。同时，两系统均可直接、准确地看到航班舱位的状态；任何一个系统出现故障，均导致代理人系统工作的不正常。

第 10 章

民航旅客订座系统实训项目

当旅客提出订座请求时，从代理人或航空公司从事订座工作的人员角度来看，完整的订座流程主要包括登录系统、查询航班信息、预订座位、输入旅客信息相关项等，具体来说，订座流程如图 10.1 所示。

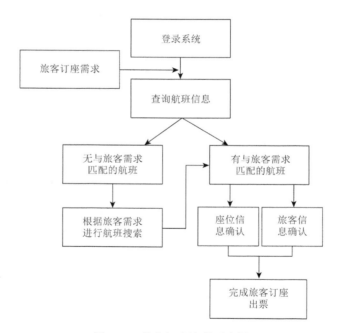

图 10.1　旅客订座流程示意图

每一次订座出票的过程表现在系统里就是一个旅客订座记录，即 PNR。它反映了旅客的航程、航班座位占用数量、旅客信息、特殊需求及票价信息等。

一个完整的 PNR 至少包含以下组项：

● 姓名组　　　　NM

- 航段组　　　SS、SD、SN、SA
- 联系组　　　CT
- 票号组　　　TK
- 特殊服务组　SSR
- 票价组　　　FN
- 票价计算组　FC
- 付款方式组　FP

需要借助具体的指令去实现旅客的订座各个环节的输入过程。本章将以不同情景下的实例为出发点，以订座流程为主线，详细介绍不同情景下的指令格式及用法，并对易错点进行深入剖析，简洁明了地向读者介绍民航旅客订座系统运行的完整过程。

■ 10.1 单人旅客单程订座实训项目

单人旅客单程订座是指一名旅客预购买一个航段的客票，具体来说，订座流程包括以下环节，每个环节需要相应的指令使之得以实现，订座流程及相关指令如图 10.2 所示。

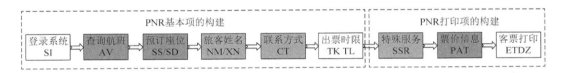

图 10.2　单人旅客单程订座流程及相关指令示意图

10.1.1 登录系统

指令格式：

＞SI:工作号/密码/级别

每个工作人员都应该有自己的工作号，只有输入工作号才可以正常工作，级别不同，工作人员拥有的权限范围不同，可以进行不同的指令操作。

41 级是最常用的客票销售人员的工作级别，可以处理一般 PNR 的预订、出票、修改、退票及各种日常业务。

若一名工作人员工作号为 11111，密码为 123A，级别为 41，其登录系统的操作如下：

＞SI:11111/123A/41

若正常进入，系统将显示系统注册公告信息，如：

BJS999 SIGNED IN A

此时，可以使用 DA 指令查看本终端的 PID 号及其他信息。

执行 DA 指令如下：

＞DA

A*	11111	26JUN	1534	41	BJS999
B	AVAIL				
C	AVAIL				
D	AVAIL				
E	AVAIL				

PID = 20200	HARDCOPY = 1016	
TIME = 1606	DATE = 26JUN	HOST = LILY
AIRLINE = 1E	SYSTEM = CAAC05	APPLICATION = 3

　　从系统显示上可以看出，工作号为 11111 的工作人员已于 6 月 26 日 15：34 进入系统工作，其中的"PID"项是一个重要的参数，代表本终端的终端号。当终端不能工作时，维护人员经常要问到终端的"PID"号。每台终端拥有唯一的 PID 号。

　　A、B、C、D、E 为系统的五个工作区，功能完全相同，可指定进入某一工作区，也可随机进入某一工作区工作。

　　参数"AVAIL"表示该区目前为空闲状态；

　　参数"HARDCOPY"表示本终端连接打印机的编号；

　　参数"TIME"和"DATE"为当前执行 DA 指令时的系统时间。

　　出错信息提示：

PROT SET	密码输入错误
USER GRP	级别输入错误
PLEASE SIGN IN FIRST	请先输入工作号，再进行查询

10.1.2　查询航班信息

　　AV 指令用于查询航班座位可利用情况，以及相关航班信息，如航班号、舱位、起飞到达时间、经停点等，是一个非常重要的指令。

　　指令格式：

　　＞AV：选择项/城市对/日期/起飞时间/航空公司代码/经停标识/座位等级

　　【格式说明】

　　（1）选择项有以下几种：

　　P　　显示结果按照航班起飞时间先后顺序排列

　　A　　显示结果按照航班到达时间先后顺序排列

　　E　　显示结果按照航班飞行时间由短到长排列

　　省略不选，默认为 P。

　　（2）城市对为必选项，其余为可选项。

　　（3）日期的完整形式为日月年，如 19MAR22，年可以省略；日期的简便输入形式有以下几种：

　　"."表示当天

"＋"表示明天

"－"表示昨天

（4）城市代码的查询可参考相关"国家/城市/机场信息查询 CNTD"指令说明。

假设需要为旅客查询 10OCT 的北京（PEK）到上海（SHA）航班座位可利用情况，执行以下操作：

＞AV:PEKSHA/10OCT

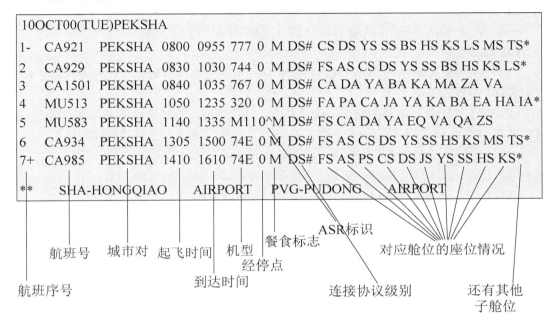

【格式说明】

（1）显示中的 DS#为该航空公司与 CRS 之间的协议级别，不同的协议级别，获取座位的方式不同，DS#是最高的协议级别。若显示 AS#，则表示该航班做过时间变更。

（2）FCYSBHKLMQT 为舱位等级。

（3）对应等级的座位可利用情况代号，有以下几种含义：

A　可以提供 9 个以上座位

1-9　可以提供 1-9 个座位，这种情况下系统显示具体的可利用座位数

L　没有可利用座位，但旅客可以候补

Q　永久申请状态，没有可利用座位，但可以申请（HN）

S　因达到限制销售数而没有可利用座位，但可以候补

C　该等级彻底关闭，不允许候补或申请

X　该等级取消，不允许候补或申请

Z　座位可利用情况不明，这种情况有可能在外航航班上出现

（4）航班最后若有"＊"，表示还有其他子舱位未显示完全，若要继续查询，可以通过＞AV:C/航班序号，或者＞AV:MU513/10OCT 两种方式查询。

（5）ASR 标识即预留座位标识，说明该航班提供座位图，并接受预留或申请。

10.1.3 预订座位

预订座位一般通过直接建立航段组（SS）和间接建立航段组（SD）来完成。

1. 直接建立航段组（SS）

指令格式：

＞SS:航班号/舱位/日期/航段/行动代码订座数/起飞时间到达时间

【格式说明】

（1）使用 SS 直接建立航段组时，对于中国民航航空公司的航班，代理人只能订取系统中实际存在的航班。

（2）对于外国航空公司的航班，代理人可以任意订取，即使该航班实际并不存在，也可以建立。故用 SS 订取外国航空公司的航班时，营业员应事先了解详细的航班情况。

（3）使用 SS 直接建立航段组时，一次输入最多可订取 5 个航班。

例：请订取 CA1301 航班，Y 舱，20OCT，北京到广州的一个座位。

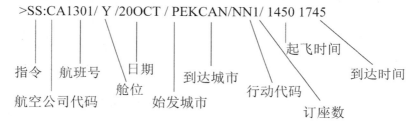

执行提取 PNR 指令：
＞RT

1. CA1301 Y SA20OCT PEKCAN DW1 1450 1745 74E S 0			
2. PEK099			

从系统显示可以看出，当前已选取 10 月 20 日，CA1301 航班的 Y 舱座位一个，DW 为候补状态。

2. 间接建立航段组（SD）

间接建立航段组是利用航班时刻表、指定日期班机时刻表或航班座位可利用情况建立航段组。

指令格式：

＞SD:航线序号/舱位等级/日期/行动代号订座数/到达情况标识

例：航班可利用状态显示如下。

＞AV:PEKCAN/ +

```
30SEP(WED)   PEKCAN
1- CA1321    PEKCAN   0900  1200  340  0  M  DS#FA AS CA DS YA BA HA KA
                                               LS MS QS TS GS XS WS VS
2  WH2137    PEKCAN   1030  1310  300  0  M  DS#FA YA BA RA HA Z5
3  CZ3102    PEKCAN   1210  1500  777  0  M DS#CA DS YA WA KA HA MA GS
                                               QS VS BS ZS
4  XO9311    PEKCAN   1250  1555  TU5  0  M  AS# YL KL HL MQ
5+ CZ346     PEKCAN   1435  1720  77B  0  M  DS# FS AS C6 D6 Y1 KA MA GS
                                               ZS
```

订取 CA1321 航班 F 舱 1 个座位：

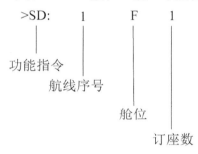

输入后显示为：

```
1.CA1321   F   WE30SEP    PEKCAN DK1    0900   1200    340 S 0
2.PEK099
```

SD 与 SS 实现的功能是一样的，都可以建立航段组。它们的区别在于，SS 一个指令便可以建立航段组，而 SD 要在 AV 查询的基础上方可完成建立航段组的过程。由于 AV、SD 指令格式简单，操作简便，所以是最常用的建立航段组的方式。

出错信息提示：

UNABLE　　当所订的航班舱位不存在或状态不正确时，系统给出应答为 UNABLE 并显示航班情况

ACTION	行动代码不正确
SEATS	订座数与 PNR 中旅客数不一致
SEGMENT	城市对输入无效
TIME	输入时间不正确
FLT NUMBER	航班号不正确
SCH NBR	航线序号不符

10.1.4　输入旅客姓名项

姓名组是组成旅客订座记录（PNR）必不可少的组项，它记录了旅客姓名、所订座位

数、称谓、特殊旅客代码等内容。

成人及儿童姓名组指令格式：

＞NM:该姓名的订座总数 旅客姓名（特殊旅客代码）

【格式说明】

（1）姓名组由英文字母或汉字组成。

（2）若输入英文字母的姓名，姓与名之间需用斜线（/）分开（中文姓名无此限制）。

（3）对于输入英文字母的姓名，姓不得少于两个字母。

（4）旅客名单按照姓氏的字母顺序排列。

（5）旅客姓名长度最大为 55 个字符。

（6）散客记录最大旅客数为 9 人，旅客数大于 9 人的记录为团体旅客记录。

1.刘涛

2.CA1321 F WE30SEP PEKCAN DK1 0900 1200 340 S 0

3.PEK099

假定旅客姓名为刘涛，那么建立旅客姓名组的指令为：

＞NM:1 刘涛

10.1.5　输入旅客联系方式项

联系组的功能是记录各种联系信息，以便于查询代理人及旅客的信息。PNR 中的联系组分为两类：一类是旅客的联系信息，需要代理人手工录入；另一类是工作人员所在代理机构的信息，通常是在录入旅客信息后 PNR 中自动生成的。

录入旅客信息的指令格式：

＞CT:城市代码/自由格式文本 旅客标识

若旅客联系电为 6601××××-2509，指令为：

＞C:PEK/6601×××-2509

1.刘涛

2.CA1321 F WE30SEP PEKCAN DK1 0900 1200 340 S 0

3.PEK/6601×××-2509

4.BJS/T PEK/T 010-2400××××/YUANDA TRAVE AGENCY/ZHENG YI

FAN ABCDEFG

5.PEK099

PNR 中的旅客联系组可以按照旅客数量输入多个联系方式，分别在指令结尾处以 P1、P2……来标识，其中的数字表示该旅客在 PNR 中的序号。

上图中第 4 项即为工作人员所在代理机构的名称、联系电话等信息，为系统自动生成。

10.1.6　输入出票组项

出票组注明旅客的出票情况，已出票的将给出票号，未出票的则写明具体出票的时限，到达出票时限时计算机系统向相应部门拍发电报，提示营业员出票，否则会被航空公司取消。

指令格式：

>TK:TL/时间/日期/出票部门/旅客标识序号

一般散客的出票时限规定在航班起飞之前三天的中午 12 点，对于联程、往返等多航段而言，出票时限以第一个航段的飞机起飞时间为基准进行设定。

通常情况下，一个 PNR 只需建立一个出票时限组即可。

例：为 PNR 中旅客设置出票时限。

>TK:TL/1200/27SEP/PEK099

```
1.刘涛
2.CA1321 F WE30SEP PEKCAN DK1 0900 1200 340 S 0
3.PEK/6601××××-2509
4.TL/1200/27SEP/PEK099
5.BJS/T PEK/T 010-2400×××/YUANDA TRAVE AGENCY/ZHENG YI FAN
ABCDEFG
6.PEK099
```

至此，已完成 PNR 基本项的构建过程，可以先生效 PNR，即执行封口指令：@或\，指令如下：

>@

```
CA1321 F WE30SEP PEKCAN HK1 0900 1200
N6B4N
```

封口之后即实现对座位的暂时预订，后续仍需将旅客及票价等信息补充完整并完成出票。

【格式说明】

（1）封口指令可以单独输入，也可以在一组指令的最后输入。

（2）封口时会自动检查所输入的内容是否完整。

（3）封口后，旅客的订座记录编号及航段信息将显示在屏幕上，订座记录编号是由 5 位数字或字母组成的，不包括字母 O。

在 PNR 的建立过程中也可以省略此阶段的封口操作，继续录入旅客信息、票价信息等，直接完成出票的全过程。

10.1.7　输入旅客特殊服务项

如 PNR 基本项构建完毕后没有封口，那么可以直接进行后续组项的录入操作，如果已经封口，则需先提取出封口的 PNR 再进行后续的录入操作。

关于 PNR 的提取，指令格式如下：

＞RT:记录编号

例：＞RT:N6B4N

```
1.刘涛    N6B4N
2.CA1321 F WE30SEP PEKCAN HK1 0900 1200
3.PEK/6601××××-2509
4.TL/1200/27SEP/PEK099
5.BJS/T PEK/T 010-2400××××/YUANDA TRAVE AGENCY/ZHENG YI
FAN ABCDEFG
6.RMK CA/WQWQT
7.PEK099
```

旅客特殊服务组项主要是记录特殊餐食、常旅客信息、无人陪伴儿童及婴儿旅客的申请等内容的，这些内容都需要工作人员手工输入来建立；除此之外，该项内容中还记录航空公司通知代理人的信息，包括代码共享航班信息、网上订座信息、旅客未乘机信息等，这些不需要手工输入。

关于特殊餐食、常旅客信息、无人陪伴儿童及携带婴儿旅客的特殊服务组项的建立方法，详见本章后续章节的讲解。

订座记录中每位旅客的有效身份信息是必须要录入的，对应的服务类型代码是 FOID。例如旅客刘涛身份证号是 12010319960503××××，可以按照以下格式录入系统：

＞SSR:foid ca hk/ni12010319960503××××

```
SSR ....    OK!
```

系统提示本次 SSR 组项已加入到订座记录里，通过此条指令的成功输入也验证了该系统中的字符输入是不区分大小写的。

指令中的参数 NI，表示当前输入的旅客证件类型为身份证，除此之外，还可以是旅客护照、军官证等有效证件号码录入，对应的证件类型代码分别为 PP 和 ID。

当 PNR 中有多位旅客时，要依次录入每位旅客的有效身份信息，并在指令结尾处以 P1、P2……做好标识。

10.1.8　输入票价信息项

票价信息组项包括票价组、票价计算组、付款方式组。

票价组是将票价信息输入到 PNR 中，主要体现了单人全程票价及全程税费的收取金额，包括票面价、现金收受、佣金、机场建设费、旅客序号等内容，这些信息同时会打印到票面上。

指令格式：

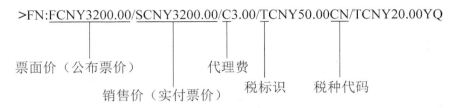

票价计算组用于输入票价计算过程，详细记载了该订座记录中每个航段的票面价格，记入 PNR 中并打印在客票的票价计算栏中。

单人单程票价计算组的指令格式：

＞FC:PEK CA CAN3200.00F CNY3200.00END

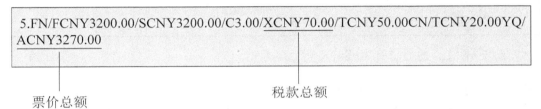

在票价计算组 FC 的输入过程中需要注意：

（1）城市代码与航空公司代码之间必须有空格分开。

（2）当 FC 输入的内容超过一行时，在第二行先输入横线，再输入其他内容。

（3）国内客票中若使用折扣票，FC 应反映出折扣后的价格、票价种类及折扣比率。

（4）客票打印完后，FC 将从 PNR 现行部分进入历史部分。

票价计算组 FC 在输入过程中常见错误提示如下：

AIRLINE：航空公司代码不正确，或 FC 中承运人与 PNR 的不一致；

AMOUNT：数据不正确，或在只允许输入数字的字段输入了非数字字符；

CITY：FC 中的城市与 PNR 的航程不符，或某城市三字代码在系统中未定义；

CITY PAIR：应输入城市对；

CODE：出现非法字符；

CONRINUITY：FC 中航线衔接不连续，或有些字段未加空格；

CURRENCY：货币代码不正确；

DECIMAL：小数位不正确，或与前面输入不符；

DUP ID：FC 项出现了两次以上，或指定的旅客已有 FC 项，检查 PNR 中所有 FC 项；

FORMAT：输入格式不正确；

INFANT：婴儿标识不正确；

INIT/FC 或 ITINERARY DOSE NOT MATCH FC：航程与票价计算不匹配，系统不接收。

付款方式组中体现了旅客具体的付款形式。常用付款方式如下：

＞FP:CASH, CNY

＞FP:CHECK, CNY

FN、FC、FP 是打印 PNR，即完成出票过程的必选指令，可以参照上述指令格式进行手工录入，也可以使用 PAT 指令进行提取显示。

例：＞RT:N6B4N

```
1.刘涛    N6B4N
2.CA1321 F WE30SEP PEKCAN HK1 0900 1200
3.PEK/6601××××-2509
4.SSR FOID CA HK NI12010319960503××××/P1
5.TL/1200/27SEP/PEK099
6.BJS/T PEK/T 010-2400××××/YUANDA TRAVE AGENCY/ZHENG YI FAN
ABCDEFG
7.RMK CA/WQWQT
8.PEK099
```

在此基础上，执行 PAT 指令：

＞PAT:

```
＞FN/FCNY3200.00/SCNY3200.00/C3.00/XCNY70.00/TCNY50.00CN/TCNY 20.00
YQ/ACNY3270.00
FC:PEK    CA    CAN 3200.00FB100 CNY 3200.00 END
FP:CASH, CNY
FP:CASH,CNY
```

可以看到系统已经完整显示出当前订座记录中的票价组、票价计算组和付款方式组，只需直接执行＜F12＞指令，将其写入到 PNR 即可。

```
1.刘涛    N6B4N
2.CA1321 F WE30SEP PEKCAN HK1 0900 1200
3.PEK/6601××××-2509
4.SSR FOID CA HK NI12010319960503××××/P1
5.FN/FCNY3200.00/SCNY3200.00/C3.00/XCNY70.00/TCNY50.00CN/TCNY20.00
YQ/ACNY3270.00
6.FC:PEK    CA    CAN 3200.00FB100 CNY 3200.00 END
7.FP:CASH,CNY
8.TL/1200/27SEP/PEK099
9.BJS/T PEK/T 010-2400××××/YUANDA TRAVE AGENCY/ZHENG YI FAN
ABCDEFG
10.RMK CA/WQWQT
11.PEK099
```

PAT 指令简单易操作，在很大程度上为代理人简化了操作流程，提高了工作效率，是订座系统中非常实用的一个指令。

10.1.9　客票打印项

客票的打印是完成订座出票过程的最后一步。

电子客票打印的指令格式：

＞ETDZ:打印机编号

＞ETDZ:1

```
ACNY        3270              N6B4N
ELECTRONIC TICKET ISSUED.
```

出票完成，生成客票号，再次提取 PNR 后可见序号为 5 的一行为票号信息。

```
＞RT N6B4N
              ** ELECTRONIC TICKET PNR FOR CRS SYSTEM **
    1.刘涛   N6B4N
    2.CA1321 F WE30SEP PEKCAN RR1 0900 1200
    3.BJS/T PEK/T 010-2400××××/YUANDA TRAVE AGENCY/ZHENG YI FAN
ABCDEFG
    4.PEK/6601×××-2509
    5.TN/999-1100000011
    6.SSR FOID CA HK NI12010319960503××××/P1
    7.FN/FCNY3200.00/SCNY3200.00/C3.00/XCNY70.00/TCNY50.00CN/TCNY20.00
YQ/ACNY3270.00
    8.FC:PEK   CA   CAN 3200.00FB100 CNY 3200.00 END
    9.FP:CASH,CNY
    10.RMK CA/WQWQT
    11.PEK099
```

例：为旅客张文预订 9 月 30 日北京到广州 K 舱的座位并出票。

建立 PNR 参考指令如下：

＞NM:1 张文

```
    1.张文
    2.PEK099
```

＞AV:PEKCAN/30SEP

```
30SEP(WED) PEKCAN
1-CA1321    PEKCAN    0900    1200    340    0    M DS# FA AS CA DS YA BA HA
                                                   KA LS MS QS TS GS XS WS VS
2WH2137     PEKCAN    1030    1310    300    0    M   DS# FA YA BA RA HA Z5
3CZ3102     PEKCAN    1210    1500    777    0    M   DS#CA DS YA WA KA HA
                                                   MA GS QS VS   BS ZS
4XO9311     PEKCAN    1250    1555    TU5    0    M   AS# YL KL HL MQ
5+ CZ346    PEKCAN    1435    1720    77B    0    M   DS#FS AS C6 D6  Y1 KA
                                                   MA   GS ZS
```

＞SD:1K1

```
1.张文
2.CA1321    K WE30SEP PEKCAN DK1 0900 1200 340 S 0
3.PEK099
```

＞CT:1561234××××

```
1.张文
2.CA1321    K WE30SEP PEKCAN DK1 0900 1200 340 S 0
3.1561234××××
4.BJS/T PEK/T 010-2400××××/YUANDA TRAVE AGENCY/ZHENG YI FAN
ABCDEFG
5.PEK099
```

＞TK:TL/1200/27SEP/TSN001
＞@

```
CA1321 K WE30SEP PEKCAN HK1 0900 1200
TBF5K
```

＞RT:TBF5K
＞SSR:FOID XX HK/NI120110××××××××××××

```
1.张文    TBF5K
2.CA1321    K WE30SEP PEKCAN DK1 0900 1200 340 S 0
3.1561234××××
4.SSR FOID CA HK NI120110××××××××××××  /P1
5.BJS/T  PEK/T  010-2400××××/YUANDA  TRAVE  AGENCY/ZHENG  YI  FAN
ABCDEFG
```

```
6.TL/1200/27SEP/PEK099
7.RMK CA/RTB6F
8.PEK099
```

＞PAT:

```
＞FN/FCNY1280.00/SCNY1280.00/C3.00/ XCNY70.00/TCNY50.00 CN/TCNY 20.00
YQ/ACNY1350.00
  FC: PEK   CA   CAN 1280.00YB75 CNY 1280.00 END
  FP: CASH, CNY
```

折扣客票在票价组 FN、票价计算组 FC 中得到了非常明显的体现，对于国内客票，FN、FC 中的票面价格均为折扣后的价格。

```
1.张文  TBF5K
2.CA1321   K WE30SEP PEKCAN DK1 0900 1200 340 S 0
3.1561234××××
4.SSR FOID CA HK NI120110XXXXXXXXXXXX /P1
5.BJS/T PEK/T 010-2400×××/YUANDA TRAVE AGENCY/ZHENG YI FAN
ABCDEFG
6.FN/FCNY1280.00/SCNY1280.00/C3.00/XCNY70.00/TCNY50.00CN/TCNY20.00
YQ/ACNY1350.00
7.FC : PEK   CA   CAN 1280.00YB75 CNY 1280.00 END
8.FP: CASH,CNY
9.TL/1200/27SEP/PEK099
10.RMK CA/RTB6F
11.PEK099
```

＞ETDZ:1

```
ACNY       1350          TBF5K
ELECTRONIC TICKET ISSUED.
```

10.1.10　习题

一、预订指定航程指定日期、舱位机票

1. 旅客王丹预购买 2 月 15 日上午的天津到上海经济舱的机票。

主要参考指令：

＞NM:1 王丹
＞AV:TSNSHA/15FEB
＞SD:XY1
＞CT:138XXXXXXXX
＞TK:TL/1200/12FEB/TSN001
＞@
＞RT:XXXXX
＞SSR:FOID XX HK/NI120110XXXXXXXXXXXX
＞PAT:
＞ETDZ:1

2. 旅客孙继广预购买 3 月 20 日北京到海口 K 舱机票。

主要参考指令：
＞NM:1 孙继广
＞AV:PEKHAK/20MAR/K
＞SD:XK1
＞CT:138XXXXXXXX
＞TK:TL/1200/17MAR/TSN001
＞@
＞RT:XXXXX
＞SSR:FOID XX HK/NI120110XXXXXXXXXXXX
＞PAT:
＞ETDZ:1

二、预订指定航程指定日期、时间、舱位机票

1. 旅客张星预购买 2 月 15 日上午 9 点左右天津到广州经济舱的机票。

主要参考指令：
＞NM:1 张星
＞AV:TSNCAN/15FEB/0900
＞SD:XY1
＞CT:138XXXXXXXX
＞TK:TL/1200/12FEB/TSN001
＞@
＞RT:XXXXX
＞SSR:FOID XX HK/NI120110XXXXXXXXXXXX
＞PAT:
＞ETDZ:1

2. 旅客王晓辉预购买 9 月 10 日下午 5 点左右北京到成都价格最低的机票。

主要参考指令：
>NM:1 王晓辉
>AV:PEKCTU/10SEP/1700
>FD:X　……………通过当前航班舱位状况及 FD 查询票价的指令可以找到符合时间条件的价格最低的机票
>SD:XY1
>CT:138XXXXXXX
>TK:TL/1200/07SEP/TSN001
>@
>RT:XXXXX
>SSR:FOID XX HK/NI120110XXXXXXXXXXXX
>PAT:
>ETDZ:1

三、预订指定航程指定日期、时间、航空公司、舱位机票

1. 旅客郑兴强预购买 2 月 18 日最早的国航的天津到兰州公务舱的机票。

主要参考指令：
>NM:1 郑兴强
>FV:TSNLHW/18FEB/CA/C
>SD:XY1
>CT:138XXXXXXX
>TK:TL/1200/15FEB/TSN001
>@
>RT:XXXXX
>SSR:FOID XX HK/NI120110XXXXXXXXXXXX
>PAT:
>ETDZ:1

2. 旅客齐津津预购买 5 月 20 日最晚的广州到哈尔滨的头等舱的机票。

主要参考指令：
>NM:1 齐津津
>AV:CANHRB/20MAY/F
>SD:XF1
>CT:138XXXXXXX

＞TK:TL/1200/17MAY/TSN001
＞@
＞RT:XXXXX
＞SSR:FOID XX HK/NI120110XXXXXXXXXXXX
＞PAT:
＞ETDZ:1

四、预定指定航程指定日期的直达（D）/不经停（N）航班

1. 旅客张倩预购买 4 月 18 日乌鲁木齐到南京的直达航班。

主要参考指令：
＞NM:1 张倩
＞FV:URCNKG/18APR/D
＞SD:XY1
＞CT:138XXXXXXXX
＞TK:TL/1200/15APR/TSN001
＞@
＞RT:XXXXX
＞SSR:FOID XX HK/NI120110XXXXXXXXXXXX
＞PAT:
＞ETDZ:1

2. 旅客张琦预购买 4 月 18 日乌鲁木齐到南京的不经停航班。

主要参考指令：
＞NM:1 张琦
＞FV:URCNKG/18APR/N
＞SD:XY1
＞CT:138XXXXXXXX
＞TK:TL/1200/15APR/TSN001
＞@
＞RT:XXXXX
＞SSR:FOID XX HK/NI120110XXXXXXXXXXXX
＞PAT:
＞ETDZ:1

■ 10.2　单人旅客来回程、联程订座

单人旅客来回程是指一名旅客购买来、回两个航段的客票，单人旅客联程（此处以两

个联程航段为例）是指一名旅客欲购买从 A 到 B，再从 B 到 C 连续两个航段的客票，两种情景下都包含两个订座航段，订座流程基本相同，相关指令如图 10.3 所示。

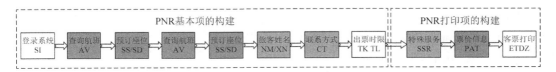

图 10.3　单人来回程/联程旅客订座流程及相关指令示意图

10.2.1　登录系统

＞SI:11111/123A/41

```
BJS999 SIGNED IN A
```

如果之前已经登录系统，此步可省略。

10.2.2　查询航班信息（第一航段）

例：为旅客张锋预订 9 月 30 日北京到广州的去程航班，以及 10 月 1 日的回程航班并出票。

＞AV:PEKCAN/30SEP

```
30SEP(WED)PEKCAN
1- CA1321    PEKCAN   0900  1200  340  0  M  DS#FA AS CA DS YA BA HA
                                               KA LS MS   QS TS GS XS
                                               WS VS
2  WH2137    PEKCAN   1030  1310  300  0  M  DS#FA YA BA RA HA Z5
3  CZ3102    PEKCAN   1210  1500  777  0  M   DS#CA DS YA WA KA HA
                                               MA GS QS VS BS ZS
4  XO9311    PEKCAN   1250  1555  TU5  0  M  AS#YL KL HL MQ
5+ CZ346     PEKCAN   1435  1720  77B  0  M   DS#FS AS C6 D6 Y1 KA MA
                                               GS ZS
```

10.2.3　预订座位（第一航段）

后面的例子均以间接建立航段组的形式预订座位。

＞SD:1Y1

```
1.CA1321 Y WE30SEP PEKCAN DK1 0900 1200        340 S 0
2.PEK099
```

10.2.4 查询航班信息（第二航段）

第二航段体现为来回程中的回程航段或者联程中的后一航段，其指令格式完全相同，这里以来回程中的回程航段为例进行操作。

>AV:CANPEK/01OCT

```
    01 OCT(THU) CANPEK
    1- HU7814 CANPEK 0935 1235 738 0 M DS# FA YA BA RA HA Z5
    2 HU7806 CANPEK 1250 1605 738 0 M DS# CA DS YA WA KA HA MA GS QS VS
BS ZS
    3 CA1322   CANPEK 1340 1700 340 0 M DS# FA AS CA DS YA BA HA KA LS MS
QS TS GS XS WS VS
    4+ CA1328   CANPEK 1840 2200 777 0 M AS# YL KL HL MQ
```

10.2.5 预订座位（第二航段）

>SD:3Y1

```
    1.CA1321 Y WE30SEP PEKCAN DK1 0900 1200        340 S 0
    2.CA1322 Y TH01OCT CANPEK DK1 1340 1700        340 S 0
    3.PEK099
```

10.2.6 输入旅客姓名项

>NM:1 张锋

```
    1.张锋
    2.CA1321 Y WE30SEP PEKCAN DK1 0900 1200        340 S 0
    3.CA1322 Y TH01OCT CANPEK DK1 1340 1700        340 S 0
    4.PEK099
```

10.2.7 输入旅客联系方式项

>CT:1301211××××

```
    1.张锋
    2.CA1321 Y WE30SEP PEKCAN DK1 0900 1200        340 S 0
    3.CA1322 Y TH01OCT CANPEK DK1 1340 1700        340 S 0
```

```
    4.BJS/T PEK/T 010-2400××××/YUANDA TRAVE AGENCY/ZHENG YI FAN
ABCDEFG
    5.1301211××××
    6.PEK099
```

10.2.8　输入出票组项

＞TK:TL/1200/27SEP/PEK099

```
    1.张锋
    2.CA1321 Y WE30SEP PEKCAN DK1 0900 1200        340 S 0
    3.CA1322 Y TH01OCT CANPEK DK1 1340 1700        340 S 0
    4.BJS/T PEK/T 010-2400××××/YUANDA TRAVE AGENCY/ZHENG YI FAN
ABCDEFG
    5.1301211××××
    6. TL/1200/27SEP/PEK099
    7.PEK099
```

10.2.9　输入旅客特殊服务项

在本例中，一次性完成 PNR 所有组项后再封口，继续输入旅客张锋的身份信息及票价信息组。

＞SSR:foid ca hk/ni12010319960503××××

```
    SSR ....　OK!
```

＞RT:

```
    1.张锋
    2.CA1321 Y WE30SEP PEKCAN DK1 0900 1200        340 S 0
    3.CA1322 Y TH01OCT CANPEK DK1 1340 1700        340 S 0
    4.BJS/T PEK/T 010-2400××××/YUANDA TRAVE AGENCY/ZHENG YI FAN
ABCDEFG
    5.1301211××××
    6. SSR FOID CA HK NI12010319960503××××/P1
    7. TL/1200/27SEP/PEK099
    8.PEK099
```

10.2.10 输入票价信息项

＞PAT:

> FN/FCNY3600.00/SCNY3600.00/C3.00/XCNY140.00/TCNY 100.00CN/ TCNY 40.00YQ/ACNY3740.00
FC：PEK CA CAN 1800.00Y CA PEK1800Y CNY 3600.00 END
FP:CASH,CNY

可以看到系统已经完整显示出当前订座记录中的票价组、票价计算组和付款方式组，只需直接执行＜F12＞指令，将其写入到 PNR 即可。

联程航班的票价组 FN 中，公布票价及实付票价是两个航段的票面价格之和，税款是两个航段的税款之和。

联程航班的票价计算组 FC 中，体现了两个航段分别的票面价格及两段票面价格之和。

1.张锋
2.CA1321 Y WE30SEP PEKCAN DK1 0900 1200   340 S 0
3.CA1322 Y TH01OCT CANPEK DK1 1340 1700   340 S 0
4.BJS/T PEK/T 010-2400××××/YUANDA TRAVE AGENCY/ZHENG YI FAN ABCDEFG
5.1301211××××
6.SSR FOID CA HK NI12010319960503×××/P1
7.FN/FCNY3600.00/SCNY3600.00/C3.00/XCNY140.00/TCNY100.00CN/TCNY40.00YQ/ACNY3740.00
8.FC：PEK CA CAN 1800.00Y CA PEK1800Y CNY 3600.00 END
9.FP:CASH,CNY
10. TL/1200/27SEP/PEK099
11.PEK099

10.2.11 客票打印项

＞ETDZ:1
ACNY   3740   SNB64
ELECTRONIC TICKET ISSUED.
ETDZ 指令在实现打印的同时进行 PNR 的封口，此处无须操作"@"指令。
出票完成，系统显示该 PNR 中所有票价及税款之和，再次提取 PNR 后可见第 6 项为票号信息。
＞RT SNB64

```
** ELECTRONIC TICKET PNR FOR CRS SYSTEM **
  1.张锋   SNB64
  2.CA1321 Y WE30SEP PEKCAN RR1 0900 1200        340 S 0
  3.CA1322 Y TH01OCT CANPEK RR1 1340 1700        340 S 0
  4.BJS/T PEK/T 010-2400×××/YUANDA TRAVE AGENCY/ZHENG YI FAN
ABCDEFG
  5.1301211××××
  6.TN/999-1100000011
  7.SSR FOID CA HK NI12010319960503××××/P1
  8.FN/FCNY3600.00/SCNY3600.00/C3.00/XCNY140.00/TCNY100.00CN/TCNY40.
00YQ/ACNY3740.00
  9.FC : PEK   CA   CAN 1800.00Y CA PEK1800Y   CNY 3600.00 END
  10.FP:CASH,CNY
  11. RMK CA/QJ8B1
  12. PEK099
```

10.2.12　习题

1. 因工作需要, 苏晓计划于 6 月 15 日从广州飞往成都参加一个为期两天的行业会议, 之后到昆明拜访客户, 请为苏晓此次行程订座出票。

主要参考指令:
＞NM:1 苏晓
＞AV:CANCTU/15JUN
＞SD:XY1
＞AV:CTUKMG/18JUN
＞SD:XY1
＞CT:138XXXXXXXX
＞TK:TL/1200/12JUN/TSN001
＞@
＞RT:XXXXX
＞SSR:FOID XX HK/NI120110XXXXXXXXXXXX
＞PAT:
＞ETDZ:1

2. 因工作需要, 苏晓计划于 6 月 15 日从广州飞往成都参加一个为期两天的行业会议, 之后到昆明拜访客户, 然后休年假回老家杭州。请为苏晓此次行程订座出票。

主要参考指令:

```
>NM:1 苏晓
>AV:CANCTU/15JUN
>SD:XY1
>AV:CTUKMG/18JUN
>SD:XY1
>AV:KMGHGH/19JUN
>CT:138XXXXXXX
>TK:TL/1200/12JUN/TSN001
>@
>RT:XXXXX
>SSR:FOID XX HK/NI120110XXXXXXXXXXXX
>PAT:
>ETDZ:1
```

3. 因工作需要，苏晓计划于 6 月 15 日从广州飞往成都参加一个为期两天的行业会议，之后到昆明拜访客户，停留一天后搭乘 6 月 20 日最早的航班返回广州。请为苏晓此次行程订座出票。

主要参考指令：
```
>NM:1 苏晓
>AV:CANCTU/15JUN
>SD:XY1
>AV:CTUKMG/18JUN
>SD:XY1
>FV:KMGCAN/20JUN
>CT:138XXXXXXX
>TK:TL/1200/12JUN/TSN001
>@
>RT:XXXXX
>SSR:FOID XX HK/NI120110XXXXXXXXXXXX
>PAT:
>ETDZ:1
```

■ 10.3　多人非团队旅客单程、来回程、联程订座

在日常的订座过程中，不足 10 人的 PNR 视为散客处理，10 人或 10 人以上的则必须组成团队，由于团队订座过程中人数较多、情况较为复杂，将在 10.10 节中单独讲解。

本节中以三个典型实例介绍多人非团队旅客的订座流程，同时由于婴儿旅客在订座过程中具有一些特殊性，将在 10.7 节中单独介绍，本节实例中不包括婴儿旅客的订座。

10.3.1　一名成人带一名儿童单程订座实例

年满 2 周岁不足 12 周岁的儿童可以按照儿童定价规则购买儿童客票，通常情况下，儿童客票占用一个座位。

当然，当成人折扣票价较低时，也可以直接为儿童购买成人折扣票安排旅行。

根据订座流程及指令示意图，一名成人带一名儿童单程订座过程如图 10.4 所示。另外，从本节开始，默认工作人员已登录订座系统，不再赘述系统登录的过程。

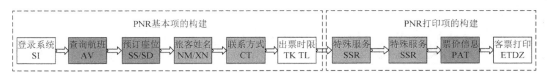

图 10.4　一名成人带一名儿童旅客订座流程及相关指令示意图

＞AV:PEKCAN/30SEP

```
  30SEP(WED) PEKCAN
  1- CA1321   PEKCAN 0900 1200 340 0 M DS# FA AS CA DS YA BA HA KA LS
MS QS TS GS XS WS VS
  2 WH2137    PEKCAN 1030 1310 300 0 M DS# FA YA BA RA HA Z5
  3 CZ3102    PEKCAN 1210 1500 777 0 M DS# CA DS YA WA KA HA MA GS QS
VS BS ZS
  4 XO9311    PEKCAN 1250 1555 TU5 0 M AS# YL KL HL MQ
  5+ CZ346    PEKCAN 1435 1720 77B 0 M DS# FS AS C6 D6 Y1 KA MA GS ZS
```

＞SD:1Y2

```
  1.CA1321 Y WE30SEP PEKCAN DK2 0900 1200      340 S 0
  2.PEK099
```

＞NM:1 付长江 1 付颖 CHD

```
  1.付长江  2.付颖 CHD
  3.CA1321 Y WE30SEP PEKCAN DK2 0900 1200      340 S 0
  4.PEK099
```

NM 组项中的 "CHD" 是儿童标识，该儿童购买儿童票。

＞CT:1315678××××/P1

1.付长江 2.付颖 CHD

3.CA1321 Y WE30SEP PEKCAN DK2 0900 1200　　　340 S 0

4.BJS/T PEK/T 010-2400××××/YUANDA TRAVE AGENCY/ZHENG YI FAN ABCDEFG

5.1315678××××/P1

6.PEK099

＞TK:TL/1200/27SEP/PEK099

1.付长江 2.付颖 CHD

3.CA1321 Y WE30SEP PEKCAN DK2 0900 1200　　　340 S 0

4.BJS/T PEK/T 010-2400××××/YUANDA TRAVE AGENCY/ZHENG YI FAN ABCDEFG

5.1315678××××/P1

6.TK:TL/1200/27SEP/PEK099

7.PEK099

＞@

CA1321 Y WE30SEP PEKCAN DK2 0900 1200

QW43M

＞RT QW43M

1.付长江 2.付颖 CHD　QW43M

3.CA1321 Y WE30SEP PEKCAN DK2 0900 1200　　　340 S 0

4.BJS/T PEK/T 010-2400××××/YUANDA TRAVE AGENCY/ZHENG YI FAN ABCDEFG

5.1315678××××/P1

6.TK:TL/1200/27SEP/PEK099

7.RMK CA/RTN8C

8.PEK099

＞SSR:FOID CA HK/NI11010119850101××××/P1

＞SSR:FOID CA HK/NI11010120120101××××/P2

1.付长江 2.付颖 CHD　QW43M

3.CA1321 Y WE30SEP PEKCAN DK2 0900 1200　　　340 S 0

4.BJS/T PEK/T 010-2400××××/YUANDA TRAVE AGENCY/ZHENG YI FAN

```
ABCDEFG
    5.1315678×××/P1
    6.SSR FOID CA HK NI11010119850101××××/P1
    7.SSR FOID CA HK NI11010120120101××××/P2
    8.TK:TL/1200/27SEP/PEK099
    9.RMK CA/RTN8C
    10.PEK099
```

>PAT:

```
    >    FN/FCNY1800.00/SCNY1800.00/C3.00/XCNY70.00/TCNY50.00CN/TCNY20.00
YQ/ACNY1870.00
    FN: FCNY900.00/SCNY900.00/C3.00/TEXEMPTCN/TCNY10.00YQ
    FC: PEK    CA    CAN 1800.00 FB100 CNY 1800.00 END
    FC: PEK CA CAN900.00YCH50 CNY900.00END
    FP:CASH,CNY
```

由此可见，成人及儿童的票价组、票价计算组是分别显示出来的。儿童票的票面价格是成人经济舱全价的一半，购买儿童票不收取机场建设费，燃油附加费按照成人标准减半收取。

```
    1.付长江 2.付颖 CHD   QW43M
    3.CA1321 Y WE30SEP PEKCAN DK2 0900 1200       340 S 0
    4.BJS/T PEK/T 010-2400××××/YUANDA TRAVE AGENCY/ZHENG YI FAN
ABCDEFG
    5.1315678×××/P1
    6.SSR FOID CA HK NI11010119850101××××/P1
    7.SSR FOID CA HK NI11010120120101××××/P2
    8.TK:TL/1200/27SEP/PEK099
    9.FN/FCNY1800.00/SCNY1800.00/C3.00/XCNY70.00/TCNY50.00CN/TCNY20.00
YQ/ACNY1870.00/P1
    10.FN/FCNY900.00/SCNY900.00/C3.00/XCNY10.00/TEXEMPTCN/TCNY10.00Y
Q/ACNY910.00/P2
    11.FC : PEK    CA    CAN 1800.00Y CNY 1800.00 END/P1
    12.FC : PEK    CA    CAN 900.00YCH50 CNY 900.00 END/P2
    13.FP:CASH,CNY
    14.RMK CA/RTN8C
    15.PEK099
```

>ETDZ:1

> ACNY   2780   QW43M
> ELECTRONIC TICKET ISSUED.

系统显示的 2780 元为旅客付长江及付颖此行程的票面价及税费的总和。

10.3.2   三名成人来回程订座实例

根据指令示意图，三名成人旅客来回程订座过程见图 10.5。

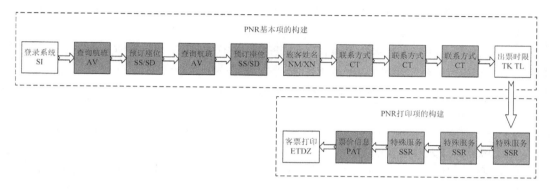

图 10.5   三名成人旅客订座流程及相关指令示意图

> AV:PEKCAN/30SEP

>   30SEP(WED) PEKCAN
>   1- CA1321   PEKCAN 0900 1200 340 0 M DS# FA AS CA DS YA BA HA KA LS
> MS QS TS GS XS WS VS
>   2 WH2137   PEKCAN 1030 1310 300 0 M DS# FA YA BA RA HA Z5
>   3 CZ3102   PEKCAN 1210 1500 777 0 M DS# CA DS YA WA KA HA MA GS QS
> VS BS ZS
>   4 XO9311   PEKCAN 1250 1555 TU5 0 M AS# YL KL HL MQ
>   5+ CZ346   PEKCAN 1435 1720 77B 0 M DS# FS AS C6 D6 Y1 KA MA GS ZS

> SD:1Y3

>   1.CA1321 Y WE30SEP PEKCAN DK3 0900 1200   340 S 0
>   2.PEK099

> AV:CANPEK/01OCT

```
01 OCT(THU) CANPEK
1- HU7814 CANPEK 0935 1235 738 0 M DS# FA YA BA RA HA Z5
2 HU7806 CANPEK 1250 1605 738 0 M DS# CA DS YA WA KA HA MA GS QS
VS BS ZS
3 CA1322   CANPEK 1340 1700 340 0 M DS# FA AS CA DS YA BA HA KA LS
MS QS TS GS XS WS VS
4+ CA1328   CANPEK 1840 2200 777 0 M AS# YL KL HL MQ
```

>SD:3Y3

```
1.CA1321 Y WE30SEP PEKCAN DK3 0900 1200        340 S 0
2.CA1322 Y TH01OCT CANPEK DK3 1340 1700        340 S 0
3.PEK099
```

>NM:1 张锋 1 孙晓飞 1 戚风

```
1.戚风  2.孙晓飞  3.张锋
4.CA1321 Y WE30SEP PEKCAN DK3 0900 1200        340 S 0
5.CA1322 Y TH01OCT CANPEK DK3 1340 1700        340 S 0
6.PEK099
```

>CT:1301628××××/P1

```
1.戚风  2.孙晓飞  3.张锋
4.CA1321 Y WE30SEP PEKCAN DK3 0900 1200        340 S 0
5.CA1322 Y TH01OCT CANPEK DK3 1340 1700        340 S 0
6.BJS/T PEK/T 010-2400××××/YUANDA TRAVE AGENCY/ZHENG YI FAN
ABCDEFG
7.1301628××××/P1
8.PEK099
```

>CT:1301628××××/P2

```
1.戚风  2.孙晓飞  3.张锋
4.CA1321 Y WE30SEP PEKCAN DK3 0900 1200        340 S 0
5.CA1322 Y TH01OCT CANPEK DK3 1340 1700        340 S 0
6.BJS/T  PEK/T  010-2400××××/YUANDA  TRAVE  AGENCY/ZHENG  YI  FAN
ABCDEFG
7.1301628××××/P1
```

8.1301628××××/P2
9.PEK099

＞CT:1301628××××/P3

1.戚风 2.孙晓飞 3.张锋
4.CA1321 Y WE30SEP PEKCAN DK3 0900 1200　　　340 S 0
5.CA1322 Y TH01OCT CANPEK DK3 1340 1700　　　340 S 0
6.BJS/T　PEK/T　010-24005286/YUANDA　TRAVE　AGENCY/ZHENG　YI　FAN ABCDEFG
7.1301628××××/P1
8.1301628××××/P2
9.1301628××××/P3
10.PEK099

＞TK:TL/1200/27SEP/PEK099

1.戚风 2.孙晓飞 3.张锋
4.CA1321 Y WE30SEP PEKCAN DK3 0900 1200　　　340 S 0
5.CA1322 Y TH01OCT CANPEK DK3 1340 1700　　　340 S 0
6.BJS/T PEK/T 010-2400××××/YUANDA　TRAVE　AGENCY/ZHENG　YI　FAN ABCDEFG
7.1301628××××/P1
8.1301628××××/P2
9.1301628××××/P3
10.TL/1200/27SEP/PEK099
11.PEK099

＞SSR:foid ca hk/ni12010319861203××××/P1

SSR .... OK!

＞SSR:foid ca hk/ni12010319900430××××/P2

SSR .... OK!

＞SSR:foid ca hk/ni12010319960503×××/P3

SSR .... OK!

>RT:

```
    1.戚风 2.孙晓飞 3.张锋
    4.CA1321 Y WE30SEP PEKCAN DK3 0900 1200        340 S 0
    5.CA1322 Y TH01OCT CANPEK DK3 1340 1700        340 S 0
    6.BJS/T PEK/T 010-2400××××/YUANDA TRAVE AGENCY/ZHENG YI FAN
ABCDEFG
    7.1301628××××/P1
    8.1301628××××/P2
    9.1301628××××/P3
    10.SSR FOID CA HK NI12010319861203××××/P1
    11.SSR FOID CA HK NI12010319900430××××/P2
    12.SSR FOID CA HK NI12010319960503××××/P3
    13.TL/1200/27SEP/PEK099
    14.PEK099
```

>PAT:

```
    >FN/FCNY3600.00/SCNY3600.00/C3.00/XCNY140.00/TCNY100.00 CN/TCNY 40.00
YQ/ACNY3740.00
    FC:PEK   CA   CAN 1800.00Y CA PEK1800Y   CNY 3600.00 END
    FP:CASH,CNY
```

该 PNR 是三名成人旅客的往返程订座记录，三人客票的票面价格及税费金额完全一致，在票价组、票价计算组中仅体现一名旅客往返程的票价信息，而不是三人票价及税费的加总。

```
    1.戚风 2.孙晓飞 3.张锋
    4.CA1321 Y WE30SEP PEKCAN DK3 0900 1200        340 S 0
    5.CA1322 Y TH01OCT CANPEK DK3 1340 1700        340 S 0
    6.BJS/T  PEK/T  010-24005286/YUANDA  TRAVE  AGENCY/ZHENG  YI  FAN
ABCDEFG
    7.1301628××××/P1
    8.1301628××××/P2
    9.1301628××××/P3
    10.SSR FOID CA HK NI12010319861203××××/P1
    11.SSR FOID CA HK NI12010319900430××××/P2
    12.SSR FOID CA HK NI12010319960503××××/P3
    13.FN/FCNY3600.00/SCNY3600.00/C3.00/XCNY140.00/TCNY100.00CN/TCNY40.00
```

```
YQ/ACNY3740.00
    14.FC:PEK    CA    CAN 1800.00Y CA PEK1800Y    CNY 3600.00 END
    15.FP:CASH,CNY
    16.TL/1200/27SEP/PEK099
    17.PEK099
```

＞ETDZ:1

```
    ACNY        11220            QF6NE
    ELECTRONIC TICKET ISSUED.
```

此次行程中每位旅客的往返票价及税款为 3740 元，体现在系统输出的 ACNY 项中，三人票价共计 11 220 元。

出票完成，生成客票号，再次提取 PNR 后可见。

```
    ＞RT QF6NE
                ** ELECTRONIC TICKET PNR FOR CRS SYSTEM **
    1.戚风 2.孙晓飞 3.张锋   QF6NE
    4.CA1321 Y WE30SEP PEKCAN RR3 0900 1200        340 S 0
    5.CA1322 Y TH01OCT CANPEK RR3 1340 1700        340 S 0
    6.BJS/T PEK/T 010-2400×××/YUANDA TRAVE AGENCY/ZHENG YI FAN
ABCDEFG
    7.1301628×××/P1
    8.1301628×××/P2
    9.1301628×××/P3
    10.TN/999-1100000001/P1
    11.TN/999-1100000002/P2
    12.TN/999-1100000003/P3
    13. SSR FOID CA HK NI12010319861203×××/P1
    14.SSR FOID CA HK NI12010319900430×××/P2
    15.SSR FOID CA HK NI12010319960503×××/P3
    16.FN/FCNY3600.00/SCNY3600.00/C3.00/XCNY140.00/TCNY100.00CN/TCNY40.0
0YQ/ACNY3740.00
    17.FC:PEK   CA    CAN 1800.00Y CA PEK1800Y    CNY 3600.00 END
    18.FP:CASH,CNY
    19.RMK CA/DBTN8
    20.PEK099
```

10.3.3　两名成人带一名儿童联程订座实例

两名成人带一名儿童的订座情况在现实生活中非常常见，在默认儿童购买半价儿童票的基础上，根据订座流程及指令示意图（图 10.6），两名成人旅客带一名儿童的联程订座过程如下。

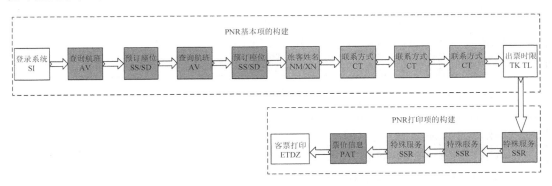

图 10.6　两名成人带一名儿童旅客订座流程及相关指令示意图

＞AV:PEKCAN/30SEP

```
    30SEP(WED) PEKCAN
    1- CA1321    PEKCAN 0900 1200 340 0 M DS# FA AS CA DS YA BA HA KA LS
MS QS TS GS XS WS VS
    2 WH2137    PEKCAN 1030 1310 300 0 M DS# FA YA BA RA HA Z5
    3 CZ3102    PEKCAN 1210 1500 777 0 M DS# CA DS YA WA KA HA MA GS QS
VS BS ZS
    4 XO9311    PEKCAN 1250 1555 TU5 0 M AS# YL KL HL MQ
    5+ CZ346    PEKCAN 1435 1720 77B 0 M DS# FS AS C6 D6 Y1 KA MA GS ZS
```

＞SD:1Y3

```
    1.CA1321 Y WE30SEP PEKCAN DK3 0900 1200        340 S 0
    2.PEK099
```

＞AV:CANCTU/04OCT

```
04OCT(SUN) CANCTU
    1-MU7604 CANCTU 1640 1915 737 0 M DS# FA YA BA RA HA Z5
    2 3U8736    CANCTU 1655 1925 321    0 M DS# CA DS YA WA KA HA MA GS QS
VS BS ZS
```

---

　　3 CZ3401　　CANCTU 1330 1605 320 0 M DS# FA AS CA DS YA BA HA KA LS MS QS TS GS XS WS VS

　　4+ CA4318　　CANCTU 1555 1630 321 0 M AS# CA DS YA WA KA HA MA GS QS VS BS

　＞SD:4Y3

　　1.CA1321 Y WE30SEP PEKCAN DK3 0900 1200　　　340 S 0
　　2.CA4318 Y SU04OCT CANCTU DK3 1555 1630　　　340 S 0
　　3.PEK099

　＞NM:1 徐丽 1 萧峰 1 萧雨佳 CHD

　　1.萧峰 2.徐丽 3.萧雨佳 CHD
　　4.CA1321 Y WE30SEP PEKCAN DK3 0900 1200　　　340 S 0
　　5.CA4318 Y SU04OCT CANCTU DK3 1555 1630　　　340 S 0
　　6.PEK099

　＞CT:1381289×××/P1
　＞CT:1381000×××/P2

　　1.萧峰 2.徐丽 3.萧雨佳 CHD
　　4.CA1321 Y WE30SEP PEKCAN DK3 0900 1200　　　340 S 0
　　5.CA4318 Y SU04OCT CANCTU DK3 1555 1630　　　340 S 0
　　6.BJS/T PEK/T 010-2400×××/YUANDA TRAVE AGENCY/ZHENG YI FAN ABCDEFG
　　7.1381289×××/P1
　　8.1381000×××/P2
　　9.PEK099

　＞TK:TL/1200/27SEP/PEK099

　　1.萧峰 2.徐丽 3.萧雨佳 CHD
　　4.CA1321 Y WE30SEP PEKCAN DK3 0900 1200　　　340 S 0
　　5.CA4318 Y SU04OCT CANCTU DK3 1555 1630　　　340 S 0
　　6.BJS/T PEK/T 010-2400×××/YUANDA TRAVE AGENCY/ZHENG YI FAN ABCDEFG
　　7.1381289×××/P1
　　8.1381000×××/P2

```
9.TL/1200/27SEP/PEK099
10.PEK099
```

＞SSR:foid ca hk/ni12010319841203××××/P1

```
SSR ....   OK!
```

＞SSR:foid ca hk/ni12010119850430××××/P2

```
SSR ....   OK!
```

＞SSR:foid ca hk/ni12010120130503××××/P3

```
SSR ....   OK!
```

＞RT:

```
1.萧峰 2.徐丽 3.萧雨佳 CHD
4.CA1321 Y WE30SEP PEKCAN DK3 0900 1200        340 S 0
5.CA4318 Y SU04OCT CANCTU DK3 1555 1630        340 S 0
6.BJS/T PEK/T 010-2400××××/YUANDA TRAVE AGENCY/ZHENG YI FAN
ABCDEFG
7.1381289××××/P1
8.1381000××××/P2
9.SSR FOID CA HK NI12010319841203××××/P1
10.SSR FOID CA HK NI12010119850430××××/P2
11.SSR FOID CA HK NI12010120130503××××/P3
12.TL/1200/27SEP/PEK099
13.PEK099
```

＞PAT:

```
＞ FN/FCNY3600.00/SCNY3600.00/C3.00/XCNY140.00/TCNY100.00CN/TCNY   40.00
YQ /ACNY3740.00
    FN/FCNY1800.00/SCNY1800.00/C3.00/XCNY20.00/TEXEMPTCN/TCNY20.00YQ/
ACNY1820.00
    FC : PEK   CA   CAN 1800.00Y CA CTU1800Y   CNY 3600.00 END
    FC : PEK   CA   CAN 900.00YCH50 CA CTU900.00YCH50   CNY 1800.00 END
    FP:CASH,CNY
```

成人及儿童的票价信息组项分别显示。成人的票价组 FN、票价计算组 FC 中体现的是一名成人旅客的票价信息,儿童的票价信息组中同样也体现了联程两个航段分别的票价及票面价和税款的总和。

1.萧峰 2.徐丽 3.萧雨佳 CHD

4.CA1321 Y WE30SEP PEKCAN DK3 0900 1200　　　340 S 0

5.CA4318 Y SU04OCT CANCTU DK3 1555 1630　　　340 S 0

6.BJS/T PEK/T 010-2400××××/YUANDA TRAVE AGENCY/ZHENG YI FAN ABCDEFG

7.1381289××××/P1

8.1381000××××/P2

9.SSR FOID CA HK NI12010319841203××××/P1

10.SSR FOID CA HK NI12010119850430××××/P2

11.SSR FOID CA HK NI12010120130503××××/P3

12.FN/FCNY3600.00/SCNY3600.00/C3.00/XCNY140.00/TCNY100.00CN/TCNY40.00YQ/ACNY3740.00/P1/P2

13.FN/FCNY1800.00/SCNY1800.00/C3.00/XCNY20.00/TEXEMPTCN/TCNY20.00YQ/ACNY1820.00/P3

14.FC:PEK　CA　CAN 1800.00Y CA CTU1800Y　CNY 3600.00 END/P1/P2

15.FC:PEK　CA　CAN 900.00YCH50 CA CTU900.00YCH50　CNY 1800.00 END/P3

16.FP:CASH,CNY

17.TL/1200/27SEP/PEK099

18.PEK099

＞ETDZ:1

ACNY　　　9300　　　　　WQB67

ELECTRONIC TICKET ISSUED.

每位成人旅客的全程票面价及税款之和为 3740 元,儿童票的全程票面价及税款之和为 1820 元,票款总额 9300 元。

出票完成,生成客票号,再次提取 PNR 后可见。

＞RT WQB67

1.萧峰 2.徐丽 3.萧雨佳 CHD WQB67

4.CA1321 Y WE30SEP PEKCAN DK3 0900 1200　　　340 S 0

5.CA4318 Y SU04OCT CANCTU DK3 1555 1630　　　340 S 0

6.BJS/T PEK/T 010-2400××××/YUANDA TRAVE AGENCY/ZHENG YI FAN ABCDEFG

7.1381289××××/P1

8.1381000××××/P2

9.SSR FOID CA HK NI12010319841203××××/P1

10.SSR FOID CA HK NI12010119850430××××/P2

11.SSR FOID CA HK NI12010120130503××××/P3

12.TN/999-1110000001/P1

13.TN/999-1110000002/P2

14.TN/999-1110000003/P1

15.FN/FCNY3600.00/SCNY3600.00/C3.00/XCNY140.00/TCNY100.00CN/TCNY40.00YQ/ACNY3740.00/P1/P2

16.FN/FCNY1800.00/SCNY1800.00/C3.00/XCNY20.00/TEXEMPTCN/TCNY20.00YQ/ACNY1820.00/P3

17.FC:PEK　CA　CAN 1800.00Y CA CTU1800Y　CNY 3600.00 END/P1/P2

18.FC:PEK　　CA　CAN 900.00YCH50 CA CTU900.00YCH50　CNY 1800.00 END/P3

19.FP:CASH,CNY

20.TL/1200/27SEP/PEK099

21.RMK CA/FI98C

22.PEK099

■ 10.4　不定期航段的订座

不定期航段（OPEN）组是为方便旅客行程，事先为旅客以不定期航段出票，旅客可以依据各自情况签转航班。作为不定期航段，必须确认的内容是航段和舱位，其他内容可以置为不确定信息，如航空公司、旅行日期。含有不定期航段的订座过程如下（图 10.7）。

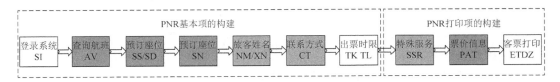

图 10.7　不定期航段的订座流程及相关指令示意图

建立不定期航段的指令是 SN。

指令格式：

＞SN:航空公司代码/舱位/航段

例：旅客李晓琪订购从北京到广州的 Y 舱往返机票，去程 9 月 30 日，回程时间不定。

基本订座过程如下：

>AV:PEKCAN/30SEP

```
   30SEP(WED) PEKCAN
   1- CA1321   PEKCAN 0900 1200 340 0 M DS# FA AS CA DS YA BA HA KA LS
MS QS TS GS XS WS VS
   2 WH2137    PEKCAN 1030 1310 300 0 M DS# FA YA BA RA HA Z5
   3 CZ3102    PEKCAN 1210 1500 777 0 M DS# CA DS YA WA KA HA MA GS QS
VS BS ZS
   4 XO9311    PEKCAN 1250 1555 TU5 0 M AS# YL KL HL MQ
   5+ CZ346    PEKCAN 1435 1720 77B 0 M DS# FS AS C6 D6 Y1 KA MA GS ZS
```

>SD:1Y1

```
   1.CA1321 Y WE30SEP PEKCAN DK1 0900 1200        340 S 0
   2.PEK099
```

>SN:YY/Y/CANPEK

```
   1.CA1321 Y WE30SEP PEKCAN DK1 0900 1200        340 S 0
   2.YY OPEN   Y   CANPEK
   3.PEK099
```

>NM:1 李晓琪

```
   1.李晓琪
   2.CA1321 Y WE30SEP PEKCAN DK1 0900 1200        340 S 0
   3.YY OPEN   Y   CANPEK
   4.PEK099
```

>CT:1562897××××

```
   1.李晓琪
   2.CA1321 Y WE30SEP PEKCAN DK1 0900 1200        340 S 0
   3.YY OPEN   Y   CANPEK
   4.BJS/T PEK/T 010-2400××××/YUANDA TRAVE AGENCY/ZHENG YI FAN
ABCDEFG
   5.1562897××××
   6.PEK099
```

＞TK:TL/1200/27SEP/PEK099
＞SSR:foid ca hk/ni12010319861203××××

1.李晓琪

2.CA1321 Y WE30SEP PEKCAN DK1 0900 1200　　　340 S 0

3.YY OPEN　Y　CANPEK

4.BJS/T PEK/T 010-2400××××/YUANDA TRAVE AGENCY/ZHENG YI FAN ABCDEFG

5.1562897××××

6.SSR FOID CA HK NI12010319861203××××

7.TL/1200/27SEP/PEK099

8.PEK099

＞PAT:

＞FN/FCNY1800.00/SCNY1800.00/C3.00/XCNY70.00/TCNY50.00CN/TCNY 20.00 YQ/ACNY1870.00

FC:PEK　CA　CAN 1800.00Y CNY 1800.00 END

FP:CASH,CNY

此时，票价组和票价计算组中只有第一个航段的相关费用。

1.李晓琪

2.CA1321 Y WE30SEP PEKCAN DK1 0900 1200　　　340 S 0

3.YY OPEN　Y　CANPEK

4.BJS/T PEK/T 010-2400××××/YUANDA TRAVE AGENCY/ZHENG YI FAN ABCDEFG

5.1562897××××

6.SSR FOID CA HK NI12010319861203××××

7.FN/FCNY1800.00/SCNY1800.00/C3.00/XCNY70.00/TCNY50.00CN/TCNY20.00 YQ/ACNY1870.00

8.FC:PEK　CA　CAN 1800.00Y　CNY1800.00 END

9.FP:CASH,CNY

10.TL/1200/27SEP/PEK099

11.PEK099

＞ETDZ:1

ACNY　　　1870　　　　DE84K

ELECTRONIC TICKET ISSUED.

【格式说明】

只有 OPEN 航段不能建立 PNR。

■ 10.5   含有到达情况不明航段的订座

本节所提到的到达情况不明航段又可称为信息航段，这样的航段不占用座位，只是作为信息通知工作人员，为旅客预留联程航班的座位；或是为了保证 PNR 中航段的连续性，便于打票而建立的。

信息航段通过 SA 指令来建立。含有信息航段组的订座过程如下（图 10.8）。

指令格式：

＞SA:日期 始发城市 目的地城市

例 1：天津的旅客刘涛订北京到广州的座位。

按照图 10.8 中的订座流程，除了进行单人单程旅客订座过程的处理之外，还要加入信息航段组，表明旅客是从天津前往北京乘机的。

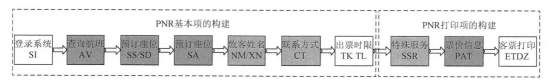

图 10.8   含有信息航段的订座流程及相关指令示意图

```
1.刘涛
2.CA1321 F WE30SEP PEKCAN DK1 0900 1200 340 S 0
3.PEK099
```

＞SA:TSNPEK

```
1.刘涛
2.ARNK                    TSNPEK
3.CA1321 F WE30SEP PEKCAN DK1 0900 1200 340 S 0
4.PEK099
```

在 PNR 中生成一个从天津到北京的地面运输航段，不属于飞行过程，不占座位。

其他指令格式与单人单程旅客订座过程相同，不再赘述。

例 2：旅客张三预订北京到上海的往返机票。

按照单人来回程旅客订座流程为张三建立 PNR 如下：

```
1.张三
2.CA1831 Y TU22FEB    PEKSHA DK1 0730 0955        787 S 0
3.CA1836 Y TH24FEB    PVGPEK DK1 1910 2140        321 S 0
```

```
    4.BJS/T PEK/T 010-2400××××/YUANDA TRAVE AGENCY/ZHENG YI FAN
ABCDEFG
    5.1301211××××
    6.TL/1200/27SEP/PEK099
    7.PEK099
```

此时，在封口 PNR 时会出现"CONTINUITY"的系统错误，提示航段不连续。这时，就需要手工加入 SHA 到 PVG 的地面运输航段，以保证航段的连续性。

＞SA:SHAPVG

```
    1.张三
    2.CA1831 Y TU22FEB   PEKSHA DK1 0730 0955        787 S 0
    3.ARNK                        SHAPVG
    4.CA1836 Y TH24FEB   PVGPEK DK1 1910 2140        321 S 0
    5.BJS/T PEK/T 010-2400××××/YUANDA TRAVE AGENCY/ZHENG YI FAN
ABCDEFG
    6.1301211××××
    7.TL/1200/27SEP/PEK099
    8.PEK099
```

之后按照单人来回程订座流程完整操作后即可出票。

在本例中，虽然两个航段不连续，但是如果工作人员及旅客均确认信息无误的情况下，也可以不加入 SHAPVG 的地面运输航段，直接使用强制封口指令生成 PNR。

强制封口指令格式：

＞@I

10.6　无成人陪伴儿童订座

无人陪伴儿童是一类特殊旅客。在保证儿童可以准时到达始发地机场，目的地机场有监护人或委托监护人接机的情况下，可以向航空公司申请购买无成人陪伴儿童客票。

无成人陪伴儿童 PNR 的订座流程与单人单程的订座流程基本相同，指令格式的区别在于姓名组的输入及无人陪伴特殊服务组的生成上。

＞AV:PEKCAN/30SEP

＞SD:2Y1

```
    1.CA1321 Y WE30SEP PEKCAN DK1 0900 1200        340 S 0
    2.PEK099
```

在现有航段的基础上，输入无人陪伴儿童的姓名组。

＞NM:1 王晓雷（UM5）

```
1.王晓雷（UM5）
2.CA1321 Y WE30SEP PEKCAN DK1 0900 1200        340 S 0
3.SSR UMNR CA NN1 UM5/P1
4.PEK099
```

【格式说明】

（1）UM 是无人陪伴儿童的英文缩写，5 是儿童的年龄。

（2）此时 PNR 中的特殊服务组 SSR 是系统自动生成的，用来显示无人陪伴儿童的情况并且向航空公司申请座位。

＞CT:1361207××××

```
1.王晓雷（UM5）
2.CA1321 Y WE30SEP PEKCAN DK1 0900 1200        340 S 0
3.BJS/T PEK/T 010-2400××××/YUANDA TRAVE AGENCY/ZHENG YI FAN
ABCDEFG
4.1361207××××
5.SSR UMNR CA NN1 UM5/P1
6.PEK099
```

＞TK:TL/1200/27SEP/PEK099

```
1.王晓雷（UM5）
2.CA1321 Y WE30SEP PEKCAN DK1 0900 1200        340 S 0
3.BJS/T PEK/T 010-2400××××/YUANDA TRAVE AGENCY/ZHENG YI FAN
ABCDEFG
4.1361207××××
5.SSR UMNR CA NN1 UM5/P1
6.TL/1200/27SEP/PEK099
7.PEK099
```

＞SSR:FOID CA HK/NI11010320170202××××

```
1.王晓雷（UM5）
2.CA1321 Y WE30SEP PEKCAN DK1 0900 1200        340 S 0
3.BJS/T PEK/T 010-2400××××/YUANDA TRAVE AGENCY/ZHENG YI FAN
ABCDEFG
4.1361207××××
5.SSR FOID CA HK NI11010320170202××××/P1
6.SSR UMNR CA NN1 UM5/P1
7.TL/1200/27SEP/PEK099
8.PEK099
```

>PAT:

>FN/FCNY900.00/SCNY900.00/C3.00/TEXEMPTCN/TCNY10.00YQ
FC:PEK CA CAN900.00YCH50 CNY900.00END
FP:CASH, CNY

通过 F12 指令将票价信息录入到系统中。

1.王晓雷（UM5）
2.CA1321 Y WE30SEP PEKCAN DK1 0900 1200　　　　340 S 0
3.BJS/T PEK/T 010-2400×××/YUANDA TRAVE AGENCY/ZHENG YI FAN
ABCDEFG
4.1361207××××
5.SSR FOID CA HK NI11010320170202××××/P1
6.SSR UMNR CA NN1 UM5/P1
7.FN/FCNY900.00/SCNY900.00/C3.00/XCNY10.00/TEXEMPTCN/TCNY10.00YQ/A
CNY910.00
8.FC:PEK CA CAN 1800.00Y CA PEK1800YCNY 3600.00 END
9.FP:CASH,CNY
10.TL/1200/27SEP/PEK099
11.PEK099

>ETDZ:1

ACNY　　　910　　　　　　WU89T
ELECTRONIC TICKET ISSUED.

10.7　婴儿旅客订座

成人旅客带年满 14 天不足 2 周岁的孩子一同乘机，可以为其购买婴儿客票，单程订座过程如下（图 10.9）。婴儿客票不占座位，如果婴儿需要占座，可以为婴儿购买儿童票，按照儿童客票的订座流程及收费标准处理。

通常情况下，一名成人旅客只能为一个符合年龄要求的孩子购买婴儿票，如果一位成人旅客带两个年满 14 天不足 2 周岁的孩子一同乘机，只能有一个孩子购买婴儿票，另一个孩子要购买儿童票。

图 10.9　成人旅客带婴儿的单程订座流程及相关指令示意图

＞AV:PEKCAN/30SEP

30SEP（WED）PEKCAN

1-CA1321　PEKCAN 0900 1200 340 0 M DS# FA AS CA DS YA BA HA KA LS MS QS TS GS XS WS VS

2 WH2137　PEKCAN 1030 1310 300 0 M DS# FA YA BA RA HA Z5

3 CZ3102　PEKCAN 1210 1500 777 0 M DS# CA DS YA WA KA HA MA GS QS VS BS ZS

4 XO9311　PEKCAN 1250 1555 TU5 0 M AS# YL KL HL MQ

5+CZ346 PEKCAN 1435 1720 77B 0 M DS#FS AS C6 D6Y1KA MA GS ZS

＞SD:1Y1

1.CA1321 Y WE30SEP PEKCAN DK1 0900 1200　　　　340 S 0

2.PEK099

＞NM:1 王蕊

1.王蕊

2.CA1321 Y WE30SEP PEKCAN DK1 0900 1200　　　　340 S 0

3.PEK099

婴儿姓名用 XN 指令输入，指令格式：

＞XN:IN/婴儿姓名 INF（出生年月）/跟随旅客标识

＞XN:IN/贾小明 INF（FEB17）/P1

1.王蕊

2.CA1321 Y WE30SEP PEKCAN DK1 0900 1200　　　　340 S 0

3.XN:IN/贾小明 INF（FEB17）/P1

4.PEK099

＞CT:1301201××××

1.王蕊

2.CA1321 Y WE30SEP PEKCAN DK1 0900 1200　　　　340 S 0

3.1301201××××

4.XN:IN/贾小明 INF（FEB17）/P1

5.BJS/T PEK/T 010-2400××××/YUANDA TRAVE AGENCY/ZHENG YI FAN ABCDEFG

6.PEK099

＞TK:TL/1200/27SEP/PEK099

1.王蕊

```
2.CA1321 Y WE30SEP PEKCAN DK1 0900 1200        340 S 0
3.1301201××××
4.XN:IN/贾小明 INF（FEB17）/P1
5.TL/1200/27SEP/PEK099
6.BJS/T PEK/T 010-2400×××/YUANDA TRAVE AGENCY/ZHENG YI FAN
ABCDEFG
7.PEK099
```

＞SSR:FOID CA HK/NI11010519890601××××

```
1.王蕊
2.CA1321 Y WE30SEP PEKCAN DK1 0900 1200        340 S 0
3.1301201××××
4.XN:IN/贾小明 INF（FEB17）/P1
5.SSR FOID CA HK NI11010519890601××××/P1
6.TL/1200/27SEP/PEK099
7.BJS/T PEK/T 010-2400×××/YUANDA TRAVE AGENCY/ZHENG YI FAN
ABCDEFG
8.PEK099
```

婴儿这一特殊类型旅客，要在 PNR 中通过旅客特殊服务组项来向航空公司申请座位，对应的服务类型代码是 INFT。

婴儿申请的指令格式：

＞SSR:INFT 航空公司代码 NN 需要该项服务的人数 婴儿姓/婴儿名 出生年月日/跟随旅客标识/航段序号

指令中的"航段序号"这一参数是指在 PNR 中有婴儿参与旅行的航段，通常用"S"＋"该航段在 PNR 中的序号"表示。婴儿申请在实际应用中错误率较高，要严格按照指令格式输入。

＞SSR:INFT CA NN1 JIA/XIAOMING 02FEB17/P1/S2

```
1.王蕊
2.CA1321 Y WE30SEP PEKCAN DK1 0900 1200        340 S 0
3.1301201××××
4.XN:IN/贾小明 INF（FEB17）/P1
5.SSR FOID CA HK NI11010519890601×××/P1
6.SSR  INFT CA NN1 JIA/XIAOMING 02FEB17/P1/S2
7.TL/1200/27SEP/PEK099
8.BJS/T PEK/T 010-2400×××/YUANDA TRAVE AGENCY/ZHENG YI FAN
ABCDEFG
```

9.PEK099

＞PAT：

> FN/FCNY1800.00/SCNY1800.00/C3.00/XCNY70.00/TCNY50.00CN /TCNY20.00
YQ/ACNY1870.00
　　FN:IN/FCNY180.00/SCNY180.00/C0.00/TEXEMPTCN/TEXEMPTYQ
　　FC:PEK　CA　CAN 1800.00 FB100 1800.00 CNY 1800.00 END
　　FC:IN/PEK CA CAN180.00YIN90 CNY180.00END
　　FP:CASH，CNY

成人和婴儿的票价组 FN、票价计算组 FC 分别显示出来。婴儿购买婴儿客票时免征机场建设费和燃油附加费，代理人销售婴儿客票航空公司免征代理费。

1.王蕊
2.CA1321 Y WE30SEP PEKCAN DK1 0900 1200　　　　340 S 0
3.1301201××××
4.XN:IN/贾小明 INF（FEB17）/P1
5.SSR FOID CA HK NI11010519890601××××/P1
6.SSR　INFT CA NN1 JIA/XIAOMING 02FEB17/P1/S2
7.FN/FCNY1800.00/SCNY1800.00/C3.00/XCNY70.00/TCNY50.00CN/TCNY20.00Y
Q/ACNY1870.00
8.FN/IN/FCNY180.00/SCNY180.00/C0.00/TEXEMPT/TEXEMPTCN/TEXEMPTYQ/
ACNY180.00
9.FC:PEK CA CAN 1800.00Y CNY 1800.00 END
10.FC:IN/PEK CA CAN180.00YIN90 CNY 180.00 END
11.FP:CASH,CNY
12.TL/1200/27SEP/PEK099
13.BJS/T PEK/T 010-2400××××/YUANDA TRAVE AGENCY/ZHENG YI FAN
ABCDEFG
14.PEK099

＞ETDZ:1

ACNY　　　2050　　　　　N0YT2
ELECTRONIC TICKET ISSUED.

成人票款总和 1870 元，婴儿票款总和 180 元，总共收取旅客 2050 元。

以下是关于带婴儿 PNR 的两个实例。

1. 张军、李晓曦带孩子张艺萌（2021 年 10 月 20 日出生）于 10 月 1 日从哈尔滨到长沙探望祖父母，于 10 月 6 日返回哈尔滨。

建立 PNR 参考指令如下：
>NM:1 张军 1 李晓曦
>XN:IN/张艺萌 INF(OCT21)/P1
>AV:HRBCSX/01OCT
>SD:XY2
>AV:CSXHRB/06OCT
>SD:XY2
>CT:136XXXXXXX/P1
>CT:130XXXXXXX/P2
>TK:TL/1200/28SEP/TSN001
>SSR:FOID XX HK/NI120110XXXXXXXXXXXX/P1
>SSR:FOID XX HK/NI120110XXXXXXXXXXXX/P2
>SSR:INFT XX NN1 ZHANG/YIMENG 20OCT21/P1/S3/S4
>PAT:
>ETDZ:1

2. 孙俪一家居住在北京，按照日程安排孙俪要在 8 月 1 日至 6 日到上海参加一个业务培训。孙俪父母居住在南京，所以计划在 7 月 28 日将孩子黄筱（2021 年 5 月 18 日出生）先送到南京后，乘坐 8 月 1 日最早的航班前往上海工作。

建立 PNR 参考指令如下：
>NM:1 孙俪
>XN:IN/黄筱 INF(MAY21)/P1
>AV:PEKNKG/28JUL
>SD:XY1
>FV:NKGSHA/01AUG
>SD:XY1
>CT:136XXXXXXX
>TK:TL/1200/25JUL/TSN001
>@
>RT:XXXXX
>SSR:FOID XX HK/NI120110XXXXXXXXXXXX/P1
>SSR:INFT XX NN1 HUANG/XIAO 18MAY21/P1/S2
>PAT:
>ETDZ:1

10.8　常旅客订座

为了更好地提高订座部门的工作效率和旅客服务质量，各航空公司争相推出常旅客计划。依据旅客的常旅客卡号，可以方便快捷地查询到旅客的姓名、联系方式、喜好及习惯等特殊服务需求，进而使工作人员的订座过程更加准确、高效。

在为常旅客建立订座记录时，与普通旅客订座流程的唯一区别在于，需要通过特殊服务组输入旅客的常旅客信息（常旅客卡号），进而为常旅客进行里程累积，同时通知航空公司给予更加贴心的服务。常旅客信息的特殊服务代码是 FQTV，常旅客订座过程如下（图 10.10）。

图 10.10　常旅客订座流程及相关指令示意图

指令格式：

>SSR:特殊服务代码　航空公司　HK/航空公司　卡号/旅客标识

例如在已有单人单程订座记录的基础上，为旅客添加常旅客信息。

```
1.刘涛　　N6B4N
2.CA1321 F WE30SEP PEKCAN HK1 0900 1200
3.BJS/T  PEK/T  010-2400××××/YUANDA  TRAVE  AGENCY/ZHENG  YI  FAN  ABCDEFG
4.PEK/6601××××-2509
5.SSR FOID CA HK NI12010319960503××××/P1
6.FN/FCNY3200.00/SCNY3200.00/C3.00/XCNY70.00/TCNY50.00CN/TCNY20.00YQ/ACNY3270.00
7.FC:PEK CA CAN 3200.00 FB100 CNY 3200.00 END
8.FP:CASH,CNY
9.TL/1200/27SEP/PEK099
10.PEK099
```

>SSR:FQTV CA HK/CA115679362/P1

```
1.刘涛　　N6B4N
2.CA1321 F WE30SEP PEKCAN HK1 0900 1200
3.BJS/T  PEK/T  010-2400××××/YUANDA  TRAVE  AGENCY/ZHENG  YI  FAN  ABCDEFG
4.PEK/6601××××-2509
5.SSR FOID CA HK NI12010319960503××××/P1
6.SSR FQTV CA HK/CA115679362/P1
7.FN/FCNY3200.00/SCNY3200.00/C3.00/XCNY70.00/TCNY50.00CN/TCNY20.00Y
```

```
Q/ACNY3270.00
   8.FC:PEK CA CAN 3200.00 FB100 CNY 3200.00 END
   9.FP:CASH,CNY
   10.TL/1200/27SEP/PEK099
   11.PEK099
```

之后继续完成出票过程即可。

10.9　有其他特殊需求旅客订座

在乘机过程中旅客的特殊餐食、占座行李、靠窗座位等特殊需求,都是通过 PNR 中的特殊服务组项通知到航空公司的。

有特殊需求旅客的订座流程是在普通旅客订座过程的基础上增加特殊服务组项,可以通过两种指令格式完成。

指令格式一:

>SSR:服务类型代码　航空公司代码　行动代号　需要该项服务的人数　航段　自由格式文本/旅客标识

指令格式二:

>SSR:服务类型代码　航空公司代码　行动代号　需要该项服务的人数　自由格式文本/旅客标识/需要该项服务的航段序号

【说明】

(1) 两种格式稍有区别,但都可以实现对特殊服务需求的输入。

(2) 指令格式二中"需要该项服务的航段序号"是指有特殊需求的航段在 PNR 中的序号。

例如在已有单人单程订座记录的基础上,为旅客添加无盐餐的特殊需求。

```
   1.刘涛   N6B4N
   2.CA1321 F WE30SEP PEKCAN HK1 0900 1200
   3.BJS/T PEK/T 010-2400××××/YUANDA TRAVE AGENCY/ZHENG YI FAN
ABCDEFG
   4.PEK/6601××××-2509
   5.SSR FOID CA HK NI12010319960503××××/P1
   6.FN/FCNY3200.00/SCNY3200.00/C3.00/XCNY70.00/TCNY50.00CN/TCNY20.00Y
Q/ACNY3270.00
   7.FC:PEK CA CAN 3200.00 FB100 CNY 3200.00 END
   8.FP:CASH,CNY
   9.TL/1200/27SEP/PEK099
   10.PEK099
```

指令格式一:

　　>SSR:SPML CA NN1 PEKCAN 1321 F 30SEP21 NOSALT/P1

指令格式二：

　　>SSR:SPML CA NN1 NOSALT/P1/S2

　　1.刘涛　　N6B4N

　　2.CA1321 F WE30SEP PEKCAN HK1 0900 1200

　　3.BJS/T　PEK/T　010-2400××××/YUANDA TRAVE AGENCY/ZHENG YI FAN ABCDEFG

　　4.PEK/6601××××-2509

　　5.SSR FOID CA HK NI12010319960503××××/P1

　　6.SSR SPML CA NN1 PEKCAN 1321 F 30SEP21 NOSALT/P1

　　7.FN/FCNY3200.00/SCNY3200.00/C3.00/XCNY70.00/TCNY50.00CN/TCNY20.00Y Q/ACNY3270.00

　　8.FC:PEK CA CAN 3200.00 FB100 CNY 3200.00 END

　　9.FP:CASH,CNY

　　10.TL/1200/27SEP/PEK099

　　11.PEK099

之后继续完成出票过程即可。

　　例：齐飞、段晓宇、张静三人计划 1 月 19 日从天津出发前往哈尔滨游玩，五天后，即 1 月 24 日最晚的航班返回天津。根据旅客段晓宇的个人饮食习惯需要预定往返航班的无盐餐。

　　建立 PNR 参考指令如下：

　　>NM:1 齐飞 1 段晓宇 1 张静

　　>AV:TSNHRB/19JAN

　　>SD:XY3

　　>AV:HRBTSN/24JAN

　　>SD:XY3

　　>CT:136XXXXXXXX

　　>TK:TL/1200/16JAN/TSN001

　　>@

　　>RT:XXXXX

　　>SSR:FOID XX HK/NI120110XXXXXXXXXXXX/P1

　　>SSR:FOID XX HK/NI120110XXXXXXXXXXXX/P2

　　>SSR:FOID XX HK/NI120110XXXXXXXXXXXX/P3

　　>SSR:SPML XX NN1 NOSALT/PX/S4/S5

　　　>PAT:

　　　>ETDZ:1

10.10 团体旅客订座

同行旅客不足 10 人时视为散客，10 人及以上即可组成团队，按照团队订票规则处理。团队人数多，情况较为复杂。团体旅客订座过程如下（图 10.11）。

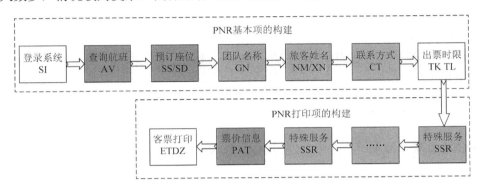

图 10.11 团体旅客订座流程及相关指令示意图

团体 PNR 与一般 PNR 的区别是增加了团体姓名组，由团体人数和团体名称组成。
指令格式：
＞GN:团体订座总人数团名
【格式说明】
（1）团名只可由英文字母和斜线（/）组成，不可用中文做团名。
（2）团名最长为 50 个字符，最短为 2 个字符。
（3）团名建立后不可更改。
（4）一个团体最多可有 511 名旅客。
例：10 位成人旅客从北京到广州，团名为 GROUP。
＞AV:PEKCAN/30SEP

```
    30SEP（WED）PEKCAN
    1-CA1321   PEKCAN 0900 1200 340 0 M DS# FA AS CA DS YA BA HA KA LS MS
QS TS GS XS WS VS
    2 WH2137   PEKCAN 1030 1310 300 0 M DS# FA YA BA RA HA Z5
    3 CZ3102   PEKCAN 1210 1500 777 0 M DS# CA DS YA WA KA HA MA GS QS VS
BS ZS
    4 XO9311   PEKCAN 1250 1555 TU5 0 M AS# YL KL HL MQ
    5+CZ346   PEKCAN 1435 1720 77B 0 M DS# FS AS C6 D6Y1 KA MA GS ZS
```

＞SD:1K10

```
    1.CA1321 K   WE30SEP PEKCAN NN10   0900 1200        340 S 0
```

```
2.PEK099
```

即使航班有座位，团体 PNR 的座位状态也应是申请（HN），该申请会进入航空公司相应的信箱中（QUEUE），控制人员确认座位。若有座位，控制人员会将行动代码由"HN"改变为"KK"；若没有座位，将行动代码由"HN"改变为"UU"。

>GN:10GROUP

```
0.10GROUP   NM0
1.CA1321 K   WE30SEP PEKCAN   NN10   0900 1200        340 S 0
2.PEK099
```

此时，团名在 PNR 中的序号为 0，因为还没有输入旅客姓名，所以 PNR 中 NM 后面的数字为 0。

>NM1 张琦 1 张丽

```
0.10GROUP   NM2
1.张丽  2.张琦
3.CA1321 K   WE30SEP PEKCAN NN10   0900 1200        340 S 0
4.PEK099
```

团队内旅客的姓名可以 NM 指令一次性全部输入，也可以分多次输入。输入两位旅客姓名后，PNR 中的团队名称组项中 NM 后的数字显示为 2。

>NM1 孙晓珊 1 杨洋

```
0.10GROUP   NM4
1.孙晓珊   2. 杨洋   3. 张丽  4. 张琦
5.CA1321 K   WE30SEP PEKCAN   NN10   0900 1200        340 S 0
6.PEK099
```

>CT:1309287××××/P1

```
0.10GROUP   NM4
1.孙晓珊   2. 杨洋   3. 张丽  4. 张琦
5.CA1321 K   WE30SEP PEKCAN   NN10   0900 1200        340 S 0
6.BJS/T  PEK/T  010-6340 × × × × /SHIPU    TRAVE  AGENCY/LIU  DE  PU
ABCDEFG
7.1309287××××/P1
8.PEK099
```

>TK:TL/1200/23SEP/PEK099
团体客票应至少在航班起飞前一周出票。

```
0.10GROUP   NM4
```

```
1.孙晓珊　2. 杨洋　3. 张丽　4. 张琦
5.CA1321 K   WE30SEP PEKCAN   NN10   0900 1200      340 S 0
6.BJS/T  PEK/T  010-6340 × × × × /SHIPU    TRAVE  AGENCY/LIU  DE  PU
ABCDEFG
7.1309287××××/P1
8.TL/1200/23SEP/PEK099
9.PEK099
```

＞@

```
CA1321    K    WE30SEP    PEKCAN    HN10    0900 1200
QDB6F
```

团体订座记录后续流程及指令的格式，请参照多人非团队旅客订座实例。

10.11　PNR 的其他处理（调整、合并、分离、修改、取消）

10.11.1　PNR 中航段顺序的调整（CS）

当建立一个有多个航段的 PNR 时，系统会根据航班的日期、起飞时间、城市对等自动整理航段顺序，但在某些情况下，如 PNR 中有 OPEN 航段时，需要人工进行航段的排序，这时使用 CS 指令。

指令格式：

＞CS:PNR 中航段序号/PNR 中航段序号

例：某旅客购买北京到上海的往返机票，其中去程为 OPEN，回程为 4 月 1 日的 CA1836 航班。

先建立回程上海到北京航段，

```
1.CA1836 Y FR01APR    PVGPEK DK1 1910 2140     321 S 0
2.PEK099
```

再建立去程北京到上海的 OPEN 航段。
＞SN:YY/Y/PEKPVG

```
1.CA1836 Y FR01APR    PVGPEK DK1 1910 2140     321 S 0
2.YY OPEN Y              PEKPVG
3.PEK099
```

此时发现两个航段的顺序不正确，北京到上海的去程航段应该在前，便可用 CS 指令进行调整。

＞CS:2/1

```
1.YY OPEN Y                    PEKPVG
2.CA1836 Y FR01APR    PVGPEK DK1 1910 2140        321 S 0
3.PEK099
```

航段顺序已作调整，可顺序输入其他内容。

10.11.2　PNR 中航段的合并（ES）

当旅客已有一个 PNR，需要把新建立的航段并入这个 PNR 中，首先提出这个记录，然后通过 ES 指令进行并入。

指令格式：

＞ES:

例：新建一个航段组。

```
1.CA1836 Y FR01APR    PVGPEK DK1 1910 2140        321 S 0
2.PEK099
```

把该航段并入到旅客卢芳已有订座记录（WWT7Y）中。

＞RT WWT7Y

```
1.卢芳  WWT7Y
2.CA1303 Y SU03APR PEKSZX    DK1    1300    1630    777    S    0
3.1309876××××
4.TL/1200/25MAR/PEK099
5.RMK CA/JVL7T
6.BJS/T PEK/T  010-2400××××/YUANDA TRAVE AGENCY/ZHENG YI FAN
ABCDEFG
7.PEK099
```

＞ES:

```
1.卢芳  WWT7Y
2.CA1836 Y FR01APR    PVGPEK    DK1    1910    2140        321    S    0
3.CA1303 Y SU03APR    PEKSZX    DK1    1300    1630        777    S    0
4.1309876××××
5.TL/1200/25MAR/PEK099
6.RMK CA/JVL7T
7.BJS/T  PEK/T  010-2400××××/YUANDA TRAVE AGENCY/ZHENG YI FAN
ABCDEFG
8.PEK099
```

＞@

ES 指令常用于航班座位比较紧张时，如果提取 PNR 后再订座可能订不上的情况。此时，如果偶然订到一个座位，便可以用 ES 指令将其合并到已有的 PNR 中。

10.11.3　PNR 的分离（SP）

如果遇到部分旅客要更改行程的情况，可以用 SP 指令将 PNR 的一个或几个旅客分离出来生成一个新的 PNR，再进行航段组的修改，其他旅客仍然保留在原 PNR 中。

PNR 能否进行分离操作，需要按照航空公司具体要求执行。一般情况下，CRS 中，PNR 只能分离一次。

1. 散客 PNR 的分离

指令格式：

＞SP:旅客序号/旅客序号

例：订座记录 QF6NE 中的旅客孙晓飞和张锋更改广州到北京的回程时间。

＞RT QF6NE

```
1.戚风  2.孙晓飞  3.张锋       QF6NE
4.CA1321 Y WE30SEP PEKCAN HK3 0900 1200        340 S 0
5.CA1322 Y TH01OCT CANPEK HK3 1340 1700        340 S 0
6.BJS/T  PEK/T  010-2400×××××/YUANDA  TRAVE  AGENCY/ZHENG  YI  FAN
ABCDEFG
7.1301628××××/P1
8.1301628××××/P2
9.1301628××××/P3
10.TL/1200/27SEP/PEK099
11.RMK CA/DBTN8
12.PEK099
```

因为只有孙晓飞和张锋两位旅客有更改航段信息的需求，所以需要将这两位旅客从原来的 PNR 中分离出来再做更改。

＞SP:2/3

```
1. 孙晓飞 2. 张锋
3.CA1321 Y WE30SEP PEKCAN HK2 0900 1200        340 S 0
4.CA1322 Y TH01OCT CANPEK HK2 1340 1700        340 S 0
5.BJS/T  PEK/T  010-2400××××/YUANDA  TRAVE  AGENCY/ZHENG  YI  FAN
ABCDEFG
6.1301628××××/P1
```

```
7.1301628×××/P2
8.TL/1200/27SEP/PEK099
9.RMK CA/DBTN8
10.PEK099
```

＞＠

```
CA1321   Y   WE30SEP   PEKCAN   HK2   0900   1200
CA1322   Y   TH01OCT   CANPEK   HK2   1340   1700
DM19F SPLIT FROM QF6NE
```

DM19F 为孙晓飞和张锋两位旅客从原 PNR 中分离出后生成的新的订座记录编号, 后续可以使用 XE 指令删除需要修改的航段信息, 重新订座。

QF6NE 记录中还剩戚风一人。

＞RT DM19F

```
1. 孙晓飞 2. 张锋    DM19F
3.CA1321 Y WE30SEP PEKCAN HK2 0900 1200        340 S 0
4.CA1322 Y TH01OCT CANPEK HK2 1340 1700        340 S 0
5.BJS/T  PEK/T  010-2400××××/YUANDA  TRAVE  AGENCY/ZHENG  YI  FAN
ABCDEFG
6.1301628×××/P1
7.1301628×××/P2
8.TL/1200/27SEP/PEK099
9.RMK CA/CV8ME
10.PEK099
```

＞RT QF6NE

```
1.戚风    QF6NE
2.CA1321 Y WE30SEP PEKCAN HK1 0900 1200        340 S 0
3.CA1322 Y TH01OCT CANPEK HK1 1340 1700        340 S 0
4.BJS/T  PEK/T  010-2400××××/YUANDA  TRAVE  AGENCY/ZHENG  YI  FAN
ABCDEFG
5.1301628×××/P1
6.TL/1200/27SEP/PEK099
7.RMK CA/DBTN8
8.PEK099
```

2. 团体 PNR 的分离

团体 PNR 分离与散客 PNR 分离的不同之处体现在旅客姓名上, 大致上可以分为三种分离方式：①已输入旅客姓名的团体 PNR 的分离；②未输入旅客姓名的团体 PNR 的分离；③同时分离指定姓名的旅客和没有指定姓名的座位。

分离团体 PNR 中已输入姓名的旅客可参照散客 PNR 的分离方法进行，分离未输入姓名的团体 PNR 时，只需要将确定分离的旅客对应的座位数分离出来即可，不涉及具体旅客序号。

指令格式：

＞SP:G 座位数

例：在订座记录 JQ5BE 中分离出 3 位旅客，姓名未输入。

＞RT JQ5BE

```
0.15GROUP   NM1   JQ5BE
2.CA1321 K   WE30SEP PEKCAN   HN15   0900 1200        340 S 0
3.BJS/T  PEK/T 010-2400××××/YUANDA  TRAVE  AGENCY/ZHENG  YI  FAN
ABCDEFG
4.1309287××××/P1
5.TL/1200/23SEP/PEK099
6.RMK CA/BT78M
7.PEK099
```

＞SP:G3

```
0.3GROUP   NM0
1.CA1321 K   WE30SEP PEKCAN   HN3   0900 1200        340 S 0
2.BJS/T  PEK/T 010-2400××××/YUANDA  TRAVE  AGENCY/ZHENG  YI  FAN
ABCDEFG
3.1309287××××
4.TL/1200/23SEP/PEK099
5.PEK099
```

＞@

```
CA1321 K   WE30SEP PEKCAN   HN3   0900 1200
MQ27B   SPLIT   FROM   JQ5BE
```

当 PNR 中只输入了部分旅客姓名，并且需要同时分离指定姓名的旅客和没有指定姓名的座位时，参照如下方法处理。

指令格式：

＞SP:G 座位数/旅客序号/旅客序号

例：在下面的团体记录中分离出两名旅客和两个座位。

＞RT HKT4D

```
    0.18GROUP    NM4    HKT4D
    5.CA1321 K    WE30SEP PEKCAN    HN18    0900 1200        340 S 0
    6.BJS/T  PEK/T  010-2400××××/YUANDA  TRAVE  AGENCY/ZHENG  YI  FAN
ABCDEFG
    7.1309287××××
    8.TL/1200/23SEP/PEK099
    9.RMK CA/BT7E0
    10.PEK099
```

团名组项中 NM 后面的数字 4，表示该团体记录中已经输入了 4 位旅客的姓名，可以用 RTN 指令查看。

指令格式：

＞RT:N

```
    0.18GROUP    NM4    HKT4D
    1.杨玉明 2.李晶玉 3.林枫 4.董淑慧
    5.CA1321 K    WE30SEP PEKCAN    HN18    0900 1200        340 S 0
    6.BJS/T  PEK/T  010-2400××××/YUANDA  TRAVE  AGENCY/ZHENG  YI  FAN
ABCDEFG
    7.1309287××××
    8.TL/1200/23SEP/PEK099
    9.RMK CA/BT7E0
    10.PEK099
```

此时，要分离出李晶玉和董淑慧两位旅客以及两个空座位。

＞SP:G2/2/4

```
    0.4GROUP    NM2
    1. 李晶玉  2. 董淑慧
    3.CA1321 K    WE30SEP PEKCAN    HN4    0900 1200        340 S 0
    4.BJS/T  PEK/T  010-2400××××/YUANDA  TRAVE  AGENCY/ZHENG  YI  FAN
ABCDEFG
    5.1309287××××
    6.TL/1200/23SEP/PEK099
    7.RMK CA/BT7E0
    8.PEK099
```

＞@

```
    CA1321 K    WE30SEP PEKCAN    HN4    0900 1200
    KRTW3    SPLIT    FROM    HKT4D
```

＞RT:N/KRTW3

```
    0.4GROUP   NM2   KRTW3
    1. 李晶玉 2. 董淑慧
    3.CA1321 K   WE30SEP PEKCAN   HN4   0900 1200       340 S 0
    4.BJS/T PEK/T 010-2400×××/YUANDA TRAVE AGENCY/ZHENG YI FAN
ABCDEFG
    5.1309287××××
    6.TL/1200/23SEP/PEK099
    7.RMK CA/VRT6P
    8.PEK099
```

＞RT:N/HKT4D

```
    0.14GROUP   NM2   HKT4D
    1.杨玉明 2.林枫
    3.CA1321 K   WE30SEP PEKCAN   HN14   0900 1200       340 S 0
    4.BJS/T PEK/T 010-2400×××/YUANDA TRAVE AGENCY/ZHENG YI FAN
ABCDEFG
    5.1309287××××
    6.TL/1200/23SEP/PEK099
    7.RMK CA/BT7E0
    8.PEK099
```

李晶玉和董淑慧两位旅客以及两个空座位生成了一个新的记录 KRTW3，原订座记录中剩余 14 人，其中 2 人姓名已输入，记录编号不变。

10.11.4　PNR 的修改与取消（XE）

在日常工作中经常遇到对 PNR 进行修改的情况。对 PNR 的修改，不同的组项有不同的方式，主要有以下两种。

● 修改姓名组要使用类似"<u>1/1</u> <u>张琦</u>"这样的方式。

PNR 中需要修改的姓名的序号 ┘　└ 旅客正确的姓名

旅客占座数（与 NM 指令中的数字含义相同）

● 除姓名组外的其他项，可以使用"XE:序号"先取消，然后再增加新的内容。

1. PNR 中姓名组的修改

在下面的 PNR 中，旅客姓名输入有误，应为"彭程"。

```
1.PENG/CHENG   BQR45
2.MU6175 Y TU22FEB PEKCTU HK1 0700 1020
3.BJS/T  PEK/T  010-2400××××/YUANDA  TRAVE  AGENCY/ZHENG  YI  FAN
ABCDEFG
4.1563278××××
5.TL/1200/19FEB/PEK099
6.PEK099
```

>1/1 彭程

```
1.彭程   BQR45
2.MU6175 Y TU22FEB PEKCTU HK1 0700 1020
3.BJS/T  PEK/T  010-2400××××/YUANDA  TRAVE  AGENCY/ZHENG  YI  FAN
ABCDEFG
4.1563278××××
5.TL/1200/19FEB/PEK099
6.PEK099
```

如此操作即完成了对旅客姓名的修改。

2. PNR 中除姓名外其他组项的修改

以上旅客彭程的订座记录中电话号码的输入有误，正确的号码为1563287××××。
修改过程为：

>RT BQR45

```
1.彭程   BQR45
2.MU6175 Y TU22FEB PEKCTU HK1 0700 1020
3.BJS/T  PEK/T  010-2400××××/YUANDA  TRAVE  AGENCY/ZHENG  YI  FAN
ABCDEFG
4.1563278××××
5.TL/1200/19FEB/PEK099
6.PEK099
```

>XE4

```
1.彭程   BQR45
2.MU6175 Y TU22FEB PEKCTU HK1 0700 1020
3.BJS/T  PEK/T  010-2400××××/YUANDA  TRAVE  AGENCY/ZHENG  YI  FAN
ABCDEFG
4.TL/1200/19FEB/PEK099
5.PEK099
```

＞CT：1563287××××

```
1.彭程　BQR45
2.MU6175 Y TU22FEB PEKCTU HK1 0700 1020
3.BJS/T PEK/T 010-2400××××/YUANDA TRAVE AGENCY/ZHENG YI FAN
ABCDEFG
4.1563287××××
5. TL/1200/19FEB/PEK099
6.PEK099
```

3. 团体 PNR 的修改

团体订座记录中当部分旅客由于特殊原因需要减少人数时，可以按照以下几种情况进行处理。①取消已输入姓名的旅客的座位（非团体记录也可照此处理）；②取消未输入姓名的团体记录中的座位；③同时取消指定姓名的旅客和没有指定姓名的座位。

A. 取消已输入姓名的旅客的座位（非团体记录也可照此处理）

指令格式：

＞XE:P/旅客序号/旅客序号/……

例：取消 HKT4D 记录中李晶玉和董淑慧两名旅客。

＞RT N/HKT4D

```
0.18GROUP　NM4　HKT4D
1.杨玉明 2.李晶玉 3.林枫 4.董淑慧
5.CA1321 K　WE30SEP PEKCAN　HN18　0900 1200　　340 S 0
6.BJS/T PEK/T 010-2400××××/YUANDA TRAVE AGENCY/ZHENG YI FAN
ABCDEFG
7.1309287××××
8.TL/1200/23SEP/PEK099
9.RMK CA/BT7E0
10.PEK099
```

＞XE:P/2/4

```
0.16GROUP　NM2　HKT4D
1.杨玉明 3.林枫
4.CA1321 K　WE30SEP PEKCAN　HN16　0900 1200　　340 S 0
5.BJS/T PEK/T 010-2400××××/YUANDA TRAVE AGENCY/ZHENG YI FAN
ABCDEFG
6.1309287××××
7.TL/1200/23SEP/PEK099
```

```
8.RMK CA/BT7E0
9.PEK099
```

＞@

```
CA1321 K　WE30SEP PEKCAN　HN16　0900 1200
HKT4D
```

＞RT:N/HKT4D

```
0.16GROUP　NM2　HKT4D
1.杨玉明 2.林枫
3.CA1321 K　WE30SEP PEKCAN　HN16　0900 1200　　340 S 0
4.BJS/T PEK/T 010-2400××××/YUANDA TRAVE AGENCY/ZHENG YI FAN ABCDEFG
5.1309287××××
6.TL/1200/23SEP/PEK099
7.RMK CA/BT7E0
8.PEK099
```

重新提取出 HKT4D 记录可以看出，李晶玉和董淑慧两名旅客已经从团体记录中取消，原 PNR 的记录编号不变。

B. 取消未输入姓名的团体记录中的座位

指令格式：

＞XE:G 座位数

例：取消 HKT4D 记录中的两个座位。

＞RT:HKT4D

```
0.16GROUP　NM2　HKT4D
3.CA1321 K　WE30SEP PEKCAN　HN16　0900 1200　　340 S 0
4.BJS/T PEK/T 010-2400××××/YUANDA TRAVE AGENCY/ZHENG YI FAN ABCDEFG
5.1309287××××
6.TL/1200/23SEP/PEK099
7.RMK CA/BT7E0
8.PEK099
```

＞XE:G2

```
0.14GROUP　NM2　HKT4D
3.CA1321 K　WE30SEP PEKCAN　HN14　0900 1200　　340 S 0
```

    4.BJS/T PEK/T 010-2400××××/YUANDA TRAVE AGENCY/ZHENG YI FAN ABCDEFG

    5.1309287××××

    6.TL/1200/23SEP/PEK099

    7.RMK CA/BT7E0

    8.PEK099

＞@

C. 同时取消指定姓名的旅客和没有指定姓名的座位

当 PNR 中只输入了部分旅客姓名，并且需要同时取消指定姓名的旅客和没有指定姓名的座位时，要用这种方法处理。

指令格式：

＞XE:G 座位数/P/旅客序号/旅客序号/……

例：取消 RE87M 记录中的第一名旅客和两个座位。

＞RT:N/RE87M

    0.15TEAM　NM2　RE87M

    1.白建波 2.刁伟

    3.CA1321 K　WE30SEP PEKCAN　HN15　0900 1200　　　340 S 0

    4.BJS/T PEK/T 010-2400××××/YUANDA TRAVE AGENCY/ZHENG YI FAN ABCDEFG

    5.1309287××××

    6.TL/1200/23SEP/PEK099

    7.RMK CA/BT7E0

    8.PEK099

＞XE:G2/P/1

    0.12TEAM　NM1　RE87M

    1.刁伟

    3.CA1321 K　WE30SEP PEKCAN　HN12　0900 1200　　　340 S 0

    4.BJS/T PEK/T 010-2400××××/YUANDA TRAVE AGENCY/ZHENG YI FAN ABCDEFG

    5.1309287××××

    6.TL/1200/23SEP/PEK099

    7.RMK CA/BT7E0

    8.PEK099

＞@

    CA1321 K　WE30SEP PEKCAN　HN12　0900 1200

    RE87M

D. PNR 的取消

若要将整个 PNR 取消，需先提取 PNR，之后做 "XEPNR@" 指令即可。一旦取消，订座记录不能再恢复。

例：旅客刘涛取消行程，记录编号为 N6B4N。

＞RT N6B4N

1.刘涛　N6B4N

2.CA1321 F WE30SEP PEKCAN HK1 0900 1200

3.BJS/T　PEK/T　010-2400×××/YUANDA TRAVE AGENCY/ZHENG YI FAN ABCDEFG

4.PEK/6601×××-2509

5. SSR FOID CA HK NI12010319960503×××/P1

6. RMK CA/HM5Q9

7. PEK099

＞XEPNR@

PNR CANCELLED N6B4N

10.12 旅客客票的变更处理

10.12.1 电子客票票面的提取

电子客票票面的提取可以通过多种方式来实现。

编号	指令格式	指令说明
1.	DETR:TN/票号	按照票号提取电子客票记录
2.	DETR:NI/身份证号	按照旅客的身份识别号（身份证号）提取电子客票记录
3.	DETR:NM/旅客姓名	按照旅客姓名提取电子客票记录
4.	DETR:CN/ICS 订座记录编号	按照航空公司系统订座记录编号（ICS PNR）提取电子客票记录（目前不支持代理人系统订座记录编号）
5.	DETR:CN/ICS 订座记录编号，C	按照航空公司系统订座记录编号（ICS PNR）提取该 PNR 对应的全部电子客票记录（是指令'DETR:CN/ICS 订座记录编号'的补充）
6.	DETR:TN/票号，F	提取电子客票旅客的身份识别号码

以按照旅客有效身份证件为例进行电子客票票面的提取。

◆DETR NI/46321519780529XXXX<F12>
ISSUED BY: INTERNATIONAL AIRLINE   ORG/DST: PEK/CAN   ISI:
TOUR CODE: CRS_PNRNO: HGBTC5
PASSENGER: 张红
   EXCH: CONJ TKT:
0 FM 1PEK   CA 1321 Y 13JUN 0845 OK Y   20 K   13JUN/13DEC   OPEN FOR USE
                RL: DT287QE
0 TO 2CAN
   FC: PEK CA CAN 1890.00 CNY 1890.00 END
   FARE   :CNY1890.00   FOP :CASH,CNY
   TAX   :CNY50.00   OI:
   AirPort   TAX   :CNY50.00
   FuelSurcharge   :CNY70.00
   TOTAL   : CNY2060.00   TKTN 999-5529901883
◆

电子客票票面信息说明如下：

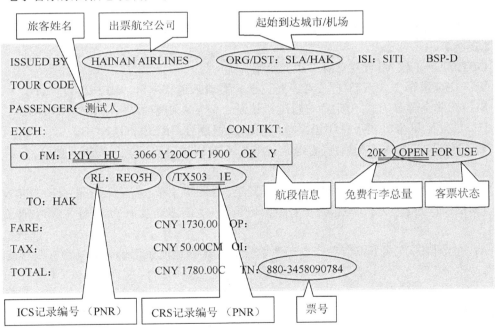

客票状态主要有以下几种：

OPEN FOR USE	客票有效
VOID	客票已作废
REFUNDED	客票已退票
CHECK IN	旅客已值机
USED/FLOWN LIFT/BOARDED	客票已使用

SUSPENDED　　　　　　　　客票已挂起
EXCHANGED　　　　　　　　客票已换开

10.12.2　电子客票的挂起和解挂

电子客票的挂起指令：
＞TSS:TN/票号/S　　或　　TSS:CN/记录编号/S
电子客票挂起后，无法办理值机、退票、改签等操作。

电子客票的解挂指令：
＞TSS:TN/票号/B　　或　　TSS:CN/记录编号/B

10.13　旅客退票处理

退票是日常客票销售过程中经常遇到的操作环节。
指令格式：
＞TRFD:[OPTION]/DV-ID/DI_TYPE/[TICTET NUB|REFUND NUB]
【说明】
OPTION = {无, M, H, T, TM, TH, A, AM}；
无：在全屏幕方式下新建/查看退票记录，需输入退票单号：REFUND NUB。
M：在非全屏幕方式下新建/查看退票记录，需输入退票单号：REFUND NUB。
H：在非全屏幕方式下打印退票单，需输入退票号：REFUND NUB。
T：在全屏幕方式下提取/查看退票记录，不能创建退票记录，需输入票号：TICTET NUB。
TH：在非全屏幕方式下提取/查看退票记录，打印退票单，需输入票号：TICTET NUB。
TM：在非全屏幕方式下提取/查看退票记录，不能创建退票记录，需输入票号：TICTET NUB。
A：在全屏幕方式下以自动产生退票单号的方式创建退票记录，不能输入票号或退票单号。
AM：在非全屏幕方式下以自动产生退票单号的方式创建退票记录，不能输入票号或退票单号。
DV-ID：　　1-2位数字，打票机序号，必输。
DI_TYPE：　1位字母{D, I}，D：国内；I：国际，必输。
TICTET NUB：13位数字，前3位和后10位之间用"-"连接，根据要求输入。
REFUND NUB：8位数字，根据要求输入。
例：将旅客高松25SEP，从北京到广州的CA 1321航班的电子客票座位退掉。
提出电子客票票号，查看电子客票状态。

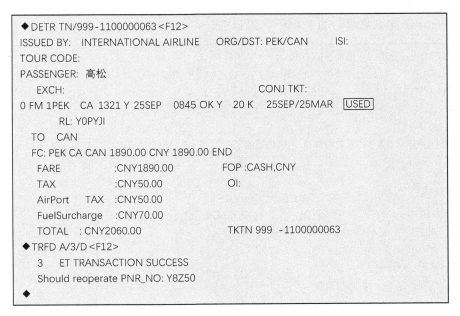

```
◆ DETR TN/999-1100000063 <F12>
ISSUED BY:  INTERNATIONAL AIRLINE    ORG/DST: PEK/CAN    ISI:
TOUR CODE:
PASSENGER: 高松
  EXCH:                                    CONJ TKT:
0 FM 1PEK  CA 1321 Y 25SEP  0845 OK Y  20 K  25SEP/25MAR  USED
      RL: Y0PYJI
  TO  CAN
  FC: PEK CA CAN 1890.00 CNY 1890.00 END
   FARE         :CNY1890.00      FOP :CASH,CNY
   TAX          :CNY50.00        OI:
   AirPort  TAX :CNY50.00
   FuelSurcharge :CNY70.00
   TOTAL  : CNY2060.00           TKTN 999  -1100000063
◆ TRFD A/3/D <F12>
   3   ET TRANSACTION SUCCESS
   Should reoperate PNR_NO: Y8Z50
◆
```

使用全屏幕退票界面如下：

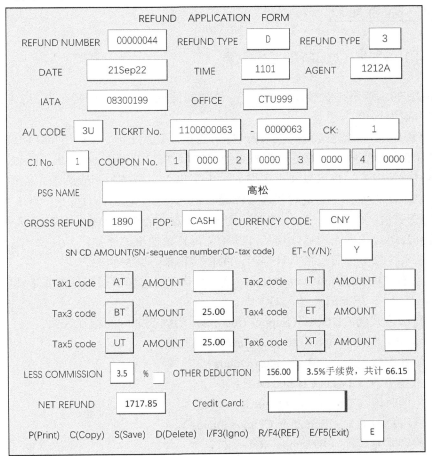

REFUND APPLICATION FORM

REFUND NUMBER 00000044	REFUND TYPE D	REFUND TYPE 3
DATE 21Sep22	TIME 1101	AGENT 1212A
IATA 08300199	OFFICE CTU999	

A/L CODE 3U TICKRT No. 1100000063 - 0000063 CK: 1

CJ. No. 1 COUPON No. 1 0000 2 0000 3 0000 4 0000

PSG NAME 高松

GROSS REFUND 1890 FOP: CASH CURRENCY CODE: CNY

SN CD AMOUNT(SN-sequence number:CD-tax code)   ET-(Y/N): Y

Tax1 code AT AMOUNT	Tax2 code IT AMOUNT
Tax3 code BT AMOUNT 25.00	Tax4 code ET AMOUNT
Tax5 code UT AMOUNT 25.00	Tax6 code XT AMOUNT

LESS COMMISSION 3.5 % OTHER DEDUCTION 156.00 | 3.5%手续费，共计 66.15

NET REFUND 1717.85 Credit Card:

P(Print) C(Copy) S(Save) D(Delete) I/F3(Igno) R/F4(REF) E/F5(Exit) E

再提出电子客票票号，查看电子客票状态：

```
◆DETR TN/999-1100000063<F12>
ISSUED BY:  INTERNATIONAL AIRLINE    ORG/DST: PEK/CAN      ISI:
TOUR CODE:
PASSENGER: 高松
   EXCH:                                    CONJ TKT:
0 FM 1PEK   CA 1321 Y 25SEP   0845 OK Y   20 K   25SEP/25MAR   REFUNDED
         RL: Y0PYJI
   TO   CAN
   FC: PEK CA CAN 1890.00 CNY 1890.00 END
      FARE        :   0.00        FOP :CASH,CNY
      TAX         :   0.00        OI:
      AirPort   TAX :  0.00
      FuelSurcharge :  0.00
      TOTAL       :   0.00              TKTN 999-1100000063
◆
```

■ 10.14 信箱处理

10.14.1 信箱（QUEUE）的种类

QUEUE 的本意是排队等候，需要手工处理的信息一个一个排列起来。为了便于理解，我们将它引申为信箱。

信箱 QUEUE 功能是 CRS 为代理人提供的重要功能之一。每一个部门都有各自独立的信箱，信箱中的信件大多数是计算机系统根据信件的内容和业务要求，自动送到相应部门的各类型信箱中的。也可以通过工作人员手工输入，传送到相应的部门信箱中。

信箱中信件的内容主要是对代理人的通知信息，主要包括：①营业员订取的旅客记录（PNR）的变更情况的通知；②系统对代理人应采取的行动的通知；③代理人间的信息交换；④航空公司对代理人的通知信息；⑤营业员打票情况的通知；⑥其他信息。

代理人系统每个部门包括八种信箱，每种信箱都有其特别的含义。

GQ：综合 QUEUE（General Message）。用于一些无法识别其种类或本部门没有建立某种 QUEUE 时，把此信件送入 GQ 中。

RP：自由格式的 QUEUE（Supper Report），用以代理间的相互联系。

KK：座位证实回复电报（Replay Record Queue）。

SR：特殊服务电报（SSR Request Queue）。

TC：机票更改（Ticket Change Queue）。

TL：出票时限（Time Limit Queue）。

SC：航班更改通知（Schedule Change Queue）。

RE：旅客重复订座（Passenger Rebook）。

10.14.2　信箱的处理

由于信箱中的信件包含了对代理人来说非常重要的信息,所以营业员通过处理本部门的信箱中的信件,可以及时了解系统动态,以及本部门所订的旅客记录的实际情况,从而可以及时地采取行动,避免不必要的损失。信箱处理的一般流程见图 10.12。

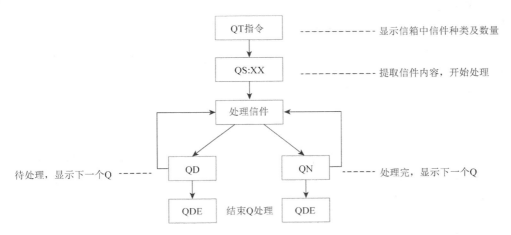

图 10.12　信箱处理的工作流程

通过 QT 指令,可以显示出本部门当前信箱中新建的种类及数量。
指令格式:
＞QT

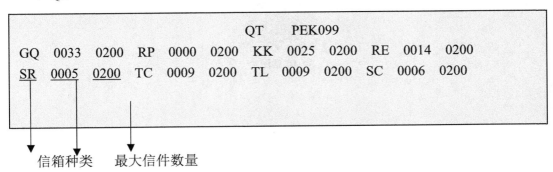

信箱种类　　最大信件数量
未处理信件数量

如果希望进入 TL 信箱的序列进行查看或处理,可以执行 QS 指令。
＞QS:TL
此时,系统会显示 TL 信箱中的第一封信件。

```
PEK099    TIM-LIM TKT        (0008)
1.刘涛   N6B4N
```

2.CA1321 F WE30SEP PEKCAN HK1 0900 1200

3.BJS/T PEK/T 010-6340×××× /SHIPU   TRAVE AGENCY/LIU DE PU ABCDEFG

4.PEK/6601××××-2509

5.TL/1200/27SEP/PEK099

6.RMK CA/HM5Q9

7.PEK099

对于当前显示的信件，如果不做任何处理再放回系统，等待后续处理，或者由其他工作人员处理，可以通过 QD（延迟处理指令）实现。被送回的信件会排在此类信件的最后一个，同时未处理的 Q 的数量不变。

指令格式：

＞QD:

下一封信件将显示在屏幕上。

对于当前显示的信件，如果已经进行了处理，就可以通过 QN 指令将其内容释放。信件内容释放后，将无法恢复，且未处理的信件数量会减少一个。

指令格式：

＞QN:

下一封信件将显示在屏幕上。

通过 QN 和 QD 指令的循环交替使用，即可处理完所有信件，可以通过＞QDE 或＞QNE 结束信箱的处理。

第 10 章图片

参考文献

白晓娟. 2011. 物流运筹学：技术及方法应用[M]. 北京：北京大学出版社.

党耀国，刘斌，朱建军. 2016. 高级运筹学[M]. 北京：科学出版社.

韩伯棠. 2005. 管理运筹学[M]. 2 版. 北京：高等教育出版社.

胡涛，白杨敏. 2017. 民航旅客订座实训教程：国内部分[M]. 北京：科学出版社.

胡运权，郭耀煌. 2018. 运筹学教程[M]. 北京：清华大学出版社.

派金国际管理顾问（集团）公司. 商道：王者经营之道[M]. 上海：浦东电子出版社.

Anderson D R，Sweeney D J，Williams T A. 2016. 数据、模型与决策：管理科学篇[M]. 11 版. 侯文华，译. 北京：机械工业出版社.

Guéret C，Prins C，Sevaux M. 2006. 运筹学案例[M]. 北京林森科技发展有限公司，译. 北京：北京林森科技发展有限公司.

Hillier F S，Lieberman G J. 2015. 运筹学导论[M]. 10 版. 李晓松，吕彬，郭全魁，等译. 北京：清华大学出版社.

附录 CPLEX 使用说明

    IBM CPLEX Optimizer（以下简称 CPLEX）是 IBM 公司开发的一款用于线性规划、混合整数规划和二次规划的高性能数学规划求解器。它能够提供功能强大的算法，对业务问题进行数学建模和求解，生成符合逻辑的精准决策，帮助企业实现决策优化，从而提高效率、降低成本并提升盈利能力。CPLEX 主要由 Interactive Optimizer、Concert Technology 和 Callable Library 这些组件构成，它们提供了多种使用形式来满足不同用户的使用需求。其中，CPLEX Interactive Optimizer 是一种可执行程序，可以交互方式从某些标准格式的文件中读取问题，对问题求解，并以交互方式提供解法或将解法提供到文本文件中；Concert Technology 是一组提供 API 的 C++、Java 和.NET 类库，这些类库提供了一种建模工具，能够使用户在 C++、Java 或.NET 应用程序中嵌入 CPLEX 求解器；CPLEX Callable Library 是一种 C 库，用户通过它可在以 C、Visual Basic、FORTRAN 或任何其他可以调用 C 的语言（如 C++、Java 或.NET）编写的应用程序中嵌入 CPLEX 求解器。除此之外，Python API for CPLEX 是一种支持 CPLEX 所有优化功能的 Python 应用程序编程接口；The CPLEX connector for The MathWorks MATLAB 使用户通过 MATLAB Toolbox 或者 MATLAB 语言来对问题进行建模和求解。概括来说，CPLEX Interactive Optimizer 为用户提供了一种友好的交互式建模和求解工具；Concert Technology 和 Callable Library 则为用户解决复杂、定制化问题提供了灵活的接口，使用户能用不同编程语言将 CPLEX 求解器嵌入到应用程序开发中。因此，CPLEX 凭借强大稳健的功能和灵活的编程语言接口在业界和学术界积累了众多用户。本书以 C++语言为例子，演示使用 CPLEX 求解器对书中各种数学优化问题进行建模和求解，该部分内容面向具备面向对象程序设计语言基础的读者。用户可在 IBM 官网（https://www.ibm.com/cn-zh/analytics/CPLEX-optimizer）获得免费试用版或者免费学术版 CPLEX 软件，关于 CPLEX 的安装、调试和使用，可参考 CPLEX 提供的入门手册（https://www.ibm.com/docs/zh/icos/12.10.0？topic=CPLEX-getting-started）和用户使用手册（https://www.ibm.com/docs/zh/icos/12.10.0？topic=CPLEX-users-manual）。本附录仅介绍了使用 C++语言用 CPLEX 求解线性规划问题时，需用到的最基本的接口、语句以及关键步骤，关于 CPLEX 的进阶功能或者求解复杂数学规划问题（如非线性规划问题、大规模混合整数规划问题）的针对性算法，本书及本附录不涉及，感兴趣的读者可继续阅读 CPLEX 用户使用手册或追踪相关文献。

■1　C++语言调用 CPLEX 求解器

    在一个 C++应用程序中调用 CPLEX 求解器时，需要用 CPLEX Concert Technology 组

件中为 C++提供的接口，这个接口包含了一系列由 C++对象组成的类库，根据功能可将这些类库大致分为两组，即模型构建组和模型求解组。

1.1 模型构建组

模型构建组中的类主要服务于定义一个数学规划问题，这些类包含模型 IloModel 类、决策变量 IloNumVar 类、目标函数 IloObjective 类、约束 IloRange 类，以及表达模型中目标函数和约束用到的表达式 IloExpr 类等。

1.2 模型求解组

模型求解组主要包含 CPLEX 求解器 IloCPLEX 类，它可以读取模型构建组建立的模型，提取模型中的数据，然后对模型进行求解并返回解的相关信息。

■ 2 C++中创建模型并求解的关键步骤

创建一个 C++应用程序用 CPLEX 来求解一个数学规划问题主要有以下四个步骤：①构建数学模型；②将构建好的数学模型传递给 CPLEX 求解器，根据需求设置求解器的各项参数，然后进行求解；③求解完成后获取数学模型的求解结果和相关信息；④模型构建和求解过程中的异常处理和调试。下面分别介绍这四个步骤中使用到的 CPLEX Concert Technology 类和函数。

2.1 数学规划模型的构建

在 C++应用程序中，一个具体的数学规划模型是由一系列 C++对象构成，其中的决策变量、约束和目标函数分别由 CPLEX Concert Technology 中相应类的对象来表示，这些对象被称为建模对象。

2.1.1 建模环境 IloEnv 类

在构造建模对象之前，必须通过 IloEnv 类来初始化一个环境对象，该对象用来盛放模型构建和求解过程中创建的所有对象。当应用程序中的所有任务完成后，调用 IloEnv 类中的结束函数 end()关闭环境对象，从而销毁其包含的所有其他对象，释放内存。

2.1.2 决策变量 IloNumVar 类

模型中的决策变量由 IloNumVar 类的对象表示，一个决策变量对象通过变量的上下界和变量的类型来定义，其中变量的类型可以是 ILOFLOAT、ILOINT 或 ILOBOOL 中的一个，分别代表连续变量、整数变量或 0-1 布尔变量。如下面的构造函数在环境对象 env 中创建了一个名为 myIntVar 的上界、下界分别为–1 和 10 的整数决策变量：

```
IloNumVar myIntVar(env,-1,10,ILOINT);
```

通常，数学模型中的决策变量有多个，CPLEX Concert Technology 提供了 IloNumVarArray 类，它可以定义一个决策变量向量，如下所示的构造函数在环境对象 env 中创建了一个由 3 个非负连续变量组成的决策变量向量 x，其中 IloInfinity 表示无穷大：

```
IloNumVarArray x(env,3,0,IloInfinity,ILOFLOAT);
```

通过向量的索引值可以定位一个决策变量，在 C++语言中，向量的索引值从 0 开始。即 x[0]表示向量中的第一个元素，x[1]则表示第二个元素，以此类推。

通过向量与向量的嵌套，IloNumVarArray 类还可以辅助定义多维向量，如下语句定义了矩阵数据类型：

```
typedef IloArray<IloNumVarArray>NumVarMatrix;
```

该矩阵数据类型由两层向量嵌套而成，外层向量的每一个元素是一个内层向量，内层向量的每一个元素则对应一个决策变量。

2.1.3　表达式 IloExpr 类

决策变量定义完之后，IloExpr 类可以将决策变量组织成表达式，从而用来表示约束和目标函数。IloExpr 类的对象构造函数如下：

```
IloExpr expr(env);
```

表达式可以直接写出，如 expr = 1*x[0] + 2*x[2] + 3*x[3]，也可以通过循环语句一段一段表示。表达式作为辅助用户完成目标函数或者约束条件的一种临时表达方式，当该表达式表示的目标函数或者约束条件加入到模型中后，用户则需要使用 IloExpr 类的 end()函数，如 expr.end()来释放表达式 expr 所占用的内存。

2.1.4　目标函数 IloObjective 类

IloObjective 类的对象代表模型中的目标函数，它的构造函数如下：

```
IloObjective obj(env, 1*x[0] + 2*x[2] + 3*x[3], IloObjective::
Minimize);
```

该函数在 env 中定义了一个名为 obj 的目标函数，它的目标是最小化 1*x[0] + 2*x[2] + 3*x[3]，当然该表达式也可用上述 expr 来代替。IloObjective::Minimize 表示最小化目标函数，与此相反，IloObjective::Maximize 则表示最大化目标函数。

2.1.5　约束条件 IloRange 类

模型中的约束条件由 IloRange 类的对象表示，它的构造函数如下：

```
IloRange r1(env,1.0,expr,3.0);
```

该函数在 env 中定义一个名为 r1 的约束条件 $1.0 \leqslant 1*x[0] + 2*x[2] + 3*x[3] \leqslant 3.0$，其中第二、三和四个参数分别表示约束条件的下界、约束的表达式和上界。当上界、下界用 + IloInfinity、–IloInfinity 时，则表示上界或者下界为无界。

2.1.6 模型 IloModel 类

具备了模型三要素，即决策变量、目标函数和约束条件后，通过初始化 IloModel 类的一个对象可以定义一个数学规划模型，然后将决策变量对象、目标函数对象和约束条件对象通过 IloModel 类的 add()函数添加到模型对象 model 中，便完成一个数学规划模型的构建过程。例如，下面三行代码首先在 env 中定义了一个模型对象 model，该模型包含目标函数 obj 和约束 r1。

```
IloModel model(env);
model.add(obj);
model.add(r1);
```

注意上面的代码未将决策变量对象 x 通过 add()函数直接添加到 model 中，但由于目标函数 obj 和约束条件 r1 中都包含了决策变量 x，因此决策变量实质上间接地通过 obj 和 r1 添加到了模型 model 中。

对于较为简单的小规模数学规划模型来说，CPLEX Concert Technology 还提供了一种简便易读的建模方式，通过 IloMaximize()函数或 IloMinimize()函数定义一个最大化或最小化目标函数、通过运算符<=、==和>=来创建约束条件，如下所示：

```
model.add(IloMaximize(env,1*x[0] + 2*x[2] + 3*x[3]));
model.add(1*x[0] + 2*x[2] + 3*x[3]<=3.0);
model.add(1*x[0] + 2*x[2] + 3*x[3]>=1.0);
```

通过这样的建模方式可以避免创建 obj 和 r1 等建模对象。

2.2 数学模型的求解

模型构造完成后，便可使用 CPLEX 求解器来进行求解，此时需要通过初始化 IloCPLEX 类的一个对象来启用 CPLEX 求解器，构造函数如下：

```
IloCPLEX CPLEX(env);
```

与建模对象相同，求解器对象 CPLEX 也包含在环境对象 env 中。为了使求解器对象 CPLEX 加载模型 model，需要调用 IloCPLEX 类的 extract()函数，即

```
CPLEX.extract(model);
```

extract()函数提取由 IloModel 类的 add()函数添加到模型 model 中的每一个建模对象，以及这些对象引用的每个对象。鉴于初始化求解器对象和将模型提取到求解器对象是两个前后衔接且常见的语句，IloCPLEX 类提供了一个将二者结合起来的构造函数，如下所示：

```
IloCPLEX CPLEX(model);
```

对于线性规划模型来说，当模型提取到求解器 CPLEX 后，通常调用 IloCPLEX 类的 solve()函数便可求解模型：

```
CPLEX.solve();
```

此时 CPLEX 求解器根据模型的结构，自行决定使用哪种求解方法，求解方法包括原

始单纯形法、对偶单纯形法、原始网络单纯形算法、障碍算法等。

对于如整数规划模型、二次规划模型、非线性规划模型等复杂的数学规划模型来说，在使用 solve() 函数求解前，用户可以根据具体需求来控制求解过程。对求解过程施加控制可以通过 IloCPLEX 类的 setParam（ParamName，ParamValue）函数来实现，该函数的两个参数分别为控制参数和控制参数取值，如 CPLEX.setParam（IloCPLEX::RootAlg，IloCPLEX::Primal）令求解器的求解方法为原始单纯形法、CPLEX.setParam（IloCPLEX::TimLim，3600）令求解器的最大求解时间为 3600 秒、CPLEX.setParam（IloCPLEX::EpOpt，0.0001）设置求解器的最优误差不高于 0.01%。CPLEX 提供了非常多的控制参数，用户可以通过 CPLEX 在线用户手册中的参数相关网页（https://www.ibm.com/docs/zh/icos/ 12.9.0？topic=cplex-parameters）来查询各种控制参数以及它们的取值范围。

2.3 求解结果和相关信息的获取

当模型根据用户设置的需求求解完毕后，IloCPLEX 类提供了各种功能函数来获取求解结果。以 CPLEX 求解模型 model 为例，下面列出查询求解结果的一些常用函数：

CPLEX.getStatus() 获取求解状态，求解状态返回值的含义如表 A.1 所示。

表 A.1 Status 返回值的含义

Status 返回值	含义
Feasible	模型是可行的，并能获取一个可行解
Optimal	模型已求得最优解，并能获取一个最优解
Infeasible	模型无可行解
Unbounded	模型目标函数值无界，具有无界解
InfeasibleOrUnbounded	模型无可行解或者无界
UnKnown	模型还没有求得任何有用结果，该情况通常在模型求解时间受限时发生
Error	求解过程遇到无法处理的情况或者出现错误

CPLEX.getObjValue() 获取求得的目标函数值。
CPLEX.getValue() 获取某个决策变量的取值。
CPLEX.getValues() 获取决策变量向量的取值。
CPLEX.getDual() 获取某个约束对应的对偶变量（即影子价格）取值。
CPLEX.getDuals() 获取所有约束的对偶变量取值。
CPLEX.getSlack() 获取某个约束对应的松弛变量取值。
CPLEX.getSlacks() 获取所有约束的松弛变量取值。
CPLEX.getReducedCost() 获取某个决策变量的检验数取值。
CPLEX.getReducedCosts() 获取所有决策变量的检验数取值。
CPLEX.getBoundSA() 获取变量的变化范围。

CPLEX.getRangeSA()获取约束上下界的变化范围。
CPLEX.getRHSSA()获取约束右端项的变化范围。
CPLEX.getObjSA()获取目标函数中价值系数的变化范围。
CPLEX.getRay()获取无界解的极方向。

2.4 异常处理

应用程序发生异常是非常常见的情况，尤其对于新手程序员来说。在使用 CPLEX 求解数学模型的应用程序中，异常通常是由两类情况造成，一是编程错误，如对象初始化但未赋值却访问空对象或指针的内容、数组越界访问、传入参数不符合函数的参数数据格式等，这类错误通常是由程序员的疏忽造成的，可通过在 DEBUG 模式下设置断点来定位检查异常语句；二是运行错误，即应用程序通过了编译，但在求解过程中发生异常，这种情况则大概率是由数学规划模型的逻辑错误造成的，另外一种可能则是模型规模过大或过于复杂造成的内存耗尽，CPLEX Concert Technology 提供了 IloException 类来收集 CPLEX 求解过程中发生的异常情况，如果求解发生错误中断，则抛出一个异常，捕捉异常并输出错误提示信息，用户根据提示检查模型修正相应代码。异常处理通常采用如下方式：

```
catch (IloException& e){
    cerr << "Concert exception caught: " << e << endl;
}
catch (...){
    cerr << "Unknown exception caught" << endl;
}
```

第一个异常捕捉块 catch（IloException& e）仅匹配 CPLEX 求解过程中发生的运行错误，它捕捉不到非 CPLEX 运行错误造成的异常，如程序员疏忽造成的编程错误，这种情况下，便转到第二个异常捕捉块 catch（…）下。由于 catch（…）能匹配任何类型的异常，它后面的 catch 块实际上就不起作用，因此必须将捕捉专项异常的 catch 块写在 catch（…）前面。